JN379349

와우패스 은행 텔러

www.wowpass.com

GUIDE

개인별 Self 맞춤형 학습이 가능한 WOWPASS 문제집!

교재 구성별 학습 단계

- **01** 문제로 보는 출제경향
- **02** 출제예상 문제
- **03** 자가학습진단표
- **04** 부록(실전모의고사 등)

▶ 오직! 와우패스 최종정리문제집만의 **Self** 메달 학습법!

와우패스 최종정리문제집 구성 중 출제예상 문제는 시험 출제율을 기반으로 하여 각 문제별 중요도를 3단계의 메달 개수로 나타내고 있습니다. 수험생 각자가 목표한 점수에 도달하기 위해서 스스로 문제를 선택하여 풀어볼 수 있습니다. 이처럼 와우패스 최종정리문제집은 메달 개수에 따라 개인별로 셀프 맞춤형 학습이 가능한 신개념 학습교재입니다.
올림픽 경기에서 선수들이 오로지 메달 획득이라는 최종 꿈을 향해 나아가듯이 수험생 여러분도 목표점수와 합격이라는 메달을 획득할 수 있도록 와우패스가 끝까지 응원하겠습니다!

Self 메달 학습법 01 ★목표점수 : 90~100점

01 우등생형

▶ 최상위 점수를 목표로 꼼꼼하게 공부한다!
메달 1~3개까지 실전대비 출제예상 문제 모두 풀어보기!

이왕 공부를 시작했으니 만점을 목표로 해야지! 기초부터 심화까지 마스터하자!

Self 메달 학습법 02 ★목표점수 : 70~90점

02 안정추구형

▶ 안정적인 합격을 추구한다!
메달 2~3개인 주요 출제예상 문제들 위주로 풀어보기!

만점은 욕심이지만 턱걸이도 불안해— 안정적인 점수로 합격하고 싶다!

Self 메달 학습법 03 ★목표점수 : 60~70점

03 턱걸이형

▶ 고득점보다는 합격에 의의를 둔다!
메달 3개인 중요 출제예상 문제만 집중적으로 풀어보기!

공부할 시간도 부족하고 너무 바쁘다! 제발 합격만 하자!

▶ 더욱 자세한 Self 메달 학습법은 와우패스 홈페이지에서 확인하실 수 있습니다. www.wowpass.com

은행텔러

📄 자격시험 안내

은행텔러

창구에서 일어나는 제반업무에 대해 신속하고 친절한 업무수행과 정확한 업무처리로 고객에게 도움을 주고 상담을 통해 문제해결을 하도록 도와주는 금융전문가를 말합니다.

▶ 주관/접수처 : 한국금융연수원(http://www.kbi.or.kr)
▶ 시험일정 : 연 2회
▶ 응시자격 : 제한 없음
▶ 시험유형 : 필기시험(객관식 5지선다형)

은행텔러 OT 영상

시험과목 및 합격기준

▶ 합격기준 : 각 과목별 성적이 100점 만점을 기준으로 하여 40점 이상이고, 전 과목 평균 60점 이상을 득점한 자. 단, 전 과목 평균은 총 득점을 시험과목 총 배점의 합으로 나눈 백분율임

시험과목		문항수 및 배점
텔러기본지식	금융경제일반(3)	27
	창구실무법률(10)	
	고객서비스 및 창구마케팅(6)	
	내부통제 및 리스크관리(8)	
창구실무 Ⅰ	일반수신(22)	42
	가계여신(9)	
	외국환(7)	
	내국환(4)	
창구실무 Ⅱ	출납·계산(5)	31
	전자금융 및 지로·공과금(10)	
	신용카드(7)	
	신탁 및 집합투자(5)	
	방카슈랑스(4)	
총 점		100

※ ( )내 숫자는 각 시험과목의 세부내용별 배점임
※ 시험의 세부 내역은 변경될 수 있으므로 주관처 홈페이지를 참조하십시오.

구성 및 특징

📑 문제로 보는 출제경향

보다 적합하게 시험을 준비할 수 있도록 해당 단원의 빈출 문제로 구성했습니다.

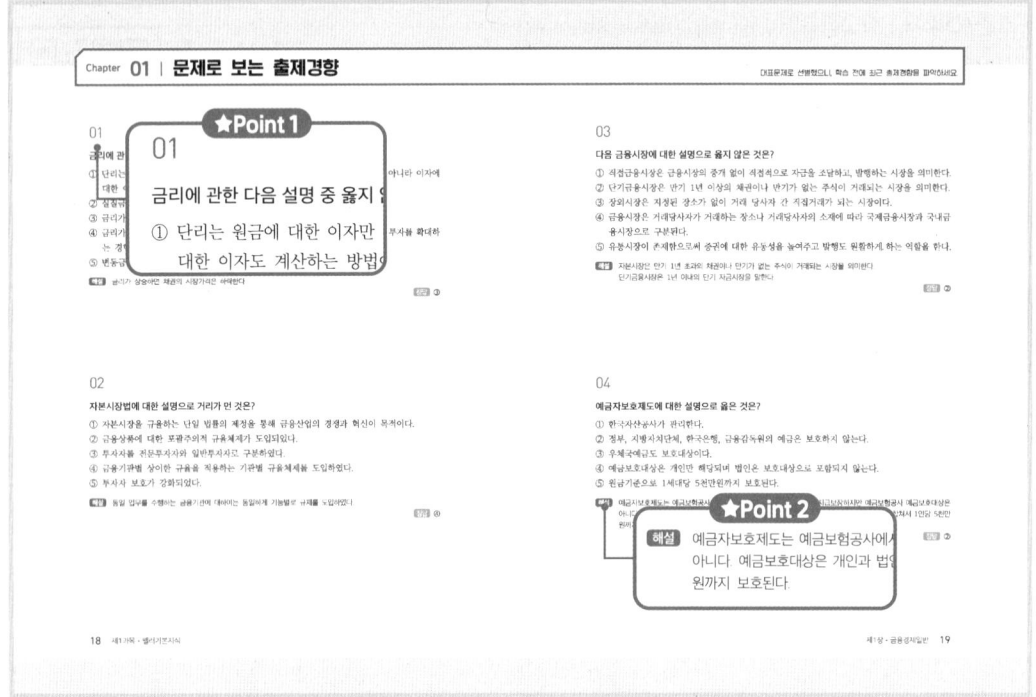

★Point 1 각 장별로 최신 출제경향을 파악할 수 있는 대표 문제들을 선정하였습니다.

★Point 2 핵심만 짚어 주는 해설로 빠르게 출제경향을 파악하고 넘어가도록 구성하였습니다.

출제예상 문제

문제의 중요도에 따라 Self 맞춤형 학습이 가능하도록 구성했습니다.

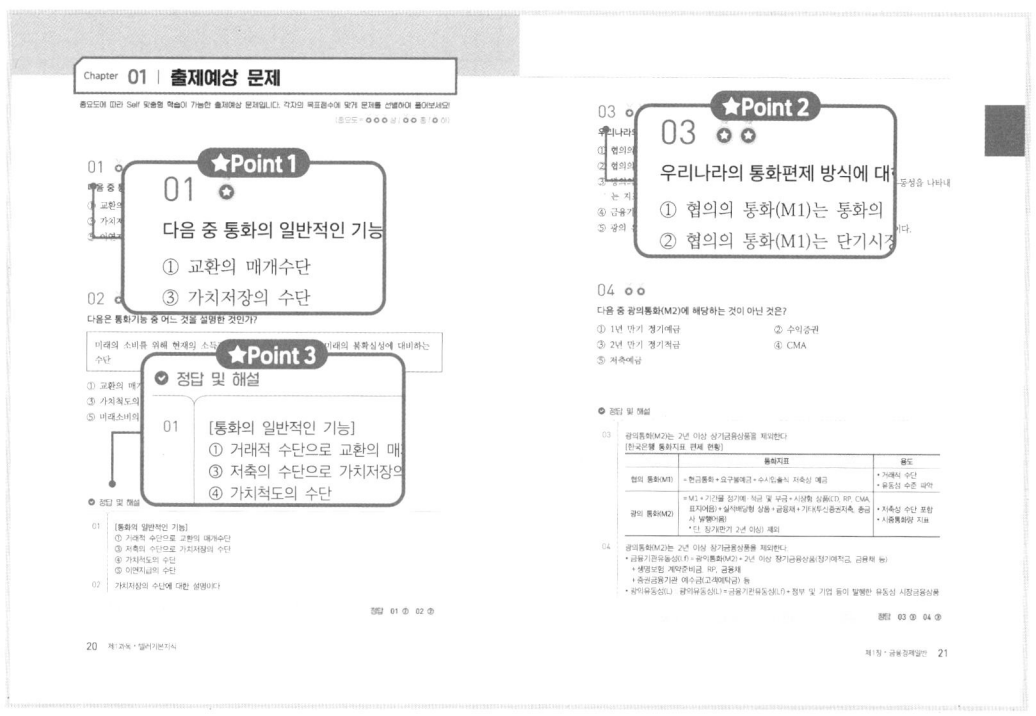

★Point 1   시험 적중률 100%에 도전하며, 시험에 출제될 만한 예상문제들로만 알차게 구성하였습니다.

★Point 2   각 문제마다 메달 개수로 중요도를 표시해주어, 수험생 각자의 목표점수에 맞게 문제를 선별하여 풀어볼 수 있도록 구성하였습니다.

★Point 3   문제풀이 후 빠르게 정답과 해설을 확인할 수 있으며, 친절한 해설로 문제의 키포인트를 파악할 수 있습니다.

구성 및 특징

🔍 자가학습진단표

학습성취도가 어느 정도인지 스스로 진단하도록 하는 자기주도학습법입니다.

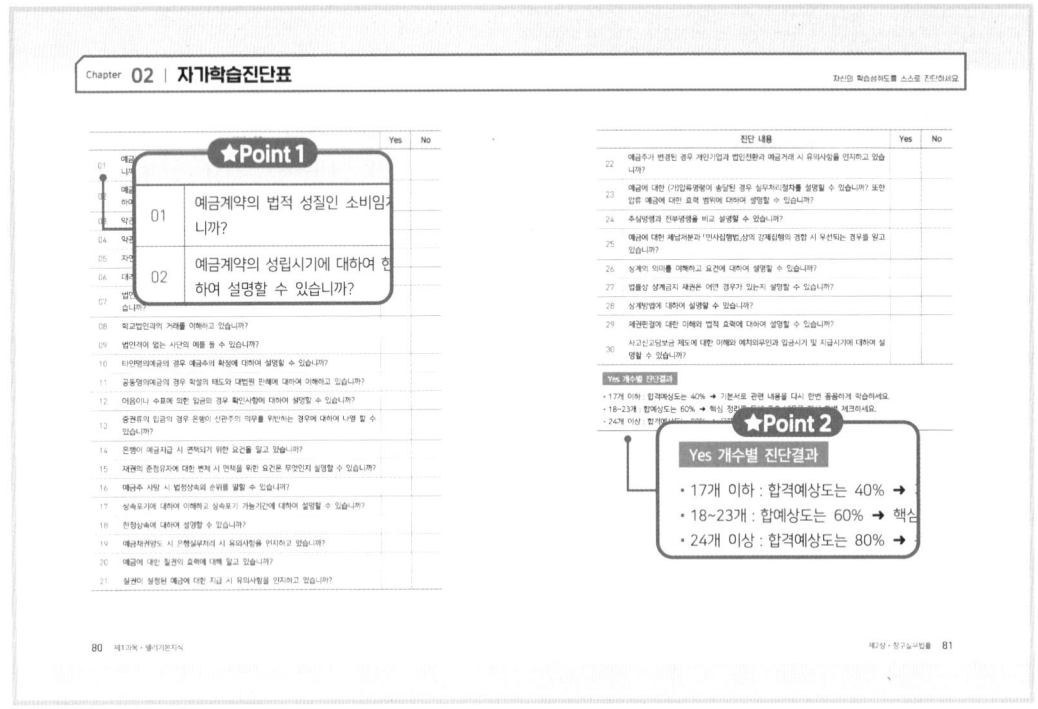

★Point 1   장별 학습을 마무리하며, 학습자 스스로 그동안 학습했던 내용들을 하나하나 되짚어 보며 정리할 수 있도록 하였습니다.

★Point 2   <Yes 개수별 진단결과>에 따라 합격예상 가능성을 예측해봄으로써, 스스로 부족한 부분을 채울 수 있는 완전학습 방법입니다.

실전모의고사

실전과 같이 풀어보는 문제로 합격을 가늠할 수 있습니다.

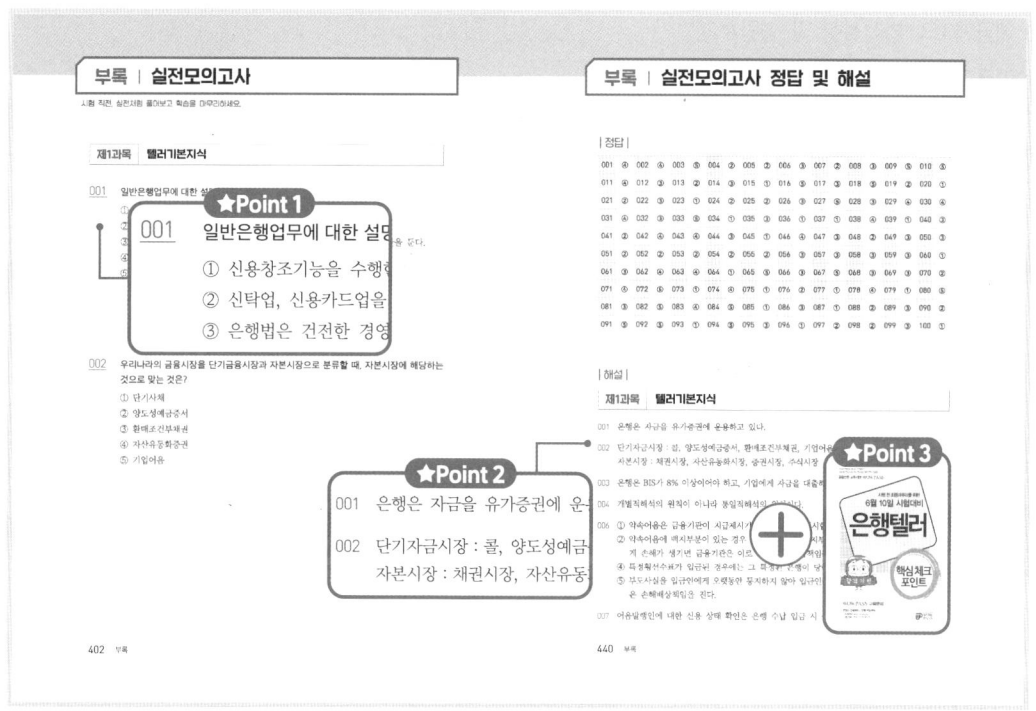

★Point 1 실제 시험과 동일한 문항수를 배치함으로써 시험 전 실전감각을 기를 수 있습니다.

★Point 2 문제를 모두 풀어본 후, 핵심만 담은 해설을 확인함으로써 빠르게 자신의 실력을 점검할 수 있습니다.

★Point 3 추가로 와우패스 홈페이지에서는 시험장에 들고 갈 핵심체크포인트 자료집을 무료로 제공하고 있습니다. (www.wowpass.com) 시험 시작 10분 전 꼭 읽어보시기 바랍니다.

과목별 학습 전략

제1과목 텔러기본지식

- 금융시장의 기능 및 유형
- 금융의 형태
- 예금계약의 법적성질 및 성립시기
- 예금거래약관 및 거래상대방
- 예금주의 확정(타인명의예금, 공동명의예금 등)
- 예금의 양도, 질권설정 및 상속
- 예금에 대한 압류 및 상계
- 고객상담 및 응대요령
- 관계형성의 기법
- 고객의 욕구 및 상품구매 심리의 이해
- 고객서비스의 전개(창구에서의 고객서비스, 상담화법, 응대기법 등)

제2과목 창구실무 I

- 예금약관의 이해
- 거주자와 비거주의 구분
- 예금의 업무처리(신규, 수납, 압류, 해지 등)
- 여신의 분류기준 및 여신거래 확인서류
- 여신취급 절차
- 담보취득의 원칙 및 담보권의 실행
- 여신거래계약 및 여신행위능력 등
- 외국환업무의 의의, 범위, 특징
- 환율의 이해(외환시장, 환율, 포지션 관리 등)
- 외국환의 매매(매입, 매각)
- 내국환업무의 이해

제3과목 창구실무 Ⅱ

- 거주자와 비거주자의 구분
- 신용카드 회원모집, 발급 및 유효기간
- 가맹점 특약 및 거래승인
- 장표지로업무, 전자지로업무 등
- 전자금융의 이해
- 보험의 기본원리, 보험계약의 성립
- 출납업무의 개념 및 중요성
- 수납, 지급 및 현금정사업무의 이해
- 수납 시 현금과부족 및 수납업무처리, 손상화폐처리
- 자금업무절차 및 유의사항 등
- 계산업무(전표 및 장부, 가수금 및 가지급금 등)

Contents

1과목 텔러기본지식

제1장 금융경제일반
문제로 보는 출제경향	18
출제예상 문제	20
자가학습진단표	37

제2장 창구실무법률
문제로 보는 출제경향	40
출제예상 문제	42
자가학습진단표	80

제3장 고객서비스 및 창구마케팅
문제로 보는 출제경향	84
출제예상 문제	86
자가학습진단표	104

제4장 내부통제 및 리스크관리
문제로 보는 출제경향	108
출제예상 문제	110
자가학습진단표	134

2과목 창구실무 I

제1장 수신실무
문제로 보는 출제경향	140
출제예상 문제	142
자가학습진단표	192

제2장 가계여신
문제로 보는 출제경향	196
출제예상 문제	198
자가학습진단표	222

제3장 외국환
문제로 보는 출제경향	226
출제예상 문제	228
자가학습진단표	252

제4장 내국환
문제로 보는 출제경향	256
출제예상 문제	258
자가학습진단표	271

Contents

3과목

창구실무 II

제1장 출납·계산
문제로 보는 출제경향	276
출제예상 문제	278
자가학습진단표	299

제2장 전자금융 및 지로·공과금
문제로 보는 출제경향	302
출제예상 문제	304
자가학습진단표	328

제3장 신용카드
문제로 보는 출제경향	332
출제예상 문제	334
자가학습진단표	351

제4장 신탁 및 집합투자
문제로 보는 출제경향	354
출제예상 문제	356
자가학습진단표	379

제5장 방카슈랑스
문제로 보는 출제경향	382
출제예상 문제	384
자가학습진단표	400

부록
실전모의고사

실전모의고사	402
실전모의고사 정답 및 해설	440

MEMO

1과목

텔러기본지식

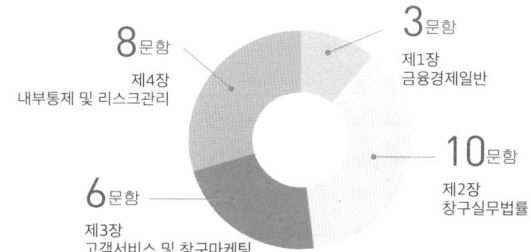

- 제1장 금융경제일반 — 3문항
- 제2장 창구실무법률 — 10문항
- 제3장 고객서비스 및 창구마케팅 — 6문항
- 제4장 내부통제 및 리스크관리 — 8문항

은행텔러

제1장
금융경제일반

출제경향분석

은행텔러 업무를 함에 있어 필요한 기본적인 금융경제 전반에 대하여 다루는 과목이므로 금융관련한 전반적인 내용을 폭넓게 준비하여야 합니다.
공부할 분량에 비하여 출제문항수가 적습니다.

Chapter 01 | 문제로 보는 출제경향

01

금리에 관한 다음 설명 중 옳지 않은 것은?

① 단리는 원금에 대한 이자만 계산하는 방법이고 복리는 원금에 대한 이자뿐만 아니라 이자에 대한 이자도 계산하는 방법이다.
② 실질금리는 명목금리에서 기대물가상승률을 차감한 금리이다.
③ 금리가 상승하면 채권의 시장가격은 상승한다.
④ 금리가 하락하면 투자자들이 은행 예금보다는 주식이나 부동산 등 자산시장에 투자를 확대하는 경향이 있다.
⑤ 변동금리 대출에서는 시장금리에 대한 위험을 자금차입자가 부담한다.

해설 금리가 상승하면 채권의 시장가격은 하락한다.

정답 ③

02

자본시장법에 대한 설명으로 거리가 먼 것은?

① 자본시장을 규율하는 단일 법률의 제정을 통해 금융산업의 경쟁과 혁신이 목적이다.
② 금융상품에 대한 포괄주의적 규율체제가 도입되었다.
③ 투자자를 전문투자자와 일반투자자로 구분하였다.
④ 금융기관별 상이한 규율을 적용하는 기관별 규율체제를 도입하였다.
⑤ 투자자 보호가 강화되었다.

해설 동일 업무를 수행하는 금융기관에 대하여는 동일하게 기능별로 규제를 도입하였다.

정답 ④

대표문제로 선별했으니, 학습 전에 최근 출제경향을 파악하세요.

03

다음 금융시장에 대한 설명으로 옳지 않은 것은?

① 직접금융시장은 금융시장의 중개 없이 직접적으로 자금을 조달하고, 발행하는 시장을 의미한다.
② 단기금융시장은 만기 1년 이상의 채권이나 만기가 없는 주식이 거래되는 시장을 의미한다.
③ 장외시장은 지정된 장소가 없이 거래 당사자 간 직접거래가 되는 시장이다.
④ 금융시장은 거래당사자가 거래하는 장소나 거래당사자의 소재에 따라 국제금융시장과 국내금융시장으로 구분된다.
⑤ 유통시장이 존재함으로써 증권에 대한 유동성을 높여주고 발행도 원활하게 하는 역할을 한다.

해설 자본시장은 만기 1년 초과의 채권이나 만기가 없는 주식이 거래되는 시장을 의미한다.
단기금융시장은 1년 이내의 단기 자금시장을 말한다.

정답 ②

04

예금자보호제도에 대한 설명으로 옳은 것은?

① 한국자산공사가 관리한다.
② 정부, 지방자치단체, 한국은행, 금융감독원의 예금은 보호하지 않는다.
③ 우체국예금도 보호대상이다.
④ 예금보호대상은 개인만 해당되며 법인은 보호대상으로 포함되지 않는다.
⑤ 원금기준으로 1세대당 5천만원까지 보호된다.

해설 예금자보호제도는 예금보험공사에서 관리하며, 우체국예금은 국가가 지급보장하지만 예금보험공사 예금보호대상은 아니다. 예금보호대상은 개인과 법인 모두 적용되며, 동일 금융기관 기준원금과 소정의 이자를 합쳐서 1인당 5천만원까지 보호된다.

정답 ②

제1장 • 금융경제일반

Chapter 01 | 출제예상 문제

중요도에 따라 Self 맞춤형 학습이 가능한 출제예상 문제입니다. 각자의 목표점수에 맞게 문제를 선별하여 풀어보세요!
(중요도 = ✪✪✪ 상 / ✪✪ 중 / ✪ 하)

01 ✪

다음 중 통화의 일반적인 기능과 가장 거리가 먼 것은?

① 교환의 매개수단
② 가치증식의 수단
③ 가치저장의 수단
④ 가치척도의 수단
⑤ 이연지급의 수단

02 ✪

다음은 통화기능 중 어느 것을 설명한 것인가?

| 미래의 소비를 위해 현재의 소득과 재산을 화폐로 저장하여 미래의 불확실성에 대비하는 수단 |

① 교환의 매개수단
② 가치저장의 수단
③ 가치척도의 수단
④ 이연지급의 수단
⑤ 미래소비의 수단

◎ 정답 및 해설

01 [통화의 일반적인 기능]
① 거래적 수단으로 교환의 매개수단
③ 저축의 수단으로 가치저장의 수단
④ 가치척도의 수단
⑤ 이연지급의 수단

02 가치저장의 수단에 대한 설명이다.

정답 01 ② 02 ②

03 ☆☆

우리나라의 통화편제 방식에 대한 설명으로 옳지 않은 것은?

① 협의의 통화(M1)는 통화의 지급결제수단의 기능을 중시하는 지표이다.
② 협의의 통화(M1)는 단기시장의 유동성을 나타내는 지표이다.
③ 광의의 통화(M2)는 M1뿐만 아니라 2년 이상 장기금융상품을 비롯하여 시중유동성을 나타내는 지표이다.
④ 금융기관유동성(Lf)은 전 금융기관이 공급하는 유동성을 나타내는 지표이다.
⑤ 광의 유동성(L)은 국가 경제가 보유하고 있는 전체 유동성을 측정하는 지표이다.

04 ☆☆

다음 중 광의통화(M2)에 해당하는 것이 아닌 것은?

① 1년 만기 정기예금
② 수익증권
③ 2년 만기 정기적금
④ CMA
⑤ 저축예금

◎ 정답 및 해설

03 광의통화(M2)는 2년 이상 장기금융상품을 제외한다.
[한국은행 통화지표 편제 현황]

	통화지표	용도
협의 통화(M1)	= 현금통화 + 요구불예금 + 수시입출식 저축성 예금	• 거래적 수단 • 유동성 수준 파악
광의 통화(M2)	= M1 + 기간물 정기예·적금 및 부금 + 시장형 상품(CD, RP, CMA, 표지어음) + 실적배당형 상품 + 금융채 + 기타(투신증권저축, 종금사 발행어음) * 단, 장기(만기 2년 이상) 제외	• 저축성 수단 포함 • 시중통화량 지표

04 광의통화(M2)는 2년 이상 장기금융상품을 제외한다.
• 금융기관유동성(Lf) = 광의통화(M2) + 2년 이상 장기금융상품(정기예적금, 금융채 등)
  + 생명보험 계약준비금, RP, 금융채
  + 증권금융기관 예수금(고객예탁금) 등
• 광의유동성(L) : 광의유동성(L) = 금융기관유동성(Lf) + 정부 및 기업 등이 발행한 유동성 시장금융상품

정답 03 ③ 04 ③

05 ★★

통화의 공급에 관한 다음 내용 중 맞는 것을 모두 고르시오.

> ㄱ. 시중의 통화공급량은 본원통화와 예금통화에 의해 결정된다.
> ㄴ. 본원통화는 민간의 보유현금과 금융기관의 지급준비금으로 구성된다.
> ㄷ. 본원통화는 중앙은행에 의해 최초로 발행된다.
> ㄹ. 예금통화는 예금은행의 신용창조과정을 통해 파생된다.

① ㄱ, ㄴ, ㄷ, ㄹ
② ㄴ, ㄷ, ㄹ
③ ㄱ, ㄷ, ㄹ
④ ㄱ, ㄷ
⑤ ㄷ, ㄹ

06 ★★

통화량이 100조, 본원통화는 10조, 예금통화는 20조인 경우 통화승수는?

① 1
② 3
③ 5
④ 10
⑤ 20

정답 및 해설

| 05 | 모두 맞는 내용이다. |
| 06 | 통화량 = 통화승수×본원통화 |

정답 05 ① 06 ④

07

금리와 관련된 설명이다. 옳지 않은 것은?

① 실질금리는 명목금리에서 기대물가상승률을 가산한 금리이다.
② 물가상승의 고려 여부에 따라 명목금리와 실질금리로 구분한다.
③ 표면금리는 금융거래를 할 때 표면적으로 약속한 금리이다.
④ 기대물가상승률이 명목금리에 미치는 효과를 피셔방정식을 통해 설명할 수 있다.
⑤ 실효금리는 이자지급방법, 대출금 상환방법, 보상예금, 과세 여부 등 대출에 부수되는 조건을 조정한 후 기업이 실질적으로 부담하는 순자금조달비용이다.

08

금리의 종류에 관한 설명으로 가장 거리가 먼 것은?

① 고정금리는 만기까지 당초의 금리가 변하지 않는 것이므로 시장금리의 변동에 수반되는 위험은 자금공급자(대출자) 일방이 부담한다.
② 변동금리는 시장금리 변동에 따른 위험을 자금차입자가 부담한다.
③ 기대물가상승률은 인플레이션 프리미엄이라고 할 수 있다.
④ 단리는 원금에 대한 이자만 계산하지만 복리는 원금에 대한 이자와 이자에 대한 이자를 더하여 계산한다.
⑤ 금리가 상승하면 채권의 시장가격은 상승한다.

정답 및 해설

07	실질금리는 명목금리에서 기대물가상승률을 차감한 금리이다. [명목금리와 실질금리] • 명목금리 : 인플레이션을 고려하지 않은 금리 • 실질금리 : 인플레이션을 고려한 금리 [표면금리와 실효금리] • 표면금리 : 명목상의 약속금리 • 실효금리 : 차입자가 실질적으로 부담하는 순자금 조달비용 [피셔방정식] • 명목금리 = 실질금리 + 기대인플레이션 • 실질금리 = 명목금리 - 기대인플레이션
08	금리가 상승하면 채권가격은 하락한다. 즉 금리의 변화와 채권가격의 변화는 음(-)의 관계를 갖는다.

정답 07 ① 08 ⑤

09

1년 만기 정기예금금리가 연 3%, 과거 1년간 소비자물가 상승률이 연 1%, 향후 1년간 기대인플레이션이 연 2%일 경우 1년 만기 정기예금 실질금리는?

① 연 3% ② 연 2%
③ 연 4% ④ 연 1%
⑤ 연 8%

10

다음 금융시장 기능 중에서 미시적 측면의 기능이 아닌 것은?

① 금융자산의 가격결정
② 자산의 현금화 가능성
③ 거래비용과 시간을 감소시킴
④ 자금잉여부문에서 자금부족부문으로의 자금중개기능
⑤ 금융시장 참가자를 규율

◆ 정답 및 해설

| 09 | 실질금리 = 명목금리 - 기대인플레이션 |
| 10 | 자금중개기능은 거시적 측면의 기능이다. |

정답 09 ④ 10 ④

11 ✿✿

금융기관 기능으로 적절치 못한 것은?

① 자금의 공급자와 수요자가 보다 적은 비용으로 금융거래를 할 수 있도록 역할을 수행한다.
② 다양한 만기와 금액을 필요한 기간과 소요자금으로 변환하는 기능을 갖는다.
③ 채무불이행에 따른 위험과 투자자산의 가격 변동에 따른 위험을 축소시켜 준다.
④ 수표·어음, 신용카드 등 다양한 지급결제수단을 제공하여 준다.
⑤ 금융기관을 통함으로써 시간이나, 거래비용을 증가시키는 효과가 있다.

12 ✿✿

다음 중 간접금융방식으로 기업이 자금을 조달하는 방식은?

① 은행 차입
② 주식 공모
③ 회사채 발행
④ 외국인의 직접투자
⑤ 기업어음 발행

◎ 정답 및 해설

11	금융기관을 통함으로써 시간이나, 거래비용을 감소하는 효과가 있다. 거래되는 지정된 장소여부에 따라 장내시장(거래소시장)과 장외시장으로 구분된다.

12	주식공모, 회사채발행, 외국인의 직접투자, 기업어음발행 등은 직접발행방식이다.
	(1) 자금의 조달방법에 따른 구분
	   ① 간접금융시장 : 자금공급자와 자금수요자의 사이를 은행 등 금융기관이 중간매개자로서 맺어주는 금융시장
	   ② 직접금융시장 : 자금수요자가 증권을 발행하고 이를 자금공급자의 잉여자금과 직접 교환하는 금융시장
	(2) 금융자금의 공급기간에 따른 구분
	   ① 단기금융시장(화폐시장, Money Market) : 단기대출, 어음(CP), 양도성예금증서(CD) 등의 단기적인 자금(금융자산)의 거래가 일어나는 시장
	   ② 자본시장(Capital Market) : 장기대출, 회사채, 주식 등의 장기적인 자금의 거래가 일어나는 시장으로 다음과 같이 구성

정답 11 ⑤ 12 ①

13 ⭐⭐

금융시장을 단기금융시장과 장기금융시장으로 구분하는 경우 그 성격이 다른 것은?

① 기업어음(CP)
② 양도성예금증서(CD)
③ 단기사채
④ 환매조건부채권
⑤ 국채, 회사채

14 ⭐⭐

다음 중 은행의 고유업무로 적절하지 못한 것은?

① 자금의 대출
② 어음할인
③ 신용카드업
④ 내·외국환 업무
⑤ 유가증권의 발행

정답 및 해설

| 13 | 국채, 회사채는 장기금융시장(자본시장)에 해당한다.
기업어음시장(CP)은 상거래와 관계없이 단기자금을 조달하기 위해 자기신용으로 발행하는 무담보 융통시장으로 만기, 발행금액 등에 제한이 없고 예금자보호대상에서 제외된다. |
| 14 | 신용카드업은 은행의 겸영업무이다.
• 고유업무 : 예·적금 업무, 대출업무, 내·외국환업무, 유가증권발행, 어음할인 |

정답 13 ⑤ 14 ③

15 ★★

한국은행의 통화정책수립과 집행방식에 관한 설명으로 가장 거리가 먼 것은?

① 여수신정책
② 지급준비율 조절
③ 공개시장조작정책
④ 외국환 관리정책
⑤ 금융기관 직접규제

정답 및 해설

15 [한국은행의 통화정책수립과 집행방식]
- 여수신정책
- 지급준비정책
- 공개시장조작정책
- 금융기관 직접규제

[한국은행의 주요 기능 : 물가안정 + 금융안정]
① 화폐발행
② 통화정책 수립 및 집행
③ 지급결제제도의 총괄·감시
④ 외환정책 관련업무
⑤ 금융기관 경영실태 분석 및 검사
⑥ 금융기관 예금의 수입
⑦ 국고금 관리

[한국은행 물가안정목표제]
- 물가 자체에 목표치를 정하고 중장기적 관점에서 물가안정목표를 설정하여 운용하는 방식
- 현재 소비자물가지수를 기준으로 운용(3년마다 적용 3%±0.5)
- 이를 위한 대표적인 수단으로 기준금리를 매월 금통위에서 결정
 (기준금리는 금융기관간 환매조건부(7일물)매매를 기준으로 결정)

정답 15 ④

16

다음 우리나라 중앙은행인 한국은행의 주요 기능 중 옳지 않은 것은?

① 외환정책관련업무
② 통화정책 수립 및 집행
③ 소액결제시스템 운영
④ 금융안정
⑤ 국고금 관리

17

특수은행에 대한 설명으로 옳은 것은?

① 특수은행은 설립근거법에 따라 일부 또는 모든 업무에서 한국은행법 및 은행법의 적용이 배제된다.
② 특수은행의 대출재원은 주로 예금에 의존된다.
③ 주택금융공사는 특수은행에 속한다.
④ 기업은행은 일반은행에 속한다.
⑤ 한국수출입은행은 기업금융을 효율적으로 지원하기 위한 특수은행이다.

정답 및 해설

| 16 | "소액결제시스템 운영"은 해당 없으며 "지급결제제도의 총괄, 감시"를 수행한다. |
| 17 | ② 특수은행의 대출재원은 재정자금과 채권발행에 상당 부분을 의존한다.
③ 특수은행에는 한국산업은행, 한국수출입은행, 기업은행, 농협은행, 수협은행이 있다.
④ 기업은행은 특수은행에 속한다.
⑤ 한국수출입은행은 수출금융을 효율적으로 지원하기 위한 특수은행이다. |

정답 16 ③ 17 ①

18 ⭐

다음 중 예금업무를 취급하는 금융기관이 아닌 것은?

① 신용협동조합
② 우체국예금
③ 상호저축은행
④ 리스회사
⑤ 새마을금고

19 ⭐⭐

다음 중 금융기관에 관한 설명으로 옳지 않은 것은?

① 보험회사는 다수의 보험계약자로부터 보험료를 받아 운용하는 대신 보험계약자에게 각종 사고 발생 시 보험금을 지급하는 업무를 목적으로 한다.
② 우체국보험은 생명보험 및 손해보험 상품을 취급하고 있다.
③ 여신전문금융회사는 예금업무는 취급하지 않는다.
④ 신용협동기구는 조합원에 대한 저축편의 제공과 대출을 통한 상호간의 공동이익 추구를 목적으로 한다.
⑤ 상호저축은행은 일정 행정구역 내에 소재하는 개인 및 소규모 기업에 대한 금융편의 제공을 주 목적으로 하고 있다.

정답 및 해설

18	비은행예금취급기관은 은행법을 적용받는 받지 않고 예금업무를 취급하는 금융회사로 구체적으로 종합금융회사, 상호저축은행, 신용협동기구(신용협동조합, 새마을금고, 농·수협지역조합), 우체국예금이 있다. • 종합금융회사 : 단기금융업무, 외자업무 및 리스업무, 유가증권업무 등 • 상호저축은행 : 영세 상공인과 서민의 금융편의와 저축증대를 목적으로 「상호저축은행법」에 의해 설립 • 신용협동기구 : 농·수 지역조합, 신용협동조합, 새마을금고 • 우체국 : 체신업무와 금융상품 취급 병행
19	우체국보험은 생명보험상품만 취급한다.

정답 18 ④ 19 ②

20

비은행예금취급기관에 대한 설명으로 올바른 것은?

① 상호금융업무는 농업협동조합과 수산업협동조합만이 수행한다.
② 우체국예금은 예금자보호법에 의하여 보호된다.
③ 상호저축은행은 일정 행정구역 내에 소재하는 개인이나 개인사업자들을 상대로 금융편의를 제공하도록 설립된 지역 서민금융기관이다.
④ 종합금융회사는 지급결제업무, 보험업무, 가계대출업무를 영위하는 금융기관이다.
⑤ 새마을금고는 신용협동조합과 모든 업무를 동일하게 취급하고 있다.

정답 및 해설

20
① 상호금융업무는 농수지역조합 외에도 새마을금고, 신협에서 수행하고 있다.
② 우체국예금은 예금자보호법에 의하여 보호되지 않고 정부가 보증한다.
④ 종합금융회사는 보험업무나 가계대출업무를 취급하지는 않는다.
⑤ 새마을금고는 신용협동조합 업무 중에서 어음할인업무를 제외한 업무를 동일하게 취급하고 있다.

정답 20 ③

21 ✪✪

「자본시장법」에 대한 설명으로 거리가 먼 것은?

① 자본시장을 규율하는 단일 법률의 제정을 통해 금융시장의 발전화
② 금융상품에 대한 포괄주의적 규율체제 도입
③ 금융기관별 상이한 규율을 적용하는 기관별 규율체제 도입
④ 기능별로 구분된 금융투자업에 대해 상호 간 겸업 허용
⑤ 투자자 보호제도 강화

22 ✪✪

다음 중 2인 이상에게서 모은 금전 등을 투자자의 일상적인 운용지시 없이 투자대상자산에 운용하고 그 결과를 투자자에게 배분하는 것을 영업으로 하는 금융투자회사에 해당하는 것은?

① 신탁업자
② 투자일임업자
③ 투자중개업자
④ 투자자문업자
⑤ 집합투자업자

◆ 정답 및 해설

21	경제적 실익에 따른 금융투자업의 기능별 규제를 도입 [자본시장법 주요 내용] 업무범위 확대, 기능별 규제, 포괄주의 규제, 투자자 보호강화
22	'집합투자업자'에 관한 내용이다.

정답 21 ③ 22 ⑤

23

「자본시장법」에서 금융투자업에 해당하지 않는 것은?

① 투자중개업
② 투자자문업
③ 투자일임업
④ 신탁업
⑤ 투자분석업

24

여신전문금융기관에 대한 설명으로 틀린 것은?

① 카드회사와 할부금융기관은 포함되나 리스회사는 포함되지 않는다.
② 예금업무는 취급하지 않는다.
③ 소비자금융, 벤처금융 등을 취급한다.
④ 할부이용자에게 할부금융의 대상이 되는 재화의 구매액을 초과하여 대출할 수 없다.
⑤ 자금의 조달은 채권발행, 금융기관 차입금을 통해 이루어진다.

정답 및 해설

23	[금융투자업의 분류] 투자매매업, 투자중개업, 집합투자업(collective investment), 신탁업, 투자자문업, 투자일임업
24	여신전문금융기관은 신용카드회사, 리스회사, 할부금융기관, 신기술사업금융기관 등이 있다. [여신전문금융기관] (1) 신용카드회사 : 신용카드의 발행 및 관리, 결제업무, 신용카드 가맹점의 모집 및 관리 등 (2) 리스회사 : 시설대여 방식으로 기업 설비자금을 공급하는 금융기관 (3) 할부금융기관 : 재화와 용역의 구매자금을 공여하는 소비자금융을 담당 (4) 신기술사업금융기관 : 신기술사업자 및 관련 조합에 대한 투자, 융자, 경영 및 기술의 지도, 신기술사업투자조합 설립·관리·운용 등

정답 23 ⑤ 24 ①

25 ★★

다음 중 예금자보호법상 의무가입 금융기관이 아닌 곳은?

① 상호저축은행
② 은행
③ 증권회사
④ 신용협동조합
⑤ 생명보험사

● 정답 및 해설

25 [예금보호제도 이해]
(1) 예금자보호제도 의의
    금융기관이 보험료를 정기적으로 납부하고 금융기관이 파산 등으로 예금지급이 불능상태가 되면 일정금액한도까지 미리 지급하는 일종의 보험제도
(2) 예금보험가입 의무금융기관

대상 금융기관	은행, 증권회사, 보험회사, 종합금융회사, 상호저축은행
비대상	농·수협의 지역조합 및 새마을금고, 신용협동조합, 자산운용회사, 우체국

(3) 예금자보호 한도
    ① 한도
        ⊙ 동일한 금융기관 기준으로 예금자 1인당 원금과 소정의 이자를 합쳐 5천만원까지 보호
        ⓒ 소정의 이자 = Min(예금약정이자, 예금보험공사 공시이자)
            ☞ 2014년부터 퇴직연금은 5천만원 한도와는 별도로 보호 적용
        ⓒ 예금의 경우 개인명의 뿐만 아니라 법인명의도 보호대상
    ② 동일금융기관 기준
        ⊙ 동일 금융기관 내에서 예금자 1인이 보호받을 수 있는 총금액을 말함
            ☞ 예금의 종류별 또는 지점별 보호금액을 의미하는 것이 아님
        ⓒ 예금주가 대출이 있는 경우 먼저 상계 후 잔액을 기준으로 보호 한도 결정

정답 25 ④

26

예금보호제도에 대한 설명으로 틀린 것은?

① 보험료는 부보금융기관이 예금보험공사에 납부해야 하는 연간보험료이다.
② 특별기여금은 부보금융기관이 예금보험공사에 매년 납부해야 하는 법정부담금이다.
③ 예금보험공사가 지급하는 보험금의 한도는 원금과 소정의 이자를 합쳐 예금자 1인당 5천만원이다.
④ 2014년 이후 납부의무 발생하는 보험료에 대하여는 차등보험료제도가 도입되어 금융회사별 평가 결과에 따른 차등 요율이 적용된다.
⑤ 금융기관의 예금보험요율은 모든 금융기관에 동일하게 적용된다.

정답 및 해설

26 | 금융기관의 예금보험요율은 금융기관별로 다르다.
[예금보험료]
① 보험료 : 부보금융기관이 예금보험공사에 납부해야 하는 보험료(예금 등의 잔액×금융기관별 보험요율) ☞ 은행은 분기별, 타금융기관은 연1회
② 특별기여금 : 부보금융기관이 매년 납부하여야 하는 법정부담금(예금 등의 잔액×금융기관별 특별기여금요율)
③ 출연금 : 부보금융기관이 영업 또는 설립의 인·허가를 받을 때에는 일회성으로 납부하는 예금보험료

정답 26 ⑤

27

다음 예금보호제도에 대한 설명 중 옳지 않은 것은?

① 은행의 확정기여형 퇴직연금, 개인퇴직계좌는 보호대상금융상품에 속한다.
② 은행의 CD, RP, 은행발행채권은 보호대상금융상품에 속한다.
③ 보험회사의 개인보험계약은 보호대상금융상품에 속한다.
④ 상호저축은행의 신용부금, 표지어음은 보호대상금융상품에 속한다.
⑤ 종합금융회사의 RP, CP, 종금사발행채권은 비보호대상금융상품에 속한다.

정답 및 해설

27 [보호대상 예금 구분]

구분	보호대상 예금	보호대상 제외 예금
은행	예금, 적금, 부금, 표지어음, 원금보전형(개인연금, 노후생활연금, 근로자퇴직적립신탁) MMDA, 외화예금	양도성 예금증서(CD), 실적배당신탁, RP, 은행발행채권
증권	위탁자예수금, 선물옵션거래예수금, 수익자예수금, 증권저축 등의 현금잔액	수익증권, 청약자 예수금, 제세금예수금, 유통금융대주담보금, RP, 증권사발생채권, MMF
보험	개인보험계약, 법인보험계약 중 퇴직보험계약, 변액보험특약과 최저보증	법인보험계약, 보증보험계약, 재보험계약, 변액보험주계약
종금	발행어음, 표지어음, CMA	수익증권, RP, 종금사발행채권
상호저축은행	예금, 적금, 부금, 표지어음	저축은행발행채권

정답 27 ②

28

은행업 진입 및 퇴출에 관한 설명이다. 거리가 먼 것은?

① 은행 설립을 위하여는 기획재정부의 인허가를 받아야 한다.
② 동일인은 원칙적으로 의결권 있는 발행총수의 10% 초과하여 은행 주식을 보유할 수 없다.
③ 은행은 사외이사를 선임해야 한다.
④ 사외이사는 전체 이사의 1/2 이상이어야 한다.
⑤ 은행은 감사위원회를 설치해야 한다.

29

LTV 및 DTI 규제에 관한 다음 내용 중 틀린 것은?

① LTV는 담보대출금액을 담보가치로 나눈 비율이다.
② DTI는 대출의 원리금 상환금액을 소득으로 나눈 비율이다.
③ 신DTI 산정 시에는 모든 주택담보대출원리금과 기타대출 이자상환부담을 반영한다.
④ 신DTI 제도하에서는 대출가능액이 늘어나게 된다.
⑤ DSR은 차주의 상환능력 대비 원리금 상환부담을 정확히 반영할 수 있다.

◎ 정답 및 해설

28	은행 설립을 위하여는 금융위원회의 인허가를 받아야 한다. • 은행, 금융지주회사 : 모든 금융회사 감사위원회 설치 • 자산총액 2조원 이상 금융투자회사 : 감사위원회 의무 • 모든 은행 : 내부통제기준 및 준법감시인 선임
29	신DTI 제도하에서는 대출가능액이 줄어들게 된다.

정답 28 ① 29 ④

Chapter 01 | 자가학습진단표

자신의 학습성취도를 스스로 진단하세요.

	진단 내용	Yes	No
01	통화량과 국민경제에서 적절한 통화량 증가와 과도한 통화량 증가의 효과를 알고 있습니까?		
02	우리나라의 통화통계 편제 중에서 협의통화(M1), 광의통화(M2), 금융기관유동성, 광의 유동성의 구성요소를 구분하여 정리하고 있습니까?		
03	중앙은행에서 공급하는 본원통화의 구성요소를 알고 있습니까?		
04	명목금리와 실질금리, 실효금리를 비교하여 설명할 수 있습니까?		
05	금리통계 편제방법 중 COFIX에 대해 알고 있습니까?		
06	직접금융시장과 간접금융시장의 차이점을 구분할 수 있습니까?		
07	단기금융시장에 대해서 설명할 수 있습니까?		
08	자본시장에 대해서 설명할 수 있습니까?		
09	자금시장의 종류 중 콜시장, 기업어음시장, 양도성예금증서, 환매조건부매매시장에 대해 각각 그 특징을 이해하고 있습니까?		
10	금융기관의 기능에 대해 인지하고 있습니까?		
11	우리나라의 금융기관 중 특수은행과 시중은행을 구분하고 관련법을 설명할 수 있습니까?		
12	일반은행의 고유업무를 설명할 수 있습니까?		
13	예금업무를 취급하는 비은행예금취급기관의 종류를 나열할 수 있습니까?		
14	「자본시장법」의 주요한 특징을 설명할 수 있습니까?		
15	한국은행의 주요업무를 구분하고 통화정책 수립 및 집행의 내용을 나열할 수 있습니까?		
16	예금보험제도의 부보대상 금융기관을 나열하고 보호한도와 보호 범위를 이해하고 있습니까?		
17	예금보험제도의 보호대상 상품과 보호대상 제외상품을 구분 설명할 수 있습니까?		
18	은행업 진출 요건에 대하여 알고 있습니까?		

Yes 개수별 진단결과

- 8개 이하 : 합격예상도는 40% ➔ 기본서로 관련 내용을 다시 한번 꼼꼼하게 학습하세요.
- 9~13개 : 합격예상도는 60% ➔ 핵심 정리를 통해 주요 내용을 다시 한번 체크하세요.
- 14개 이상 : 합격예상도는 80% ➔ 문제를 통해 100% 합격에 도전하세요.

제2장

창구실무법률

출제경향분석 ▼

텔러 업무를 수행함에 있어 객장에서 다루는 창구업무에서 발생 가능한 법률적인 부분을 다루는 과목입니다. 수험생 입장에서 부분별로 정확하고 깊이 있는 내용을 다루고 있기 때문에 고득점이 매우 어려운 과목이므로 차분하고도 많은 시간을 할애하여 수험 준비가 필요한 과목입니다. 주요 출제 범위는 예금계약의 법적 성격, 예금계약의 성립시기, 약관의 성질 및 적용차례, 예금거래 상대주체 이해, 타인명의예금, 공동명의예금, 예금의 입금과 지급, 예금주의 사망, 예금채권의 양도와 질권설정, 예금에 대한 압류, 압류의 경합, 예금거래의 상계, 예금의 사고처리 등 은행 입출금 창구에서 발생 가능한 다양한 부분을 다루고 있는 과목입니다.

Chapter 02 | 문제로 보는 출제경향

01

다음 중 약관의 기본원칙이 아닌 것은?

① 객관적 해석의 원칙
② 통일적 해석의 원칙
③ 유추확장 해석의 원칙
④ 작성자불이익의 원칙
⑤ 개별약정우선의 원칙

해설 약관은 해석상 객관적으로 이루어져야 하므로 유추확장 해석은 인정하고 있지 않다.

정답 ③

02

다음 중 현금에 의한 계좌송금의 경우 예금계약의 성립시기로 옳은 것은?

① 고객이 현금을 카운터 위에 올려놓은 때
② 직원이 현금을 확인한 때
③ 예금원장에 입금기장을 마친 때
④ 예금주가 은행에 입금여부를 문의한 때
⑤ 예금주가 본인 통장을 통하여 입금을 확인한 때

해설 예금거래기본약관에 의하면 현금에 의한 계좌송금의 경우 예금원장에 입금기장을 마친 때에 예금계약이 성립한 것으로 보고 있다.

정답 ③

03

은행 입금업무 처리 시 증권류에 의한 은행의 선관주의 의무를 위반한 경우에 해당하지 않는 것은?

① 지급제시기일 내에 제시하지 못하여 입금인이 소구권을 상실한 경우
② 교환 회부할 수 없는 증권을 입금 받아 입금인이 소구권을 상실한 경우
③ 백지를 보충하지 않아 입금인에게 손해가 발생한 경우
④ 파출수납 시 증권류의 당일 교환에 회부하지 않아 입금인에게 손해가 발생한 경우
⑤ 부도사실을 입금의뢰인에게 상당한 기일이 지나도록 통지하지 않은 경우

해설 백지 보충의무는 입금을 받는 은행에게 주어져 있는 의무가 아니다.

정답 ③

04

사회적으로 유명인 ㅇㅇㅇ이 사망했다. 이는 언론매체를 통해 보도되었다. ABC은행의 업무처리 및 관련 내용으로 가장 옳지 못한 것은?

① 사망자의 예금 지급을 금지한다.
② 사망자의 아들 갑이 통장과 도장, 일치하는 비밀번호를 통해 예금 지급을 요청하였다면, 해당 예금 지급금지를 해지하고 예금을 지급한다.
③ 사망자의 딸 병이 통장과 도장, 일치하는 비밀번호를 통해 예금 지급을 요청하였다면, 예금 지급없이 상속예금 지급절차에 따른 처리를 안내한다.
④ 합유설에 따라 공동상속인 전원의 동의를 받고 지급한다.
⑤ 상속인 중 특정인에게 예금을 지급한 경우, 은행 과실에 대한 면책사유가 되지 않는다.

해설 예금주가 사망한 경우 은행이 알고 있는 경우는 반드시 상속절차에 의해 지급되어야 한다.

정답 ②

Chapter 02 | 출제예상 문제

중요도에 따라 Self 맞춤형 학습이 가능한 출제예상 문제입니다. 각자의 목표점수에 맞게 문제를 선별하여 풀어보세요!

(중요도= ★★★ 상 / ★★ 중 / ★ 하)

01 ★

예금계약 관련하여 계약당사자의 일방이 미리 작성하여 정형화시켜 놓은 일반거래 약관에 따라 체결되는 계약은 어떤 성격을 말하는가?

① 위임계약
② 상사계약
③ 부합계약
④ 소비임치계약
⑤ 요물계약

02 ★

각종 예금계약의 법적 구조와 관련된 내용이다. 무엇을 설명한 것인가?

> "은행업무의 수행과정에서 발생하는 미결제 및 미정리예수금이나 타계정으로 처리하기가 곤란한 예금 또는 특정 자금 등의 일시적 처리를 위한 편의적 계정이다."

① 보통예금
② 정기예금
③ 별단예금
④ 정기적금
⑤ 상호부금

◆ 정답 및 해설

01　예금계약의 법적성질은 소비임치계약, 부합계약, 상사계약이라고 볼 수 있다.
　　• 소비임치계약은 예금주가 금전을 은행에 맡겨 두지만 은행은 자유롭게 운용하다가 동일 금액의 금전을 반환하는 성격을 말한다.(단, 당좌예금은 위임계약과 소비임치계약이 혼합된 계약)
　　• 부합계약 : 은행이 약관을 일방적으로 작성하고 고객이 이에 동의
　　• 상사계약 : 예금채권의 소멸시효 5년

02　별단예금에 대한 설명이다.

정답　01 ③　02 ③

03 ✪✪

예금계약의 법적 구조에 관한 설명이다. 옳지 않은 것은?

① 상호부금은 거래처는 부금을 납입할 의무를 부담하고 은행은 중도 또는 만기 시에 일정한 급부를 하여야 하는 쌍무계약의 성질을 지닌다.
② 정기예금의 경우 은행은 제3자가 만기 전에 예금을 압류, 전부명령을 받아 온 경우라도 만기 도래 전까지는 지급할 의무가 없다.
③ 정기예금의 경우 기한의 이익은 예금주에게 있다.
④ 당좌예금은 위임계약과 금전소비임치계약이 혼합된 계약이다.
⑤ 보통예금·저축예금은 수시입출식으로 질권 설정이 원칙적으로 금지되어 있다.

04 ✪✪✪

예금계약의 법적 성질에 대한 설명이다. 적절치 않은 것은?

① 예금계약은 예금자가 금전의 보관을 위탁하고 은행이 이를 승낙하여 자유롭게 운용하다가 같은 금액의 금전을 반환하면 되는 소비임치계약이다.
② 예금계약은 예금자가 예금의 의사를 표시하면서 은행에 돈을 제공하고 은행이 그 의사에 따라 그 돈을 받아 확인하면 그로써 성립하는 요물계약이다.
③ 예금채권의 소멸시효는 5년이다.
④ 은행원은 예금업무를 처리함에 있어서 은행원에게 일반적으로 요구되는 정도의 상당한 주의를 다했다 하더라도 면책되지 않는다.
⑤ 은행은 예금계약 성립을 위해 거래처에게 약관의 중요내용을 설명할 필요가 있다.

◎ 정답 및 해설

03	정기예금은 사전에 예치기간이 정해진 금전소비임치계약으로 정한 기한에 대한 이익은 은행에 있다. • 은행 예금에 대한 기한이익 : 은행 • 은행 대출에 대한 기한이익 : 차주
04	은행원에게 일반적으로 요구되는 정도의 상당한 주의를 다하면 면책된다.

정답 03 ③ 04 ④

05 ✪✪✪

현금에 의해 입금하는 경우 예금계약의 성립시기에 관한 설명이다. 옳지 않은 것은?

① 창구에서 현금 입금하는 경우 은행이 현금을 받아 확인하는 때에 예금계약이 성립한다.
② 현금으로 계좌송금하는 경우에는 예금원장에 입금기장을 마친 때이다.
③ 점외수금의 경우에는 원칙적으로 수금직원이 금전을 확인한 때이다.
④ ATM 입금의 경우에는 고객이 확인버튼을 누른 때이다.
⑤ 금융기관이 금전을 받아서 확인하면 요물성이 충족된 것으로 본다.

06 ✪✪

은행의 예금계약은 대부분 부합계약의 형식을 취하기 때문에 예금계약에는 예금거래 약관이 개입한다. 약관의 계약편입 요건이 아닌 것은?

① 약관의 내용을 명시하여야 한다.
② 약관을 계약의 내용으로 하겠다는 합의가 있어야 한다.
③ 은행은 약관의 중요한 내용을 고객에게 설명하여야 한다.
④ 계약내용이 공정해야 한다.
⑤ 반드시 약관사본을 교부하여야 한다.

✓ 정답 및 해설

05	점외수금의 경우에는 수금직원이 영업점에 돌아와 수납직원에게 금전을 넘겨주고, 수납직원이 이를 확인한 때이다. 다만 예외적으로 점외수금 시 대리권을 가진 자가 수령하고 이를 확인한 때에는 즉시 예금계약이 성립하는 것으로 본다. [증권류 입금의 경우 예금계약의 성립] • 타점권입금 • 추심위임설의 입장을 취하여 증권으로 입금했을 때 은행이 그 증권을 교환에 돌려 부도반환시한이 지나고 결제를 확인했을 때에 예금계약이 성립 • 자점권입금 : 입금 즉시 예금계약이 성립
06	고객의 요구가 있는 경우에는 약관사본을 교부하여야 한다.

정답 05 ③ 06 ⑤

07 ⭐⭐

다음은 약관의 해석원칙에 관한 내용이다. 설명이 맞게 짝지어진 것은?

> ㉠ 약관의 의미가 불명확한 경우 기업 측에 불리하고 고객에게는 유리하게 해석하여야 한다.
> ㉡ 기업과 고객 사이에 약관과 다르게 합의한 사항에 대해서는 당해 합의가 약관에 우선한다.

① ㉠ 작성자 불이익의 원칙   ㉡ 개별약정우선의 원칙
② ㉠ 개별약정우선의 원칙   ㉡ 유추해석의 원칙
③ ㉠ 작성자 불이익의 원칙   ㉡ 객관적 해석의 원칙
④ ㉠ 통일적 해석의 원칙   ㉡ 작성자 불이익의 원칙
⑤ ㉠ 유추해석의 원칙   ㉡ 객관적 해석의 원칙

08 ⭐⭐

예금거래 약관과 관련한 설명 중 맞는 것은?

① 고객이 거래신청서 약관수령인 칸에 서명한 경우에는 중요한 내용이더라도 약관 내용을 설명하지 않아도 된다.
② 특정상품의 약관, 예금별 약관, 예금거래기본약관의 순서로 적용된다.
③ 약관은 고객에 따라 달리 해석될 수 있다.
④ 은행과 고객이 약관의 내용과 다르게 합의한 사항이 있는 경우에는 약관이 우선 적용된다.
⑤ 약관사본은 고객이 요구하지 않는 경우에도 교부하여야 한다.

◎ 정답 및 해설

07	㉠ 작성자 불이익의 원칙 ㉡ 개별약정우선의 원칙
08	① 고객이 거래신청서 약관수령인 칸에 서명한 경우에는 중요한 내용이더라도 약관 내용을 설명해야 된다. ③ 약관은 객관적, 통일적으로 해석해야 한다. ④ 은행과 고객이 약관의 내용과 다르게 합의한 사항이 있는 경우에는 약관이 우선 적용되지 않는다. ⑤ 약관사본은 고객이 요구하는 경우에 교부하여야 한다.

정답   07 ①   08 ②

09

다음 보기의 괄호 안에 들어갈 말로 알맞은 것은?

> 당사자의 합의 이외에 물건의 인도(引渡) 및 기타의 급부가 있어야만 성립하는 계약을 (　　　)이라고 한다.

① 위임계약
② 상사계약
③ 요물계약
④ 소비임치계약
⑤ 부합계약

10

제한능력자로서 다음 설명에 해당하는 자로 옳은 것은?

> "질병, 장애, 노령 등의 사유로 인한 정신적 제약으로 사무를 처리할 능력이 부족하여 후견개시의 심판을 받은 자"로서 원칙적으로 행위능력이 있다.

① 피강제후견인
② 피특정후견인
③ 피한정후견인
④ 피성년후견인
⑤ 미성년자

정답 및 해설

09 | 요물계약에 관한 설명이다.
10 | 피한정후견인에 관한 내용이다. 피성년후견인과 미성년자는 원칙적으로 행위능력이 없다.

구분	행위능력	법률행위
피한정후견인	○	
미성년자	×	대리, 동의
피성년후견인	×	대리

정답 09 ③ 10 ③

11 ★★★

금융기관이 제한능력자와 거래 시 주의해야 할 사항으로 옳지 않은 것은?

① 제한능력자에는 미성년자, 피성년후견인, 피한정후견인이 있다.
② 미성년자는 법정대리인의 동의를 얻어 제한능력자가 직접 예금거래와 예금계약을 할 수 있다.
③ 미성년자가 법정대리인의 동의 없이 예금거래 또는 예금계약을 한 경우에는 법정 대리인은 이를 취소할 수 있다.
④ 피성년후견인도 법정대리인의 동의를 얻어 직접 예금거래와 예금계약을 할 수 있다.
⑤ 당좌예금거래는 어음, 수표의 지급사무를 위임하는 위임계약이므로 제한능력자의 단독거래는 허용하지 않는 것이 원칙이다.

12 ★★

법정대리의 종류에 따라 대리인과 확인서류가 다르다. 옳지 않은 것은?

① 미성년자의 대리인은 가족관계기록부에 의해 확인한다.
② 피성년후견인과 피한정후견인은 후견인이 대리인이 된다.
③ 제한능력자 중 미성년자는 후견인과 친권자가 대리인이 된다.
④ 제한능력자, 부재자, 사망자가 법정대리에 해당한다.
⑤ 부재자와 사망자도 가족관계기록부에 의해 확인한다.

◉ 정답 및 해설

11 | 피성년후견인은 직접 행위를 할 수 없고 법정대리인이 대리하여 법률행위를 할 수 있다.
12 | 부재자는 법원의 선임심판서 등본, 사망자는 사망자의 유언이나 법원의 선임심판서 등본에 의해 확인한다.

정답 11 ④ 12 ⑤

13

다음의 설명으로 맞는 것은?

> 타인이 본인의 이름으로 의사결정을 하거나, 법률행위를 하였을 경우 그 효과가 직접 본인에게 미친다.

① 제한능력자 제도
② 부재자 재산관리인 제도
③ 대리제도
④ 법인제도
⑤ 법인격 없는 사단제도

14

부인이 남편의 대리인으로서 영업점을 방문하여 남편명의의 예금을 신규로 가입하려고 할 때 예금주에 관한 설명으로 옳은 것은?

① 원칙적으로 남편이 예금주이다.
② 원칙적으로 부인과 남편의 공동명의 예금이다.
③ 원칙적으로 부인이 예금주이다.
④ 부인과 남편은 당해 예금을 준공유한다.
⑤ 부인과 남편은 당해 예금을 준합유한다.

정답 및 해설

13	[대리제도 구분] • 임의 대리제도 • 법정 대리제도 : 미성년자(친권자, 후견인)
14	부인명의가 아니라 남편명의이기 때문에 부인은 대리인일 뿐이고 명의인에 해당하는 남편이 예금주이다.

정답 13 ③ 14 ①

15 ✪✪

대리인과의 예금거래 시 확인사항과 확인방법으로 옳지 않은 것은?

① 예금을 수입하는 경우에는 대리인이 진정한 대리인 여부를 확인해야 한다.
② 임의대리의 경우 예금의 중도해지와 예금담보대출을 할 때는 위임장 이외에도 예금주 본인의 의사를 반드시 확인하여야 한다.
③ 예금을 지급하는 경우에도 진정한 대리인인가를 확인한다.
④ 법정대리는 법률 규정에 의해 대리권이 발생하지만, 임의대리는 본인의 수권행위에 의해 대리권이 발생한다.
⑤ 임의대리의 경우에는 통장상의 인감의 날인, 본인의 위임장, 대리인의 주민등록증이 필요하다.

16 ✪✪

금융실명제에 대한 설명 중 옳지 않은 것은?

① 「금융실명거래법」은 수신거래 등을 할 때 실지명의에 의해 거래할 것을 강제하고 있다.
② 개인은 주민등록표에 기재된 성명 및 주민등록번호에 의해 확인된 명의를 실지명의로 본다.
③ 법인은 법인등기부등본에 기재된 법인명을 실지명의로 본다.
④ 외국인등록증이 발급되지 않은 외국인은 여권 또는 신분증에 기재된 성명 및 번호에 의해 확인된 명의를 실지명의로 본다.
⑤ 법인이 아닌 단체의 경우 원칙적으로 단체의 대표자의 명의를 실지명의로 본다.

✓ 정답 및 해설

| 15 | 예금을 수입하는 경우에는 대리인이 진정한 대리인인가를 확인할 필요는 원칙적으로 없다. |
| 16 | 법인은 「법인세법」에 의하여 교부받은 사업자등록증에 기재된 법인명 또는 사업자등록번호에 의하여 확인된 명의를 실지명의로 본다. |

정답 15 ① 16 ③

17 ✪✪✪

다음은 학교에 속하는 회계의 처리에 대한 내용이다. 수신거래의 상대방에 대해 옳게 설명한 것은?

① 반드시 학교법인의 이사장과 거래하여야 한다.
② 학교장과 거래하려면 학교법인의 이사장으로부터 위임장을 받아야 한다.
③ 학교장과 거래할 수 있다.
④ 학교법인의 이사장과 학교장의 공동명의로 거래하여야 한다.
⑤ 감독청의 허가를 얻어야만 학교장과 거래할 수 있다.

18 ✪✪

법인과의 예금거래에 대한 다음 설명으로 거리가 먼 것은?

① 회사와 예금거래를 할 때에는 등기부등본에 의하여 대표자를 확인할 필요가 없다.
② 통상적인 예금거래에 있어서는 공동대표이사 중 1인에게 예금거래를 위임하더라도 무방하다.
③ 학교법인과 예금거래 시 학교에 속하는 회계의 경우에도 학교장과 하는 것이 원칙이다.
④ 지방자치단체와 예금거래를 할 때에는 예금주 명의를 공공단체로 하고 그 출납원과 거래하면 된다.
⑤ 회사의 지점과 거래할 때에는 지점장 명의로 거래를 할 수 없으며, 대표자 명의로 거래하여야 한다.

◎ 정답 및 해설

17	학교법인과의 거래 : 이사 중 1인을 이사장으로 선임하고 그 이사장이 학교법인을 대표한다. 단, 학교에 속하는 회계의 처리는 학교의 장이 고유의 권한을 가지고 있어 학교장 명의로 예금계약을 한다.
18	회사의 지점과 거래할 때에는 지점장 명의로 거래를 할 수 있다.

정답 17 ③ 18 ⑤

19 🏅🏅

법인과 예금거래 또는 예금계약을 하는 경우 주의해야 할 사항으로 옳지 않은 것은?

① 국가·지방자치단체는 예금주명의를 당해 공공단체로 하지만, 출납사무는 임명된 출납원이 담당한다.
② 공동대표이사제도하에서 예금거래도 공동으로 하는 것이 원칙이다.
③ 공동대표이사제도하에서 일반적·포괄적 위임은 허용되지 않지만, 개별적 위임은 가능하다.
④ 학교법인과의 예금거래는 학교법인의 이사장 명의로만 가능하다.
⑤ 등기가 이루어지지 않은 외국회사는 당좌계좌 개설은 허용되지 않는다.

20 🏅

다음 중 법인격 없는 사단에 해당되지 않는 것은?

① 회사
② 학회
③ 교회
④ 동문회
⑤ 아파트 입주자 대표회의

✓ 정답 및 해설

| 19 | 학교법인과의 예금거래는 학교장의 명의로도 가능하다. |
| 20 | 법인격 없는 단체에는 법인격 없는 사단, 법인격 없는 재단, 조합 등이 있는데, 회사는 법에 의하여 권리능력이 부여되는 사단 또는 재단인 법인이다. |

정답 19 ④ 20 ①

21 ★★

법인격 없는 단체에 대한 예금거래로 옳지 않은 것은?

① 법인격 없는 사단으로서의 실체가 불분명한 경우에는 대표자 개인의 명의로 거래하는 것이 분쟁예방 차원에서 안전하다.
② 법인격 없는 재단은 권리능력이 없다.
③ 법인격 없는 사단과 거래 시 「부가가치세법」에 의한 고유번호를 부여받은 경우 예금은 법인격 없는 사단에 공유적으로 귀속한다.
④ 「부가가치세법」에 의한 고유번호를 부여받은 경우 대표자와 한다.
⑤ 민법상 조합의 경우 조합원전원의 이름으로 거래하는 것이 원칙이나 각 조합원의 위임을 받은 조합대표자와 거래할 수 있다.

정답 및 해설

21 「부가가치세법」에 의한 고유번호를 부여받은 경우 예금은 법인격 없는 사단에 총유적으로 귀속한다.
☞ 준총유 : 지분이나 지분처분이 인정되지 않음
☞ 법인격 없는 사단 : 학회, 교회, 아파트부녀회, 입주자대표회의, 종중 등
☞ 법인격 없는 재단 : 학재단 (예금거래 시 대표자 개인명의로 거래)

구분	지분	처분
공유	○	○
합유(조합)	○	×
총유(교회)	×	×

정답 21 ③

22 ✦✦✦

타인명의예금에 관한 다음 설명 중 옳지 않은 것은?

① 예금의 명의인과 실질적 예금주가 다른 예금을 타인명의예금이라 한다.
② 금융기관이 타인명의예금이라는 사실을 모른다면 예금주는 원칙적으로 명의인이다.
③ 금융기관과 예금주간의 명시적 약정이 있는 경우에는 명의인 이외의 실질적 예금주를 인정할 수 있다.
④ 타인명의예금인 것을 알고 예입을 받은 경우 금융실명제 위반행위에 해당한다.
⑤ 타인명의예금에 대해 명의인의 채권자로부터 압류가 있는 경우 그 압류는 당연 무효이다.

23 ✦✦

다음 ( )에 가장 적절한 말로 연결이 옳은 것은?

> 타인명의예금 판례에 따르면 은행이 모르는 경우 ( )을/를 예금주로 보고, 은행과 실질적 예금주 사이에 ( )에 의한 명확한 의사의 합치가 있는 경우 예외적으로 ( )을/를 진정한 예금주로 보고 있다.

① 실질적 예금주 – 묵시적 합의 – 실질적 예금주
② 실질적 예금주 – 명시적 합의 – 명의인
③ 명의인 – 명시적 합의 – 실질적 예금주
④ 명의인 – 묵시적 합의 – 실질적 예금주
⑤ 실질적 예금주 – 묵시적 합의 – 명의인

◉ 정답 및 해설

22	타인명의예금에 관하여 그 명의인의 채권자로부터 압류가 있는 경우 그 압류는 유효하다. 타인명의예금의 예금주 결정은 은행이 모르는 경우는 명의인으로 하고 은행이 알고 있는 경우는 출연자로 본다. → 2014년 11월 차명거래금지법 시행으로 차명거래원칙 금지(예외 증여범위 내)
23	[타인명의예금] • 예금의 명의인과 실질적 예금주가 다른 예금 • 타인명의예금을 은행이 알고 동조하면 금융실명제 위반 • 원칙적으로 명의인을 예금주로 판단

정답 22 ⑤   23 ③

24 ✮✮

공동명의의 예금 취급 시 유의사항으로 옳지 않은 것은?

① 공동지급의 특약이 있는 경우에는 통장, 인감의 분실신고 등을 공동으로 하도록 하여야 한다.
② 예금의 지급청구는 전원의 기명날인이 있어야 한다.
③ 공동명의예금에 있어서는 은행과 당사자 간의 특약내용과 계좌개설 당시의 공동명의예금의 개설 목적이 법적 성질을 좌우하게 된다.
④ 공동명의 예금은 향후 법적 분쟁이 발생할 우려가 많으므로 공동명의로 취급하는 것이 바람직하다.
⑤ 공동명의로 예금을 하고자 할 경우에는 그 목적을 확인하여 소유관계를 파악하고 각서 등을 통하여 지급절차를 명백히 할 필요가 있다.

25 ✮✮✮

예금의 입금과 관련된 설명으로 옳지 않은 것은?

① 계좌상위 입금이 은행의 착오에 기인하는 경우 예금주의 동의하에서만 취소하여 정당계좌에 입금할 수 있다.
② 은행원이 입금조작을 잘못하여 정당계좌에 자금부족이 발생하고 거래처에 손해가 발생한 경우 은행은 그 손해를 배상하여야 한다.
③ 예금주가 은행이 착오로 오류 입금한 예금을 인출하였다면 부당이득으로 반환하여야 한다.
④ 과다입금은 실제로 받은 금액에 한하여 예금계약이 성립하고, 초과된 부분은 예금계약이 성립하지 않는다.
⑤ 현금의 확인을 유보하는 의사 없이 예금통장 등을 발행한 경우 예금부족액이 발생한 때에는 은행이 입증책임을 부담한다.

◉ 정답 및 해설

24	공동명의 예금은 향후 법적 분쟁이 발생할 우려가 많으므로 개인 1인 명의로 취급하는 것이 바람직하다.
25	계좌상위 입금이 은행의 착오에 기인하는 경우 예금주의 동의 없이 취소하여 정당계좌에 입금할 수 있다.

정답 24 ④ 25 ①

26 ★★

타점권 입금 시 주의사항으로 옳지 않은 것은?

① 타점권이 일반횡선수표인 경우 입금인이 당행과 계속적인 거래가 있는 거래처인지 여부를 확인한다.
② 특정횡선수표인 경우에는 그 특정된 은행이 당행과 계속적인 거래관계가 있는지 여부를 확인한다.
③ 은행이 선관주의의무를 위반한 경우 입금인의 손해를 배상하여야 한다.
④ 은행은 선량한 관리자로서의 주의를 가지고 타점권 입금업무를 처리하여야 한다.
⑤ 타점권을 입금시키는 행위는 위임계약이다.

정답 및 해설

26 [횡선수표]
• 일반횡선수표 : 소지인이 우측 상단에 두 줄을 그은 경우, 당행이 거래처에 한하여 입금 가능
• 특정횡선수표 : 소지인이 우측 상단에 두 줄에 특정은행을 지정한 경우, 당행이 지정은행인 경우에 한하여 입금 가능, 특정횡선수표는 그 특정된 은행이 당행인지 여부를 확인한다.
[증권류 입금 시 확인사항]
• 어음에 의한 입금 경우
  ① 지급제시 기간 내에 제시 가능 여부 확인
  ② 어음요건을 충족 여부 확인
   ☞ 은행이 백지보충 의무 없음
• 수표의 경우
  ① 지급제시기간 내에 수표가 제시 여부 확인
  ② 수표요건을 구비 여부 확인
  ③ 선일자수표인지 여부도 확인(입금 가능)
[은행이 선관주의 의무 위반 사례]
① 지급제시기일에 교환회부를 못한 경우
② 교환회부 불가능한 증권류 입금

정답 26 ②

27 🥉🥉🥉

착오송금(이체) 시의 법률관계에 관한 다음 내용 중 맞는 것을 모두 고르시오.

> ㄱ. 잘못 송금한 돈이라도 원칙적으로 수취인의 예금이 된다.
> ㄴ. 수취인은 금전을 돌려줄 민사상 반환의무가 없다.
> ㄷ. 송금의뢰인은 수취인에게 부당이득반환청구를 할 수 있다.
> ㄹ. 수취인이 함부로 돈을 빼 쓰면 횡령죄가 성립할 수 있다.

① ㄱ, ㄴ, ㄷ, ㄹ
② ㄴ, ㄷ, ㄹ
③ ㄱ, ㄷ, ㄹ
④ ㄱ, ㄷ
⑤ ㄱ, ㄴ

28 🥉🥉

은행의 통장 또는 증서의 교부와 관련된 설명으로 옳은 것은?

① 예금통장은 유가증권이다.
② 양도성예금증서는 원칙적으로 실질적 권리자에게만 발행대전을 지급해야 한다.
③ 은행이 예금통장의 소지자에게 예금을 지급한 경우에는 과실유무를 불문하고 채권의 준점유자에 대한 변제에 해당되어 면책된다.
④ 예금통장을 소지하고 있지 않다 하더라도 그 실질적 권리자임을 입증한 경우에는 예금의 반환을 청구할 수 있다.
⑤ 예금통장은 증거증권이므로 예금통장의 소지인은 은행에 반환을 청구할 수 있다.

◎ 정답 및 해설

27	수취인은 금전을 돌려줄 민사상 반환의무가 있다.
28	① 예금통장은 증거증권이다. ② 양도성예금증서는 원칙적으로 그 증서의 소지인이면 정당한 권리자인지 여부와 관계없이 은행은 면책된다. ③ 은행이 과실 없이 예금통장의 소지자에게 예금을 지급한 경우에 채권의 준점유자에 대한 변제에 해당되어 면책된다. ⑤ 예금통장이나 증서를 소지하고 있다는 사실만으로 소지인이 은행에 예금의 반환을 청구할 수 없다.

정답 27 ③ 28 ④

29 ✪✪

예금의 지급과 관련된 설명으로 옳은 것은?

① 예금주가 은행에 나와서 이를 수령해야 한다.
② 은행은 예금지급청구에 대하여 원칙적으로 불가항력을 주장할 수 있다.
③ 기한이 정해진 예금은 은행 영업시간 내에 언제라도 예금의 지급청구를 할 수 있다.
④ 무기명예금은 은행의 모든 지점에서 지급한다.
⑤ 예금채권은 지참채무이다.

30 ✪

예금채권의 소멸원인에 해당하지 않는 것은?

① 상계
② 소멸시효 완성
③ 시효이익의 포기
④ 변제공탁
⑤ 예금의 지급

◉ 정답 및 해설

29	② 채무자인 은행은 원칙적으로 불가항력을 주장할 수 없다. ③ 기한이 정해진 예금은 약정한 지급기일에 지급한다. ④ 무기명예금을 지급할 장소는 원칙적으로 계좌개설 영업점이다. ⑤ 예금채권은 추심채무이다. ☞ 지참 채무 : 채무자가 채권자의 주소지에서 변제
30	예금의 소멸원인으로 시효이익의 포기는 예금채권의 소멸원인이 아니다.

정답 29 ① 30 ③

31

다음 중 예금의 지급면책 요건이 아닌 것은?

① 채권의 준점유자에 대한 변제일 것
② 인감 또는 서명이 일치할 것
③ 비밀번호가 일치할 것
④ 은행이 선의 무과실일 것
⑤ 편의지급에 의한 지급일 것

32

A은행 신촌지점에 근무하는 A행원이 예금지급업무를 처리하고 있다. 다음 중 예금의 지급 시 유의사항에 관한 설명으로 옳지 않은 것은?

① 기한부예금을 중도해지할 때에는 예금주의 본인 여부를 확인해야 한다.
② 예금청구서의 금액 등 주요사항이 정정된 경우에는 반드시 정정인을 받거나 새로운 전표를 작성한다.
③ 예금주 본인에게만 지급하겠다는 특약이 있더라도 인감과 비밀번호가 일치하여 타인에게 지급하였다면 금융기관은 면책된다.
④ 사고신고 여부 등을 전산상 등록에 의해 확인함으로써 과실지급이 되지 않도록 한다.
⑤ 예금의 귀속에 관해 다툼이 있는 예금은 진정한 예금주가 누구인지 확인한 후에 지급한다.

정답 및 해설

31	[면책요건] ① 준점유자에 대한 지급 : 비밀번호 + 서명(인감) + 통장 ② 선의(준점유자가 수령 권한이 있다고 믿어야 함)와 무과실 ☞ 면책을 위하여는 편의지급(사례 : 무통장, 무인감 지급)이 없어야 한다. 즉, 예금주에게 지급한 경우에는 변제의 효과가 발생하나, 예금주가 아닌 제3자에게 편의상 지급한 경우에는 면책될 수 없다.
32	이 경우 면책될 수 없다.

정답 31 ⑤ 32 ③

33 ⭐⭐

예금계약에 관한 다음 설명 중 옳지 않은 것은?

① 약속어음이 입금되었을 경우 예금계약의 성립시기는 부도반환시한이 지나고 결제가 확인된 때이다.
② 보통예금에 대한 질권 설정은 금지되어 있다.
③ 타인명의예금이란 예금의 출연자가 실재하는 다른 자의 명의를 이용하여 그 자를 명의인으로 한 예금을 말한다.
④ 청구서에 날인된 인감과 비밀번호가 일치하여 부인명의 정기예금을 중도해지하여 남편에게 지급하였다면, 은행은 지급절차에 과실이 일부 있더라도 면책된다.
⑤ 예금거래약관의 의미가 불명확한 때에는 고객에게 유리하게 해석되어야 한다.

정답 및 해설

33 청구서에 날인된 인감과 비밀번호가 일치하여 부인명의 정기예금을 중도해지하여 남편에게 지급하였다면, 은행은 지급절차에 과실이 일부 있더라도 면책되지 않는다.
☞ 기한부예금의 중도해지의 경우 은행의 예금주 본인 또는 대리인에 대한 확인의 주의의무가 가중

정답 33 ④

34

상속순위와 관련된 설명으로 맞는 것은?

① 배우자는 피상속인의 형제자매와 동순위이다.
② 양자는 친생자의 후순위이다.
③ 유언상속은 불가하다.
④ 선순위 상속권자가 있으면 후순위권자는 전혀 상속권을 가지지 못한다.
⑤ 제4순위는 피상속인의 8촌 이내의 방계혈족이다.

정답 및 해설

34
① 배우자는 피상속인의 직계비속 또는 직계존속과 동순위이다.
② 양자의 경우에도 친생자와 상속순위가 같다.
③ 유언상속도 가능하다.
⑤ 4촌 이내의 방계혈족이다.
[상속제도]
 : 상속은 피상속인의 권리와 의무를 상속인이 포괄적 승계
• 법정상속
① 제1순위 : 피상속인의 직계비속(사망인의 자녀)
  - 양자, 태아도 상속인
② 제2순위 : 피상속인의 직계존속(사망인의 부모)
③ 제3순위 : 피상속인의 형제자매
④ 제4순위 : 피상속인의 4촌 이내의 방계혈족
배우자는 피상속인의 직계비속 또는 직계존속과 동순위이다.
(제 1, 2순위 상속인이 있는 경우에는 공동상속이 되고 없는 경우 단독상속인이 됨)
• 유언상속 : 유언에 의한 상속 가능
→ 유류분 제도(직계비속 상속재산의 1/2)로 상속인 보호

정답 34 ④

35

갑은 정기예금 1억원을 보유하고 있다. 갑이 사고로 사망하였다. 현재 아버지 을, 어머니 병, 배우자 정, 자녀 무가 있다. 이들 중 상속인은 누구인가?

① 을, 병, 정, 무 공동상속
② 정 단독상속
③ 정, 무 공동상속
④ 무 단독상속
⑤ 을, 병, 정 공동상속

36

상속으로 인하여 취득할 재산의 범위 내에서 채무를 변제할 것을 조건으로 상속을 승인하는 제도는?

① 단순승인
② 한정승인
③ 상속포기
④ 유류분
⑤ 협의분할

정답 및 해설

35	상속에 있어서 선순위자가 있으면 후순위자는 상속권이 없다. 직계비속인 무가 있으므로 직계존속(을, 병)은 상속권이 없다. 배우자의 경우 직계비속이나 또는 직계존속과 공동상속하고, 직계비속과 직계존속이 없는 경우에는 단독상속한다.
36	한정승인은 상속으로 인하여 취득할 재산의 범위 내에서 채무를 변제할 것을 조건으로 상속을 승인하는 제도이다.

정답 35 ③ 36 ②

37

상속의 포기기간으로 옳은 것은?

① 상속 개시를 안 날로부터 3개월
② 상속 개시를 안 날로부터 6개월
③ 상속 개시일로부터 3개월
④ 상속 개시일로부터 6개월
⑤ 상속 개시를 안 날로부터 1년

38

상속과 관련된 설명으로 옳지 않은 것은?

① 행방불명인 자가 있으면 상속은 정지되어 다른 상속인에게 지급할 수 없다.
② 상속이 개시되면 피상속인의 권리·의무가 포괄적으로 상속인에게 상속된다.
③ 배우자는 제 1, 2순위 상속인이 있는 경우에는 공동상속인이 되고 없는 경우 단독상속인이 된다.
④ 「민법」은 법정상속을 원칙으로 하고, 유언상속은 유증의 형태로 인정하고 있다.
⑤ 상속인은 피상속인의 유언에 따라 결정되며, 유언이 없으면 법률에 정해진 바에 따라 상속인이 결정된다.

정답 및 해설

37	상속포기 : 요식행위(법원심판에 의함), 상속개시를 안 날로부터 3개월 이내
38	행방불명인 자의 상속분을 제외한 나머지 부분은 각 상속인에게 지급할 수 있다.

정답 37 ① 38 ①

39 ✪✪

공동상속과 상속재산의 공유와 관련된 내용 중 옳지 않은 것은?

① 공동상속의 상속은 배우자에게는 1.5, 직계비속에게는 1의 비율이다.
② 유류분 반환청구는 유증 시 직계비속과 배우자는 법적 상속의 1/2까지, 직계존속과 형제자매는 1/3까지 수증자에게 반환을 청구할 수 있는 권리이다.
③ 상속재산은 분할할 때까지는 총유이다.
④ 동순위의 상속인이 두 사람 이상인 경우 공동상속을 한다.
⑤ 배우자는 피상속인의 직계비속 또는 직계존속과 동순위로 상속권자가 된다.

40 ✪✪

유증과 관련된 설명으로 옳은 것은?

① 포괄유증을 받은 자는 재산상속인과 동일한 권리의무가 있으므로 적극재산만 승계한다.
② 특정유증에서는 은행은 예금을 수증인에게 지급한다.
③ 특정유증을 받은 수증자는 은행에 예금의 지급을 청구한다.
④ 특정유증은 수증자가 상속인 또는 유언집행자에 대하여 물권적 청구권을 가진다.
⑤ 유언집행자가 선임된 경우에는 유언집행자의 청구에 의하여 예금을 지급하여야 한다.

◎ 정답 및 해설

39 상속재산은 분할할 때까지는 공유이다.

40 ① 포괄유증을 받은 자는 적극재산뿐만 아니라 소극재산인 채무까지도 승계한다.
② 특정유증에서는 은행은 예금을 상속인 또는 유언집행자에게 지급함이 원칙이다.
③ 특정유증을 받은 수증자는 상속인 또는 유언집행자에게 예금의 지급을 청구한다.
④ 채권적 청구권만 가진다.

정답 39 ③ 40 ⑤

41 ✪✪

상속재산의 분할에 관한 설명이다. 옳지 않은 것은?

① 협의분할은 공동상속인 간 협의에 의한 분할을 말한다.
② 심판분할에 의하여 상속재산을 분할한 경우에는 소급효과가 발생하지 않는다.
③ 공동상속인 중 친권자와 미성년자가 있는 경우에 친권자가 미성년자를 대리하여 협의분할 하는 것은 이해상반행위에 해당한다.
④ 심판분할은 유언에 의한 분할이 없고, 협의분할도 이루어지지 않아 가정법원의 심판에 의해 상속재산을 분할하는 방법이다.
⑤ 유언에 의한 분할, 협의분할, 심판분할이 있다.

42 ✪✪

예금주의 사망 시 예금채권의 처리와 관련된 설명이다. 맞게 설명한 것은?

① 상속인은 상속의 개시있음을 안 날로부터 3개월 이내에 상속을 포기할 수 있다.
② 상속포기는 상속인의 의사표시만으로 효력이 발생한다.
③ 예금주(피상속인)가 사망하면 예금주의 예금은 특정승계가 원칙이다.
④ 공동상속인 중 1인이 정기적금 계약을 승계하기 위하여는 상속인들이 다수 결의로 정한다.
⑤ 당좌거래도 당연히 상속인에게 승계된다.

◯ 정답 및 해설

41	[상속재산 분할] ① 유언의 의한 분할 ② 협의분할 ③ 심판분할(가정법원 심판에 의함, 상속시로 소급효)
42	② 상속의 포기는 법원의 심판서를 징구하여 확인한다. ③ 예금주(피상속인)가 사망하면 상속인 포괄적으로 예금주의 지위를 승계한다. ④ 합유설에 입각하여 공동상속인 전원의 동의가 필요하다. ⑤ 당좌계정은 피상속인의 사망으로 계약관계가 종료된다. 따라서 은행은 당좌거래계약을 해지한다.

정답 41 ② 42 ①

43 ✪✪

예금채권의 양도에 관련된 내용 중 옳지 않은 것은?

① 예금을 양도하기 위해서는 양도인과 양수인 사이에 예금양도계약 및 은행의 승낙이 있어야 한다.
② 양도금지 특약을 위반하여 예금을 다른 사람에게 양도한 경우 그 양도는 무효이다.
③ 거래처가 예금을 양도하려면 사전에 은행에 통지하고 동의를 받아야 한다.
④ 전부채권자가 양도금지특약을 알고 있었다면 전부명령은 무효이다.
⑤ 예금주가 양도금지특약을 위반하여 예금을 다른 사람에게 양도한 경우 은행에 대하여 대항할 수 없다.

44 ✪✪✪

예금 질권설정 시 제3자에 대한 대항요건으로 옳은 것은?

① 질권설정계약서
② 은행 승인서
③ 질권설정통지서
④ 은행 승낙사항 확정일자
⑤ 은행 전산 등록일자

◎ 정답 및 해설

43	[은행 예금기본약관] : 예금에 대하여 은행에 동의를 구하지 않고 양도 금지 전부채권자가 그 특약을 알고 있든 모르든 관계없이 전부명령은 유효하다.
44	[예금 질권설정] ① 은행이 질권설정하는 경우 : 예금주와 은행간이므로 별도 승낙이 필요 없음 ② 제3자에 의한 질권설정 : 은행 승낙이 필요하며 제3자에게 대항하려면 확정일자 필요

정답 43 ④ 44 ④

45

예금에 대한 질권의 효력에 대한 설명으로 거리가 먼 것은?

① 질권설정한 정기예금을 정기적금으로 바꾼 경우 질권의 효력은 미치지 않는다.
② 질권설정한 정기예금을 동일한 새로운 정기예금으로 기한갱신하는 경우 질권의 효력이 미친다.
③ 질권자는 계약당사자가 아니므로 중도해지권이 없다.
④ 질권자는 변제금액의 공탁을 청구할 수 있고, 이 경우 질권은 그 공탁금 위에 존속한다.
⑤ 예금채권에 대한 질권의 효력은 원금에만 미치고 이자에는 미치지 않는다.

46

다음 중 예금의 질권자에게 인정되는 권리가 아닌 것은?

① 이자청구권
② 중도해지권
③ 직접청구권
④ 변제충당권
⑤ 우선변제권

정답 및 해설

45	예금채권에 대한 질권의 효력은 원금과 이자에도 영향을 미친다.
46	피담보채권의 변제기는 도래했으나 질권설정된 예금채권의 변제기는 도래하지 않는 경우 질권자는 질권설정된 예금채권의 변제기까지 기다려야 한다.

정답 45 ⑤ 46 ②

47 ⭐⭐

A는 갑은행에 예치되어 있는 채무자 B명의의 예금에 대하여 법원에 가압류를 신청하였다. 이 경우 당해 예금에 관한 가압류명령의 효력이 발생하는 시기로 옳은 것은?

① 가압류명령이 확정된 때
② 법원이 가압류명령을 말한 때
③ 가압류명령이 B에게 송달된 때
④ 가압류명령이 갑은행에 송달된 때
⑤ A가 가압류명령을 신청한 때

48 ⭐⭐

피압류예금에 대한 설명으로 옳은 것은?

① 예금주가 한 종류의 예금계좌만 보유하는 경우에도 예금계좌를 특정해야 한다.
② 본점 또는 다른 지점에 송달된 압류명령은 효력이 없다.
③ 예금계좌도 특정되어야 한다.
④ 은행예금을 압류함에 있어서는 은행명과 소관영업점인 지점을 반드시 특정하여야 한다.
⑤ 압류되는 예금은 당해 예금주와 관련된 해당 은행의 모든 예금이다.

정답 및 해설

47	"가압류명령이 갑은행에 송달된 때" 효력이 발생한다.
48	① 예금주가 한 종류의 예금계좌만 보유하는 경우에는 반드시 예금의 종류와 계좌를 명시하지 않더라도 특정된다고 볼 수 있다. ② 본점 또는 다른 지점에 송달된 압류명령도 유효하다. ④ 소관영업점(지점)을 반드시 표시하여야 하는 것은 아니다. ⑤ 피압류예금을 특정할 수 없으면 압류의 효력이 없다.

정답 47 ④ 48 ③

49 ⭐

다음에 해당하는 법률용어는?

> "채무자의 제3채무자에 대한 금전채권이 압류된 경우 민법상의 대위절차(민법 제404조) 없이 압류채권자가 압류채권의 지급을 받을 수 있는 권한을 부여하는 집행법원의 명령을 말한다."

① 가압류　　　　　　　　　② 압류
③ 전부명령　　　　　　　　④ 추심명령
⑤ 가처분

50 ⭐⭐

다음에 해당하는 법률용어는?

> "압류한 금전채권을 권면액(券面額)으로 집행채권과 집행비용청구권의 변제에 갈음하여 압류채권자에게 이전하는 집행법원의 명령을 말한다."

① 가압류　　　　　　　　　② 압류
③ 전부명령　　　　　　　　④ 추심명령
⑤ 가처분

✅ 정답 및 해설

| 49 | 추심명령에 관한 내용이다. |
| 50 | 전부명령에 관한 내용이다. |

정답　49 ④　50 ③

51 ✦✦

추심명령의 효력이 옳은 것은?

① 법원에 명령을 신청했을 때
② 법원이 명령을 발한 때
③ 명령이 채무자에게 도착한 때
④ 명령이 제3채무자에게 도착한 때
⑤ 명령이 확정되었을 때

52 ✦✦

압류된 예금의 지급에 관한 설명이다. 옳지 않은 것은?

① 전부명령이 확정되면 전부명령이 제3자에게 송달된 때 소급하여 생긴다.
② 전부명령은 즉시 항고가 허용되어 있다.
③ 추심채권자에게 지급함에 있어서 그 확정 여부의 확인을 하여야 한다.
④ 전부명령이란 예금주가 제3채무자(은행)에 대해 가지는 예금채권을 집행채권과 집행비용청구권에 갈음하여 압류채권자에게 이전시키는 법원의 명령이다.
⑤ 예금채권의 환가방법은 추심명령과 전부명령이 이용된다.

◎ 정답 및 해설

| 51 | 추심명령의 효력은 제3채무자에 대한 송달로써 효력이 발생한다. |
| 52 | 추심명령 : 전부명령과 달리 채권의 이전이 없으므로 추심채권자에게 지급함에 있어서 그 확정 여부의 확인이 필요 없다. |

정답 51 ④ 52 ③

53 ✪✪

압류된 예금의 지급과 관련된 설명으로 옳지 않은 것은?

① 은행이 추심채권자에게 지급함에 있어서 그 확정 여부의 확인이 필요 없다.
② 예금채권자의 환가방법은 추심명령만 가능하다.
③ 압류채권자는 압류한 채권을 환가할 필요가 있다.
④ 은행이 추심채권자나 전부채권자에게 예금을 지급하는 경우 전부채권자·추심채권자가 본인임을 확인해야 한다.
⑤ 먼저 명령서로써 권리자(전부채권자·추심채권자)임을 확인하고, 주민등록증 등으로 수령 권한을 확인한다.

54 ✪✪✪

강제집행이 경합되는 경우에 대한 설명으로 옳지 않은 것은?

① 체납처분압류와 추심명령이 경합된 경우 원칙적으로 그 우선순위를 묻지 않고 체납처분압류가 우선한다.
② 체납처분압류금액을 공제한 나머지 잔액이 있으면 그 잔액에 대하여 가압류의 효력이 미친다.
③ 가압류의 선·후에도 불구하고 체납처분압류가 가압류에 항상 우선한다.
④ 추심명령이 국세 등에 우선하는 임금채권 등을 이유로 하는 경우에는 체납처분 압류가 선순위가 된다.
⑤ 전부명령이 체납처분압류보다 먼저 있는 경우에는 전부명령이 우선하고 잔액에 대해서만 체납처분압류의 효력이 미친다.

◎ 정답 및 해설

| 53 | 예금채권자의 환가방법은 추심명령과 전부명령 모두 가능하다. |
| 54 | 추심명령이 국세 등에 우선하는 임금채권 등을 이유로 하는 경우에는 체납처분압류가 후순위가 된다.
→ 체납처분압류는 가압류에 항상 우선한다.(순위 불문)
→ 체납처분압류는 추심명령에 항상 우선한다.
　단, 국세우선의 원칙에 배제되는 경우는 추심명령이 우선
→ 체납처분압류와 전부명령은 순위에 따라 우열이 가려진다. |

정답 53 ② 54 ④

55

채권자와 채무자가 서로 상대방에 대해서 같은 종류의 채권을 가지는 경우에 채권자 또는 채무자 한 쪽의 일방적 의사표시에 의해 그 채권과 채무를 같은 금액에서 소멸케 하는 것을 목적으로 하는 단독행위를 무엇이라 하는가?

① 공탁
② 가압류
③ 변제
④ 상계
⑤ 압류

56

상계의 요건이 아닌 것은?

① 자동채권이 아닐 것
② 상계남용에 해당하지 않을 것
③ 두 채권이 변제기에 있을 것
④ 목적이 서로 동일할 것
⑤ 당사자 사이에 대립하는 두 채권이 있을 것

정답 및 해설

55	"상계"에 관한 설명이다.
56	자동채권에 대해서도 상계가 가능하나 상계가 금지되는 경우가 있다. 자동채권에 항변권이 부착된 경우나 자동채권의 변제기가 미도래한 경우 등이 그 예이다. • 자동채권(대출) : 상계하려고 하는 자(일반적으로 은행)의 채권 • 수동채권(예금) : 고객의 은행에 대한 예금채권

정답 55 ④ 56 ①

57 ☆☆

예금거래와 상계에 대한 설명 중 타당하지 않은 것은?

① 상계란 채권자와 채무자가 서로 대립하는 동종의 채권·채무를 가지는 경우에 그 채권과 채무를 대등액에 있어서 소멸케 하는 일방적 의사표시를 말한다.
② 은행이 예금으로부터의 채권회수방법 중 가장 널리 활용되고 있는 것이 상계의 방법에 의한 채권회수방법이다.
③ 상계를 하려면 당사자 사이에 두 채권이 대립하고 있어야 하며 이때 상계하려고하는 자의 채권을 자동채권이라 하고 상대방의 채권을 수동채권이라 한다.
④ 상계는 상계의 의사표시로서 그 효력이 발생하고 상계통지는 요식행위이므로 반드시 배달증명부 내용증명우편으로 하여야 한다.
⑤ 형식상으로는 상계권의 행사이나 실질적으로 신의칙에 반하여 상계권의 행사로 볼 수 없는 것을 상계권의 남용이라 한다.

58 ☆☆

상계의 효력발생시기에 관한 설명으로 적절한 것은?

① 상계는 장래에 대해서만 그 효력이 미친다.
② 상계의 효과는 양채권이 상계적상에 있는 때에 자동으로 발생한다.
③ 상계의 효과는 상계의 의사표시가 상대방에게 도달한 때에 발생한다.
④ 상계적상에 있는 양채권의 당사자 일방이 상대방에 대하여 일방적인 상계의 의사표시(상계통지)로서 상계의 효력이 발생한다.
⑤ 수동채권도 변제기에 있어야 한다.

◎ 정답 및 해설

57	상계통지는 불요식행위이다.
58	①, ②, ③ 상계의 효과는 각 채무가 상계할 수 있는 때, 즉 상계적상이 있는 때로 소급하여 효력이 발생한다. ⑤ 수동채권은 변제기가 아니어도 된다.

정답 57 ④ 58 ④

59 ✪✪✪

상계통지에 대한 다음 설명 중 가장 적절한 것은?

① 상계통지는 반드시 서면으로 해야 효력이 있다.
② 상계통지에 대하여 우편물이 반송된 경우 상계통지로서의 효력이 없다.
③ 상계통지는 상계실행 전에 이루어져야 한다.
④ 상계통지는 정당한 상대방에게 하여야 하므로 반드시 예금주에게 하여야 한다.
⑤ 상계통지 시에는 단순 통지면 충분하고 상계내역에 대하여는 중요하지 않다.

60 ✪✪

상계와 관련된 설명으로 옳지 않은 것은?

① 형식상으로는 상계권의 행사이나 실질적으로 신의칙에 반하여 상계권의 행사로 볼 수 없는 것을 상계권의 남용이라 한다.
② 예금의 압류가 있는 경우에는 그 후에 발생한 대출금으로 상계할 수 없다.
③ 상계 지체로 상대방의 이익을 해치게 되는 경우 상계권 남용이 될 수 있다.
④ 상계는 정당한 상대방에 대하여 하여야 한다.
⑤ 상계는 일방의 의사표시에 의해 효력이 발생하므로 상계통지는 상계했다는 통지이다.

✓ 정답 및 해설

59 ① 상계통지는 반드시 서면으로 해야 효력이 생기는 것은 아니지만, 실무상으로는 서면으로 하는 것이 일반적이다.
② 상계통지에 대하여 우편물이 반송된 경우에도 상계통지로서의 효력이 있다.
④ 상계통지는 정당한 상대방에게 하여야 하는데, 언제나 예금주에게 하여야 하는 것은 아니다.
⑤ 상계통지 시에는 상계내역을 분명히 해두는 것이 분쟁방지를 위해 중요하다.

60 상계통지는 상계실행 전에 하여야 한다. 즉 상계하겠다는 통지를 하여야 하며, 상계했다는 통지를 하여서는 안 된다.

정답 59 ③ 60 ⑤

61

다음에 해당하는 법률용어는?

> "채권자 등의 신청을 받은 국가기관이 강제로 다른 사람의 재산처분이나 권리행사 등을 못하게 하는 것"

① 가압류 ② 압류
③ 전부명령 ④ 추심명령
⑤ 가처분

62

사고신고를 이유로 부도처리된 자기앞수표의 소지인이 은행을 상대로 수표금청구소송을 제기하는 경우에 은행이 사고신고인에 대하여 취하게 되는 법적 절차로 옳은 것은?

① 권리신고 ② 제권판결
③ 소송고지 ④ 공시최고
⑤ 진술명령

정답 및 해설

61	압류에 관한 내용이다.
62	사고신고인에게 그 소송에 참가하도록(소송고지에 의한 보조참가 유도)하고 소송결과에 따라 처리한다.

정답 61 ② 62 ③

63

창구직원이 사고신고를 처리하는 경우에 유의해야 할 사항으로 옳지 않은 것은?

① 전화신고만 있고 서면신고가 없어도 지급정지를 해지해서는 안 된다.
② 예금거래 기본약관상 면책규정은 사고신고의 경우에도 적용된다.
③ 사고신고는 전화 등으로 가능하나, 1주일 내에 서면신고하도록 안내한다.
④ 사고신고에 있어서는 본인 여부나 본인으로부터 정당한 권한을 받았는지를 확인하는 것이 중요하다.
⑤ 사고신고를 받았음에도 이를 소홀히 하여 무권리자가 예금을 인출해 간 경우 은행은 과실에 따른 손해배상책임을 진다.

64

자기앞수표를 분실한 경우 사고신고의 법적 의미에 관한 설명으로 옳지 않은 것은?

① 위임설의 입장에서는 발행의뢰인의 사고신고는 「수표법」상의 지급위탁의 취소에 준하는 효력이 있다고 한다.
② 매매설의 입장에서는 발행의뢰인의 사고신고는 「수표법」상의 지급위탁의 취소가 아니다.
③ 현재의 통설은 위임설의 입장에 있다.
④ 자기앞수표의 사고신고가 있는 경우라도 지급할 것인가 아니할 것인가는 은행의 자유이다. 다만, 무권리자에게 지급하지 않기 위한 주의의무가 가중될 뿐이다.
⑤ 자기앞수표 도난, 분실 등 사고신고가 접수되었음에도 불구하고 5영업일 이내에 신고자가 아닌 자기앞수표를 제시한 자에게 해당 금액을 지급하는 행위는 금소법상 불공정영업행위 중 하나로 규정되어 있다.

정답 및 해설

63	긴급하거나 부득이한 경우에는 전화 등으로 신고할 수 있으나, 다음 영업일 안에 서면 신고하도록 하여야 한다.
64	현재의 통설은 매매설이다.

정답 63 ③ 64 ③

65 ✿✿

자기앞수표의 사고처리에 대한 다음 설명 중 가장 타당한 것은?

① 자기앞수표에 대한 사고신고의 법적 성질은 「수표법」이 정하는 지급위탁의 취소이다.
② 부도처리된 사고 자기앞수표에 대해서 소지인으로부터 소송이 제기된 경우 사고신고인에게 소송고지를 하는 것이 좋다.
③ 사고 자기앞수표가 장기간 지급제시되지 않으면 사고신고인에게 수표금을 지급하더라도 무방하다.
④ 사고신고인이 공시최고를 거친 제권판결을 얻어 오면 금융기관은 사고신고인에게 언제든지 지급할 수 있다.
⑤ 소지인이 제기한 수표금청구소송 또는 이득상환청구소송에서 패소한 경우라도 사고신고인이 정당한 권리자라는 확인을 받은 것은 아니므로 사고신고인에게 지급할 수 없다.

66 ✿✿

자기앞수표에 대한 공시최고와 제권판결에 대한 설명으로 옳지 않은 것은?

① 제권판결에는 확정증명이 없다.
② 제권판결에 대한 불복의 소는 제권판결의 사실을 안 날로부터 3개월 이내에 가능하다.
③ 수표소지인의 권리신고는 공시최고기일까지 하여야 한다.
④ 공시최고는 증권의 도난, 분실 또는 멸실의 경우에 허용된다.
⑤ 공시최고의 관할 법원은 지급지 관할 법원이다.

◆ 정답 및 해설

| 65 | ① 자기앞수표에 대한 사고신고의 법적 성질은 「수표법」이 정하는 지급위탁의 취소가 아니다.
③ 사고 자기앞수표는 지급제시기간 경과 여부를 불문하고 지급거절한다.
④ 당해 사고수표에 대하여 소송 또는 소송 외에서 선의취득을 주장하는 경우에는 은행은 사고신고인에 대하여 수표금의 지급을 거절할 수 있다.
⑤ 사고신고인에게 지급할 수 있다. |
| 66 | 제권판결에 대한 불복의 소는 제권판결의 사실을 안 날로부터 1개월 이내에 가능하다.
제권판결의 소극적 효력은 제권판결에 의하여 공시최고의 대상이 된 수표는 무효가 되는 것을 말한다. |

정답 65 ② 66 ②

67 ✪✪

어음, 수표에 대한 사고신고인이 제권판결을 받을 수 없는 경우에 해당하는 것은?

① 약속어음의 멸실
② 당좌수표의 훼손
③ 환어음의 도난
④ 가계수표의 분실
⑤ 약속어음의 피사취 교부

68 ✪✪✪

사고신고담보금의 예치시기로 옳은 것은?

① 거래정지처분시점
② 어음교부시점
③ 부도반환시점
④ 사고신고시점
⑤ 어음발행시점

◆ 정답 및 해설

| 67 | 피사취나 계약불이행을 주장하는 경우 사고신고담보금을 납부해야 할 의무가 있다. 이 경우는 제권판결을 받을 수는 없다. |
| 68 | 사고신고담보금은 사고신고시점이 아니라 부도반환시점에 예치받는다. |

정답 67 ⑤ 68 ③

69 ★★

사고신고담보금에 관한 설명으로 옳은 것은?

① 사고신고담보금은 어음발행인의 예금이다.
② 사고신고담보금의 예치자는 어음의 배서인이다.
③ 은행과 어음발행인 사이에 체결한 사고신고담보금 처리를 위한 약정은 약정을 체결한 당사자를 위한 계약이다.
④ 사고신고담보금을 예치하지 않아도 사고신고접수는 가능하다.
⑤ 사고신고담보금은 사고신고서 접수 시 예치받는다.

70 ★★★

사고신고담보금의 1차 청구권자로 옳은 것은?

① 어음발행인
② 사고신고인
③ 어음소지인
④ 중간배서인
⑤ 지급은행

정답 및 해설

69 [사고신고담보금제도]
① 취지 : 어음 발행인이 자금부족으로 인한 미결제 상황을 피하기 위하여 사고신고서를 제출하는 것을 방지함으로써 선의의 어음소지인에게 당해 어음지급을 담보하여 어음거래질서 안정을 도모하기 위한 제도 → 약정은 제3자를 위한 계약
② 담보금 성격 : 사고신고담보금은 정당한 어음권리자에게 지급하기 위한 담보금
③ 예치 의무자 : 어음발행인
④ 의무 예치시기 : 부도반환시점
⑤ 청구권자 : 1차 청구권자는 어음소지인 → 어음발행인(사고신고가 진실로 판명 시)

70 사고신고담보금은 어음소지인에게 지급하는 경우, 어음발행인에게 지급하는 경우, 제권판결을 받은 자에게 지급하는 경우로 구분된다.
사고신고담보금의 성격은 제3자를 위한 계약으로, 원칙적으로 어음발행인이 어음소지인을 수익자로 하여 담보금을 예치하는 것이므로 1차 청구권자는 어음소지인이라고 할 것이다.

정답 69 ④ 70 ③

71 ★★

당좌계정에 사고가 발생하는 경우에 대한 처리사항으로 옳지 않은 것은?

① 멸실·훼손의 경우 최종 소지인은 제권판결을 얻어 권리를 행사해야 한다.
② 멸실·훼손의 경우 사고신고담보금 입금의무는 없다.
③ 분실·도난의 경우 발행인을 통하여 은행에 지급정지의뢰를 하여야 한다.
④ 위조·변조가 외관상 명백한 경우에도 사고신고를 받고 처리하는 방법으로 한다.
⑤ 사고신고담보금은 어음소지인이 진정한 권리자로 확정되지 않으면 어음발행인에 지급하기로 약정하고 있다.

◆ 정답 및 해설

| 71 | 위조·변조가 외관상 명백한 경우에는 지급거절해야 한다. |

정답 71 ④

Chapter 02 | 자가학습진단표

	진단 내용	Yes	No
01	예금계약의 법적 성질인 소비임치계약, 상사계약, 부합계약에 대하여 이해하고 있습니까?		
02	예금계약의 성립시기에 대하여 현금 입금, 증권류에 의한 입금, 계좌송금에 따라 구분하여 설명할 수 있습니까?		
03	약관의 계약 편입요건을 설명할 수 있습니까?		
04	약관의 해석 원칙을 이해하고 있습니까?		
05	자연인과의 거래에서 행위무능력자와의 거래를 간략하게 설명할 수 있습니까?		
06	대리인과의 거래 시 필요한 확인서류에 대하여 설명할 수 있습니까?		
07	법인과의 거래에서 공동대표이사 제도를 채택하고 있는 경우의 거래를 설명할 수 있습니까?		
08	학교법인과의 거래를 이해하고 있습니까?		
09	법인격이 없는 사단의 예를 들 수 있습니까?		
10	타인명의예금의 경우 예금주 확정에 대하여 설명할 수 있습니까?		
11	공동명의예금의 경우 학설의 태도와 대법원 판례에 대하여 이해하고 있습니까?		
12	어음이나 수표에 의한 입금의 경우 확인사항에 대하여 설명할 수 있습니까?		
13	증권류의 입금의 경우 은행이 선관주의 의무를 위반하는 경우에 대하여 나열 할 수 있습니까?		
14	은행이 예금지급 시 면책되기 위한 요건을 알고 있습니까?		
15	채권의 준점유자에 대한 변제 시 면책을 위한 요건은 무엇인지 설명할 수 있습니까?		
16	예금주 사망 시 법정상속의 순위를 말할 수 있습니까?		
17	상속포기에 대하여 이해하고 상속포기 가능기간에 대하여 설명할 수 있습니까?		
18	한정상속에 대하여 설명할 수 있습니까?		
19	예금채권양도 시 은행실무처리 시 유의사항을 인지하고 있습니까?		
20	예금에 대한 질권의 효력에 대해 알고 있습니까?		
21	질권이 설정된 예금에 대한 지급 시 유의사항을 인지하고 있습니까?		

자신의 학습성취도를 스스로 진단하세요.

	진단 내용	Yes	No
22	예금주가 변경된 경우 개인기업과 법인전환과 예금거래 시 유의사항을 인지하고 있습니까?		
23	예금에 대한 (가)압류명령이 송달된 경우 실무처리절차를 설명할 수 있습니까? 또한 압류 예금에 대한 효력 범위에 대하여 설명할 수 있습니까?		
24	추심명령과 전부명령을 비교 설명할 수 있습니까?		
25	예금에 대한 체납처분과 「민사집행법」상의 강제집행의 경합 시 우선되는 경우를 알고 있습니까?		
26	상계의 의미를 이해하고 요건에 대하여 설명할 수 있습니까?		
27	법률상 상계금지 채권은 어떤 경우가 있는지 설명할 수 있습니까?		
28	상계방법에 대하여 설명할 수 있습니까?		
29	제권판결에 대한 이해와 법적 효력에 대하여 설명할 수 있습니까?		
30	사고신고담보금 제도에 대한 이해와 예치의무인과 입금시기 및 지급시기에 대하여 설명할 수 있습니까?		

Yes 개수별 진단결과

- 17개 이하 : 합격예상도는 40% ➔ 기본서로 관련 내용을 다시 한번 꼼꼼하게 학습하세요.
- 18~23개 : 합예상도는 60% ➔ 핵심 정리를 통해 주요 내용을 다시 한번 체크하세요.
- 24개 이상 : 합격예상도는 80% ➔ 문제를 통해 100% 합격에 도전하세요.

제3장

고객서비스 및 창구마케팅

텔러 업무를 함에 있어 객장에서 다루는 고객서비스와 창구마케팅 실무에 관한 사항을 살펴보는 내용입니다.
공부하기에 쉬운 평이한 내용이므로 열심히 준비하시면 고득점이 가능합니다.

Chapter 03 | 문제로 보는 출제경향

01

고객서비스 변화 패러다임에 있어서 옳지 않은 것은?

	기존 패러다임	새로운 패러다임		기존 패러다임	새로운 패러다임
①	국내화	세계화	②	판매자시장	고객시장
③	보호된 시장	개방된 시장	④	시장점유율	고객만족
⑤	감성 중시	기능 중시			

해설 기능중시에서 감성중시로 변화하고 있다.

정답 ⑤

02

다음 중 고객접근 활동에 있어서 성공적인 접근기술로 적절하지 않은 것은?

① 먼저 접근/방문 목적을 명확하게 밝힌 뒤 자기소개를 한다.
② 깜짝 놀랄 만한 사실이나 통계로 서두를 열고 뒷받침할 이야기를 풀어나가는 충격요법을 사용한다.
③ 고객이 결정을 내릴 수 있도록 비교자료를 제시하고 이때 시각적인 이미지를 전달하기 위해 안내장 등을 사용한다.
④ 일률적인 질문 외에 고객니즈별로 질문을 하고 고객의 관심사를 파악하고자 노력한다.
⑤ 앞으로의 상담을 통해 제공될 혜택을 질문형태로 제안하는 것은 피하는 것이 좋다.

해설 앞으로의 상담을 통해 제공될 혜택을 질문형태로 제안하면 더 큰 효과를 올릴 수 있다.

정답 ⑤

03

다음 중 영업 개시시간 전에 창구에서 대고객 서비스를 하기 위해 준비해야 하는 사항으로 적절한 내용이 아닌 것은?

① 당일 상황을 예상하여 필요한 지급자금을 영업개시 전까지 준비한다.
② 통장케이스, 필기도구, 띠지, 현금봉투 등 창구상황에 따라서 필요한 문방구류를 정해진 장소에 정리 정돈한다.
③ 개별 안내장, 종합안내장 등을 눈에 잘 보이는 곳에 비치한다.
④ 업무를 신속히 하기 위하여 자신의 담당업무와 관련된 장표만을 구비한다.
⑤ 명함을 준비하여 고객의 눈에 잘 띄는 곳에 비치하여 언제든지 제공할 수 있도록 한다.

해설 자신의 담당업무와 관련된 장표뿐만 아니라 발생 가능한 업무에 대한 장표도 준비하는 것이 적절하다.

정답 ④

04

커뮤니케이션에 대한 설명으로 옳게 나열한 것은?

> • (　　　)은 타인의 준거의 틀의 내면에 들어가는 것으로 이해하려는 의도를 갖고 경청하는 것이다. 또한 고객과의 신뢰감을 형성하여 기업 매출을 올릴 수 있다.
> • (　　　)은 일부의 이야기만 듣고 판단하는 것으로 자기중심적으로 사람을 이해하려는 사람들이 많이 하는 행위이다.

① 적극적 경청 – 듣는 척
② 선택적 경청 – 듣는 척
③ 선택적 경청 – 적극적 경청
④ 공감적 경청 – 선택적 경청
⑤ 공감적 경청 – 듣는 척

정답 ④

Chapter 03 | 출제예상 문제

중요도에 따라 Self 맞춤형 학습이 가능한 출제예상 문제입니다. 각자의 목표점수에 맞게 문제를 선별하여 풀어보세요!

(중요도 = ❂❂❂ 상 / ❂❂ 중 / ❂ 하)

01 ❂❂❂

다음 중 고객서비스의 패러다임 변화로 가장 적절한 것은?

	구 패러다임	신 패러다임		구 패러다임	신 패러다임
①	질	양	②	기능 중시	감성 중시
③	고객만족	시장점유율	④	개방적 시장	보호된 시장
⑤	세계화	국내화			

02 ❂❂

다음 내용이 설명하는 것으로 옳은 것은?

- 은행의 접점지역에 있어서 직원들의 "회사에서 주인은 나다"라는 생각은 고객을 만족시킬 수 있는 최고의 방법이다.
- 창구직원의 만족은 고객만족의 기초이며 내부직원들의 만족은 고객만족의 토대가 될 수 있다.
- 직원이 회사에 대한 만족을 가지고 있지 않다면 그것은 고객만족을 시킬 수 없는 것과 같다.

① 깨진 유리창의 법칙 ② 세일즈맨십
③ 패러다임의 변화 ④ 고객만족 거울효과
⑤ 서비스 리더십

◉ 정답 및 해설

| 01 | 패러다임은 양 → 질, 시장점유율 → 고객만족, 보호된 시장 → 개방적시장, 국내화 → 세계화로 변화가 있다. |
| 02 | 고객만족 거울효과에 대한 설명이다. |

정답 01 ② 02 ④

03 ✪✪

고객만족서비스에 대한 다음 설명 중 적합하지 않은 것은?

① 프로텔러는 고객만족서비스를 통해 고객과의 관계를 더욱 강화하여 더 많은 반복구매를 이끌어 내야 한다.
② 고객만족은 더 이상 단순한 스마일로는 부족하다. 고객의 기대에 적합한 고객 가치를 지속적으로 창조해 내야 한다.
③ 고객은 감성 중심의 서비스보다는 기능, 업무 중심의 서비스를 선호하는 것으로 고객서비스 패러다임의 변화가 있다.
④ 고객만족이란 고객이 기대하는 수준 이상의 제품 서비스 등을 제공하여 고객으로 하여금 만족감을 느끼게 하고, 고객으로부터 신뢰와 존경을 얻는 것이다.
⑤ 고객서비스의 변화에 맞추어 보다 적극적이고 세련된 서비스가 은행텔러에게 요구된다.

04 ✪✪

고객감동 창구접점 서비스(Moment of Truth : 진실의 순간)에 대한 설명 중 적절하지 않은 것은 무엇인가?

① 정감있는 배웅인사를 받는 순간
② 동행한 고객에게 관심을 표현하는 모습을 보는 순간
③ 금융상품을 적극적으로 소개하는 순간
④ 다른 고객에게 친절하게 응대하는 모습을 보는 순간
⑤ 생일축하나 감사편지를 받는 순간

◎ 정답 및 해설

03	기존 고객서비스는 기능중시였다면 새로운 패러다임의 변화는 감성 중심의 감성마케팅으로의 변화 흐름을 보이고 있다.
04	"금융상품을 적극적으로 소개하는 순간"은 해당하지 않는다.

정답 03 ③ 04 ③

05

서비스 접점(MOT) 중 면대면(Face to Face)과 관련하여 영향을 끼치는 요인인 것은?

① 이해하기 쉬운 절차
② 서비스성과에 대한 검증
③ 신중한 고객세분화전략 선택
④ 실수방지 장치와 절차
⑤ 신속한 조치 및 반응

06

다음 중 창구에서 단계별 고객응대에 대한 순서가 바르게 연결된 것은?

| ㉠ 상황파악 | ㉡ 욕구충족 |
| ㉢ 고객맞이 단계 | ㉣ 만족 여부 확인 |

① ㉢ - ㉡ - ㉣ - ㉠
② ㉢ - ㉡ - ㉠ - ㉣
③ ㉢ - ㉠ - ㉡ - ㉣
④ ㉢ - ㉣ - ㉠ - ㉡
⑤ ㉢ - ㉣ - ㉡ - ㉠

정답 및 해설

05 | 서비스 접점은 면대면, 비대면 인간과 기계 접점 등이 있다.
나머지는 인간과 기계에 의한 접점에서의 영향을 미치는 요인이다.

06 | [창구 고객응대]
고객맞이 단계 - 상황파악 - 욕구충족 - 만족 여부 확인

정답 05 ③ 06 ③

07 ✪✪

창구에서 단계별 고객응대에 대한 설명이다. 다음은 어느 단계인가?

> • 일상적인 욕구는 신속하게 대응한다.
> • 비일상적인 욕구에 대한 직원이 취할 행동에 대해 고객의 동의를 받는다.
> • 기대 이상의 서비스를 제공할 기회를 포착한다.

① A/S 단계
② 만족여부확인 단계
③ 욕구충족 단계
④ 상황파악 단계
⑤ 고객맞이 단계

08 ✪✪

고객 응대과정 마지막 단계인 [만족여부 확인단계]에서 응대요령으로 거리가 먼 것은?

① 고객님 더 필요한 것은 없으십니까?
② 제가 더 도와드릴 일이 있으십니까?
③ 저희 은행을 찾아주셔서 대단히 감사합니다.
④ 제가 이렇게 해드리려고 하는데 괜찮으시겠어요?
⑤ 다른 궁금한 사항은 없으십니까?

◉ 정답 및 해설

07	욕구충족 단계의 내용이다.
08	'제가 이렇게 해드리려고 하는데 괜찮으시겠어요?'는 3단계로 고객욕구에 대한 충족 단계에서 응대요령이다.

정답 07 ③ 08 ④

09

다음 중 [고객상황 파악 단계]에 대하는 행동에 대한 설명으로 옳지 않은 것은?

① "예, 바로 처리해 드리겠습니다."라고 대답한다.
② 고객의 요구를 파악하기 위한 적절한 질문을 한다.
③ 고객의 질문을 잘 응대하고 경청한다.
④ 고객에게 적절한 정보를 제공한다.
⑤ 요점정리를 제시하며, "제가 이해한 것이 맞습니까?"라고 질문한다.

10

창구직원이 고객과 효과적인 커뮤니케이션을 위하여 갖추어야 할 내용 중 적절하지 않은 것은?

① 몸의 위치 움직임, 표정 등은 관심도를 상대방에게 전달하기 때문에 편안하고 자연스러운 자세를 취한다.
② 상대방의 생각, 정보 또는 제안을 옳게 듣고 이해했는지 고객이 한 말을 그대로 반복하는 등 사실을 확인한다.
③ 고객의 감정을 은행의 입장에서 이해하고 수용하도록 직원이 느끼는 감정을 적극적으로 말로 표현해야 한다.
④ 고객이 말하는 내용의 초점을 압축해서 명확하게 하면 현재의 면담이 어디로 진행되고 있으며 또 현재 어디에 위치하고 있는지를 파악하는 데 도움을 준다.
⑤ 미국 UCLA의 Albert Mehrabion 교수는 비언어적인 요소가 언어적인 요소보다 의사소통에 더 많은 영향을 미친다고 하였다.

정답 및 해설

09	"예, 바로 처리해 드리겠습니다."라고 대답 하는 것은 욕구충족단계이다.
10	고객의 감정을 고객의 입장에서 이해하고 수용하도록 직원이 느끼는 감정을 적극적으로 말로 표현해야 한다.

정답 09 ① 10 ③

11 ⭐⭐⭐

효과적인 커뮤니케이션을 위한 피드백 요령으로 옳은 것은?

① 추상적인 표현, 모호한 표현을 자제하고, 객관화시켜 구체적 사실이나 행동, 성과에 대해 언급하라.
② I - message 대신에 You - message를 많이 사용하라.
③ YOU/BE 메시지를 보다 많이 사용하는 것이 더 효과적이다.
④ You - message는 상대방의 행동이나 어떤 상황에 대한 자신의 생각이나 감정을 표현하는 대화법이다.
⑤ Do - message는 상대방의 성격특성이나 인격, 처해 있는 상황을 표현하는 대화법이다.

12 ⭐⭐

고객과의 커뮤니케이션에 관한 설명이다. 옳지 않은 것은?

① 비언어적 의사소통의 유형들로 시선의 접촉, 바른 자세 등이 있다.
② 피터 드러커는 커뮤니케이션을 기대, 지각, 요구로 정의하였다.
③ 상대방의 관심을 끌기 위해서는 언어적 요소뿐만 아니라 비언어적 요소도 중요 하다.
④ 고객과의 효과적인 의사소통을 위해서는 상대방으로부터의 관심을 끄는 노력이 필요하다.
⑤ 언어적인 요소가 비언어적인 요소보다 의사소통에 더 많은 영향을 미친다.

◎ 정답 및 해설

11	② YOU - message 대신에 I - message를 사용하라. ③ I/DO 메시지를 보다 많이 사용하는 것이 더 효과적이다. ④ I - message에 대한 설명이다. ⑤ Be - message에 대한 설명이다.
12	비언어적 요소가 언어적인 요소보다 의사소통에 더 많은 영향을 미친다.

정답 11 ① 12 ⑤

13

피드백에 대한 설명 중 적절하지 않은 것은?

① 구체적인 사실이나 행동에 대해서 언급하라.
② 비난, 명령, 추궁 대신에 I - message를 사용하라.
③ 상대의 변화를 강요하지 말고 단순히 정보를 제공하라.
④ 신뢰감이 형성된 상태에서 하라.
⑤ 행동 후 일정 시간이 지난 후에 하라.

14

고객과의 커뮤니케이션 중 「확인하기」와 관련된 설명으로 옳지 않은 것은?

① 고객의 감정을 확인하고 공감하는 것도 중요하다.
② 사실을 확인하는 방법으로 반복하기, 바꾸어 말하기, 요약하기 등의 방법이 효과적이다.
③ 공감은 고객의 감정을 나의 입장에서 이해하고 수용하고 확인하는 것이다.
④ 확인하기는 상대방의 생각, 정보 혹은 제안을 제대로 듣고 이해했는지 확인해 보는 것을 말한다.
⑤ 요약하기는 현재의 면담이 어디로 진행되고 있는지를 파악하는 데 도움이 된다.

정답 및 해설

13	행동이 일어난 직후에 하라.
14	공감은 고객의 감정을 고객의 입장에서 이해하고 수용하고 확인하는 것이다.

정답 13 ⑤ 14 ③

15 ✪

다음 중 고객과의 커뮤니케이션에서 만족도가 가장 높은 경청방법은 무엇인가?

① 방어적 경청
② 선택적 경청
③ 공감적 경청
④ 적극적 경청
⑤ 질문형 경청

16 ✪✪

공감적 경청에 해당하지 않는 것은?

① 내용을 반복하고 재정리하는 것이 공감적 경청에 도움이 된다.
② 고객의 수준에 맞추어 대화를 유도한다.
③ 고객의 대화에 깔린 감정의 내용을 이끌어 낸다.
④ 고객이 말하려는 의도와 의미를 파악한다.
⑤ 고객을 이해하여 나의 입장에서 대화를 통제하고 유도한다.

◎ 정답 및 해설

15
- 공감적 경청 : 상대방의 입장으로 들어가서 내면적인 경청을 하는 것으로 상대방에 대한 깊이 있는 이해의 자세로 가장 효과가 높은 경청방법
- 선택적 경청 : 고객의 말 중에서 선택적으로 경청하는 자기중심적인 경청자세
- 적극적 경청 : 청취가 자기중심적이고 상대방을 통제하거나 조종할 목적으로 하는 경청자세

16 공감적 경청은 나의 입장이 아닌 고객중심의 사고이다.

정답 15 ③ 16 ⑤

17 ★★

공감적 경청의 필요성이 아닌 것은?

① 경청은 커뮤니케이션 능력을 높여주고 고객과의 신뢰감을 높이기 위한 것이다.
② 고객은 자신이 전달하고자 하는 내용을 상대방이 경청하기를 바란다.
③ 고객은 질문을 받고 인정을 받으면 관련정보를 자청해서 내놓으려 한다.
④ 고객은 직원이 자신의 말을 경청해 줄 때, 존중을 받는다는 느낌을 갖게 될 때 정보를 공유하려 한다.
⑤ 직원은 경청보다는 상품 소개를 우선시한다.

18 ★★

고객과 대화 시 적절한 칭찬이 필요한데 다음 중 칭찬기술로 바람직하지 않은 것은 무엇인가?

① 칭찬 하나로 꼬리에 꼬리를 무는 연계형 칭찬을 하도록 한다.
② 감탄사를 활용하여 동의하면서 솔직한 칭찬을 한다.
③ 구체적인 칭찬보다는 넓은 범주의 칭찬을 하도록 한다.
④ 고객이 자랑하고 싶어 하는 신체적 특징, 외모, 장신구 등을 활용하여 칭찬한다.
⑤ 지나치게 자주, 과장된 칭찬은 오히려 역효과를 낼 수 있으므로 주의한다.

◎ 정답 및 해설

17	상품 소개보다는 경청을 통한 신뢰를 쌓는 것이 중요하다.
18	칭찬은 적절하게 사용하여야 효과적이다. 넓은 범주의 칭찬은 역효과를 불러올 수 있기 때문에 구체적인 칭찬 표현이 필요하다. 또한 너무 자주하는 것은 반감을 갖고 올 수 있으므로 적절하게 사용해야 한다.

정답 17 ⑤ 18 ③

19 ☆☆

비평을 위한 커뮤니케이션 방법으로 옳지 않은 것은?

① 진지한 태도로 가끔 비평한다.
② 부정적인 어휘는 피하고 정중한 태도로 비평하는 것이 좋다.
③ 구체적으로 비평을 하면 마음이 상하므로 조금은 막연하게 비평한다.
④ 야단하거나 질책하지 말고, 문제의 해결을 위해 비평한다.
⑤ 여러 사람 앞에서 꺼내지 말고 개인적으로 비평한다.

20 ☆☆

고객 불만에 대한 응대흐름으로 가장 알맞은 것은?

① 사과·경청 → 해결책강구 → 해결제시 → 원인분석 → 검토 활용
② 사과·경청 → 원인분석 → 해결책찾기 → 해결제시 → 검토 확인
③ 원인분석 → 해결책강구 → 해결책제시 → 검토 활용 → 사과·경청
④ 원인분석 → 해결책제시 → 검토 활용 → 해결책강구 → 사과·경청
⑤ 사과·경청 → 해결책강구 → 원인분석 → 검토 활용 → 해결책제시

◎ 정답 및 해설

19	구체적으로 비평해야 한다.
20	불만 고객에게는 먼저 사과와 경청 스킬을 갖는 것이 중요하다. 그런 다음 원인을 분석하고 해결책을 강구하며 구체적인 해결책을 제시한 후 확인단계를 거친다. 불만고객에 대한 3변주의 : 사람 + 장소 + 시간을 변경하는 원칙

정답 19 ③ 20 ②

21

고객이 창구에서 불만을 제기할 때 이를 극복하는 고객응대요령을 나열한 아래 보기 내용 중 적절한 응대로 볼 수 없는 것은?

구 분	상 황	고객응대요령
①	고객의 오해	고객을 의심하거나 잘못을 질타하지 않는다.
②	고객의 무리한 요구	무리한 요구에 대하여 창구 마찰이 나지 않도록 고객의 요구를 들어 준다.
③	요구사항에 대한 거절	거절 사유에 대하여 충분히 납득할 수 있도록 설명한다.
④	직원의 실수	솔직하게 사과하고 신속하게 처리한다.
⑤	큰소리로 언성을 높이는 경우	양해의 인사말 → 장소를 바꾼다. → 응대자를 바꾼다.

22

다음은 어떤 상황별 고객응대 방법을 말하는 것인가?

- 목소리를 낮추고 양해의 말을 건넨다.
- 상담실로 장소를 옮겨서 응대한다.

① 직원의 실수로 인해 분쟁이 생긴 경우
② 고객의 오해나 잘못으로 인해 분쟁이 생긴 경우
③ 고객의 요구를 들어 줄 수 없는 경우
④ 고객이 무리한 요구를 하는 경우
⑤ 고객이 언성을 높이는 경우

◎ 정답 및 해설

21 | 고객의 무리한 요구에 대하여는 고객의 입장을 이해하고 있음을 알려주고 납득할 수 있도록 차근차근 설명한다.
22 | 고객이 언성을 높이는 불만고객에 대한 응대요령이다.

정답 21 ② 22 ⑤

23 ✿✿

타깃 고객에 대한 조건별 분류기준 중 심리적 조건에 대한 설명으로 맞는 것은?

① 가장 고전적인 방법이다.
② 사회계층, 개성 등으로 시장을 구분한다.
③ 연령, 성별, 직업, 종교, 교육수준 등으로 구분한다.
④ 상품, 서비스에 대한 지식, 성향, 반응 등에 따라 구분된다.
⑤ 구매성향, 구매현황, 브랜드 선호도 등 구분 기준이 된다.

24 ✿✿

가망고객을 발굴하는 방법으로 적절하지 않은 것은?

① 거래 중인 고객의 고객관리를 통한 추가판매(휴면계좌 보유고객 제외)를 한다.
② 거래고객으로부터 신규고객을 소개받는다.
③ Key - Man으로부터 가망고객을 소개받는다.
④ 세일즈 활동을 하지 않는 당행 직원으로부터 가망고객을 소개받는다.
⑤ DM, TM을 활용한 이벤트 활동을 통하여 가망고객을 발굴한다.

◎ 정답 및 해설

23	① 지리적 조건
	③ 인구통계적 조건
	④ 행동경향별 조건
	⑤ 행동경향별 조건
24	가망고객의 발굴대상으로는 기존고객뿐만 아니라 휴면계좌고객 외에도 충성고객을 통하여 지인을 소개받는 경우이다.
	이외에도 제휴업체를 통하여 발굴도 가능하다.

정답 23 ② 24 ①

25

다음 중 바람직한 고객 접근방법이 아닌 것은?

① 고객의 이름을 기억하고 자주 불러준다.
② 인사말은 서비스화법을 첨가하여 말한다.
③ 고객에게 자신을 PR한다.
④ 직업, 주소 등 개인의 사생활은 가급적 묻지 않는다.
⑤ 밝고 적극적인 첫인상은 고객과 관계형성에 도움을 준다.

26

다음 중 올바른 고객접근활동으로 옳지 않은 것은?

① 바디랭귀지를 사용한다.
② 고객의 이름을 기억하여 추후 내점 시 활용한다.
③ 고객에게 자신의 이름을 알리도록 노력한다.
④ 고객의 정보를 DB화하도록 노력한다.
⑤ 충격요법은 자제한다.

정답 및 해설

| 25 | 자연스럽게 질문하여 고객정보를 DB화하도록 한다. |
| 26 | 충격요법을 사용한다. |

정답 25 ④ 26 ⑤

27 ✪✪

고객에 대한 성공적인 접근기술로 가장 적절치 못한 것은?

① 제공할 수 있는 혜택을 제공한다.
② 먼저 방문목적을 밝힌 후 자기소개를 한다.
③ 예비고객을 참여시켜라.
④ 접근의 목적을 숨긴다.
⑤ 고객에게 비교자료를 제공한다.

28 ✪✪

사전에 고객의 거래유형을 파악하는 것은 중요한 정보가 된다. 수시입출금 통장을 통해 알 수 없는 정보는 무엇인가?

① 최종거래일
② 자동이체 거래내용
③ 최근 거래횟수, 거래일, 주요거래금액
④ 배우자의 거래내역이나 선호하는 금융상품정보
⑤ 현금카드 거래내용, 종합통장의 경우 연결적금, 연결계좌이체 내용

◉ 정답 및 해설

27	접근의 목적을 고객에게 분명히 밝혀야 한다.
28	별도로 가족관계를 등록하지 않은 경우는 알 수 없으며 선호 상품에 대하여도 고객상담을 통하여 알 수 있다.

정답 27 ④ 28 ④

29 ★★

고객의 상품구매심리 변화는 크게 7단계 과정을 겪게 된다. 연결이 옳지 않은 것은?

① 주의 : 광고나 객장의 포스터, 안내장을 눈여겨보는 단계
② 흥미 : 괜찮은 상품이 있네, 예금이율에 대하여 묻는 단계
③ 결정 : 최종적으로 구매를 확신하는 단계
④ 확신 : 가입하기로 결정했으나 다른 상품과 비교·검토하여 가입을 망설이고 있는 단계
⑤ 욕망 : 연상단계를 통해 자신에게 도움이 될 것으로 느껴져 가입 욕구가 생기는 단계

30 ★★★

고객과의 상담 시에 고객의 상품니즈를 파악하기 위해서는 여러 가지 내용의 질문이 필요한데, 이때 고객의 니즈 파악을 위해 창구에서 실시하는 질문법 중 한정질문보다는 개방질문의 형태가 바람직하다고 할 수 있다. 다음 중 '개방질문'의 형식을 이용한 질문으로 옳은 것은?

① 상품에 가입할 의사가 있으십니까?
② 고객님, 은퇴 후의 노후생활을 위한 대비는 어떻게 하고 계시는지요?
③ 본인명의로 가입하시는 건가요?
④ 예전에도 펀드 상품에 가입하신 경험이 있으십니까?
⑤ 세금우대 상품에 대해서 들어보셨습니까?

◎ 정답 및 해설

29	구매심리 7단계 : 주의 → 흥미 → 연상 → 욕망 → 비교검토 → 확신 → 결정의 흐름이다. 비교검토 : 가입하기로 결정했으나 다른 상품과 비교·검토하여 가입을 망설이고 있는 단계
30	개방형질문에 대한 내용이다.

정답 29 ④ 30 ②

31 ✪✪✪

고객의 니즈를 파악하기 위한 질문법과 그 내용이 바르게 연결된 것은?

① 연관질문 - 상품에 가입할 의사가 있으세요?
② 한정질문 - 고객님의 현재 자산운용현황에 대해 좀 더 자세히 말씀해 주실 수 있으십니까?
③ 한정질문 - 현재 타 은행의 어떤 상품에 가입하고 계십니까?
④ 개방질문 - OOO에 대한 비용과 고객의 자산수익에 영향을 주진 않나요?
⑤ 해결질문 - 자녀상해 등의 위험을 대비할 수 있는 적금이 있는데 말씀드리면 어떻습니까?

32 ✪✪

고객의 무관심에 대한 대응 요령으로 바르게 연결된 것은?

㉠ 고객상태 수용	㉡ 고객니즈 파악
㉢ 상담목적 재확인	㉣ 서비스 갭(Gap)의 구체화
㉤ 고객입장 조율	

① ㉠-㉡-㉢
② ㉠-㉡-㉣
③ ㉠-㉢-㉣
④ ㉠-㉢-㉤
⑤ ㉠-㉣-㉤

◉ 정답 및 해설

| 31 | ① 한정질문
② 개방질문
③ 현황질문
④ 연관질문 |
| 32 | 상담프로세스 1단계의 고객과의 관계형성에서 고객의 무관심에 대한 대응 요령은 고객상태, 상담목적 재확인, 고객입장 조율 등이다. 상담프로세스 2단계는 고객니즈 파악이며, 상담프로세스 3단계는 서비스 갭(gap)이다. |

정답 31 ⑤ 32 ④

33 ☆☆

고객접근활동에서 성공적인 접근기술로 적절하지 않은 것은?

① 방문 목적을 명확하게 밝힌 뒤 자기소개를 한다.
② 고객의 니즈별로 질문하고 고객의 관심사를 파악하고자 노력한다.
③ 흥미가 있을 만한 통계자료나 놀랄만한 객관적 자료를 활용하는 충격요법은 사용하지 않는 것이 좋다.
④ 고객이 궁금해 하는 자료를 안내장 등 시각자료를 활용하여 전달하라.
⑤ 제공할 수 있는 혜택을 질문형태로 반문하여 설명하면 집중시킬 수 있다.

34 ☆☆

다음 중 창구에서 고객에게 상품판매를 목적으로 상품을 제안했을 때 고객이 반론을 제기하는 경우에 대처하는 효과적인 방법이 아닌 것은?

① 고객의 말을 진지한 태도로 경청한다.
② 고객의 반론을 질문으로 되묻는다.
③ 고객 반론 시 직원은 말이나 목소리, 얼굴 등을 통해 그 기분 상태를 정확히 표현하여야 한다.
④ 고객의 반론에 대해 논쟁하지 않는다.
⑤ Feel, Felt, Found의 3F 응대기법을 한다.

◉ 정답 및 해설

33	통계자료를 활용하는 고객이 만족할 수 있는 적절한 충격요법은 사용하는 것이 좋다.
34	냉정과 열정 사이는 말이나 목소리·얼굴 등을 통해 나타내면 안 된다.

정답 33 ③ 34 ③

35 ⭐⭐

고객 반론을 다루는 방법으로 옳지 않은 것은?

① 고객의 반론을 질문으로 되물어라.
② 고객과 논쟁하려 들지 말아라.
③ 내가 느끼는 기분을 그대로 드러내지 말아라.
④ 제의를 통해서 내가 결론을 내라.
⑤ 고객의 반론에 진지한 태도로 경청해라.

36 ⭐⭐

상담종결(클로징) 시 구매약속에 이르게 하는 4가지 방법과 거리가 먼 것은?

① 충실하게 고객정보를 탐색한다.
② 주요 관심사를 다루었는지 확인한다.
③ 이점을 요약하여 정리한다.
④ 구매약속을 제안한다.
⑤ 고객의 니즈를 파악한다.

◎ 정답 및 해설

35	④는 해당하지 않는다.
36	고객의 니즈를 파악하는 것은 고객상담 프로세스의 2단계에 대한 설명이다.

정답 35 ④ 36 ⑤

Chapter 03 | 자가학습진단표

	진단 내용	Yes	No
01	고객서비스의 기존과 새로운 패러다임을 비교 설명할 수 있습니까?		
02	고객만족 거울효과에 대해 설명할 수 있습니까?		
03	창구에서의 단계별 고객응대에 대해 말할 수 있습니까?		
04	고객감동 창구접점 서비스(MOT)에 대하여 이해하고 있습니까?		
05	창구에서의 고객응대 단계를 설명할 수 있습니까?		
06	고객접근 활동에 있어서 성공적인 접근기술에 대하여 이해하고 있습니까?		
07	영업 개시시간 전에 창구에서 대고객 서비스를 하기 위해 준비해야 하는 사항에 대하여 설명할 수 있습니까?		
08	I - message와 You - message의 의미를 이해하고 비교 설명할 수 있습니까?		
09	Be - message와 Do - message의 의미를 이해하고 비교 설명할 수 있습니까?		
10	공감적 경청의 필요성과 내용을 이해하고 적극적 경청을 비교하여 설명할 수 있습니까?		
11	칭찬의 기술에 대하여 설명할 수 있습니까?		
12	비평을 위한 커뮤니케이션 방법으로 효과적인 방법을 설명할 수 있습니까?		
13	불만 고객에 대한 응대 과정에 대하여 인지하고 있습니까?		
14	상황별로 고객응대 요령을 설명할 수 있습니까?		
15	효과적으로 비평하는 요령을 설명할 수 있습니까?		
16	제안형 세일즈의 의미를 이해하고 있습니까?		
17	고객의 통장을 통한 정보수집 가능 내역에 대하여 설명할 수 있습니까?		
18	커뮤니케이션에서 장애요인에 대하여 나열할 수 있습니까?		
19	타깃고객 분류 방법에 대해 정리하고 있습니까?		
20	고객에게 상품판매를 목적으로 상품을 제안했을 때 고객이 반론을 제기하는 경우에 대처하는 효과적인 방법에 대하여 인지하고 있습니까?		
21	고객 상담 시 상품구매 심리변화 7단계를 나열할 수 있습니까?		
22	세일즈 상담의 성공 프로세스를 이해하고 있습니까?		

자신의 학습성취도를 스스로 진단하세요.

	진단 내용	Yes	No
23	고객반론을 다루는 방법을 인지하고 있습니까?		
24	상담종결에 대해 설명할 수 있습니까? 특히 구매약속에 이르게 하는 방법 4가지에 대하여 설명할 수 있습니까?		

Yes 개수별 진단결과

- 14개 이하 : 합격예상도는 40% ➜ 기본서로 관련 내용을 다시 한번 꼼꼼하게 학습하세요.
- 15~18개 : 합격예상도는 60% ➜ 핵심 정리를 통해 주요 내용을 다시 한번 체크하세요.
- 19개 이상 : 합격예상도는 80% ➜ 문제를 통해 100% 합격에 도전하세요.

제4장

내부통제 및 리스크관리

출제경향분석 ▼

제목에서 알 수 있듯이 지루하게 느껴질 수 있으나 창구실무법률처럼 특별히 어려운 내용은 아닙니다.
금융소비자 보호의 중요성이 부각되고 있어 특히 이 부분에 대한 철저한 대비가 필요합니다.

Chapter 04 | 문제로 보는 출제경향

01

전자금융거래법에 의하면 전자금융사고가 발생한 경우 원칙적으로 금융회사가 이용자를 손해 배상하도록 되어 있다. 이와 관련하여 금융회사에서 손해 배상 면책을 위한 사용자 범위 내의 중대 과실이 아닌 것은?

① 사용자가 접근매체를 담보 목적으로 제공하는 경우
② 사용자가 접근매체를 3자에게 위임하는 경우
③ 사용자가 접근매체를 과도하게 사용하는 경우
④ 사용자가 접근매체를 고의로 3자에게 누설하는 경우
⑤ 사용자가 접근매체를 3자에게 대여하는 경우

해설 이용자의 중과실 범위는 이용자가 접근매체를 제3자에게 대여한 경우, 위임한 경우, 양도나 담보의 목적으로 제공한 경우, 접근매체를 누설하거나 방치한 경우이다.

정답 ③

02

금융소비자보호법에 의한 금융상품 속성에 따른 분류 중에서 투자성상품에 해당하지 않는 것은?

① 펀드
② 특정금전신탁
③ 파생결합증권
④ 주가연계증권
⑤ 양도성예금증서

해설 투자성상품은 원금이 보장되지 않는 상품이다. 정기예금이나 양도성예금증서는 원금이 보장되는 상품으로 투자성상품이 아니고 예금성상품이다.

정답 ⑤

03

금융실명제란 금융회사에게 실지명의에 의해 고객과 금융거래를 하도록 하는 제도이다. 실지명의에 포함되지 않는 것은?

① 법인인감증명서의 법인명, 등록번호
② 주민등록증에 기재된 성명 및 주민등록번호
③ 사업자등록증에 기재된 법인명 및 등록번호
④ 등록외국인기록표에 기재된 성명 및 등록번호
⑤ 여권에 기재된 성명 및 여권번호

해설 법인의 경우 사업자등록증에 기재된 법인명 및 사업자등록번호를 실지명의로 한다. 특히 2014년 11월 29일부터는 차명금지거래법의 시행으로 차명거래도 전면 금지되었다.

정답 ①

04

개인정보 수집, 이용 시 정보주체에게 알리는 내용이 아닌 것은?

① 개인정보 수집, 이용목적
② 파기시기 및 방법
③ 보유 및 이용기간
④ 동의거부권이 있다는 사실
⑤ 수집하고자 하는 개인정보 항목

해설 개인정보처리자가 정보주체의 동의를 받은 때 사전에 명확히 알리도록 하는 내용으로는 개인정보 수입·이용목적, 수집하고자 하는 개인정보 항목, 개인정보의 이용기간, 동의를 거부할 수 있다는 사실을 알리는 것이 있다.
다만 개인정보보호자는 보유기간이 경과하여 개인정보가 불필요하게 된 경우 지체 없이 그 개인정보를 파기하여야 한다.

정답 ②

Chapter 04 | 출제예상 문제

중요도에 따라 Self 맞춤형 학습이 가능한 출제예상 문제입니다. 각자의 목표점수에 맞게 문제를 선별하여 풀어보세요!

(중요도 = ★★★ 상 / ★★ 중 / ★ 하)

01 ★★

내부통제제도에 관한 일반적 설명이다. 거리가 먼 것은?

① 이사회, 임직원들에 대하여 금융회사 자체적으로 마련한 통제과정이다.
② 관계자들과의 신뢰성을 높이는 역할을 하게 된다.
③ 금융회사 임직원이 선량한 관리자로 법규를 준수하도록 통제 감독하는 것이다.
④ 금융회사가 추구하는 최종목표라고 할 것이다.
⑤ 경영투명성을 위한 수단이 된다.

02 ★★

내부통제의 목적으로 옳은 것으로 묶인 것은?

가. 법규나 규정 준법 목적	나. 신뢰성 있는 재무정보 제공 목적
다. 영업활동 효율성을 통한 성과 목적	라. 경영정보의 적시성 유지 목적

① 가, 나, 다
② 가, 나, 라
③ 나, 다, 라
④ 가, 나, 다, 라
⑤ 가, 나

◉ 정답 및 해설

01	내부통제는 최종목표가 아닌 금융회사의 목표 달성을 위한 통제 수단에 해당한다.
02	[내부통제 법적 근거] 은행법, 자본시장과 금융투자업에 관한 법률, 보험업법, 금융지주회사법 내부통제 목적은 기본절차와 기준 마련을 통하여 법령 준수를 통해 금융회사의 신뢰성을 높이고 영업활동의 효율성 제고 및 정보의 적시성을 통한 공시 의무 이행 등이 있다.

정답 01 ④ 02 ④

03

금융회사의 내부통제의 주요 수단에 대한 다음 설명 중 가장 거리가 먼 것은?

① 직무 분리
② 직원 직무 순환
③ 정기적 및 불시적 점검
④ 회사 자산 및 각종 기록 접근 공개
⑤ 권한의 적절한 배분 및 제한

04

임직원이 내부통제를 준수하는 환경을 위한 장치에 대한 설명이다. 거리가 먼 것은?

① 내부통제 우수자에 대한 보상제도 도입
② 내부고발제도 운영
③ 준법서약서 제출
④ 특정 분야 근무자에 대하여 유가증권 보유 및 매매내역 보고서 제출 의무
⑤ 준법감시인 업무 겸직 유도

정답 및 해설

03	내부통제를 위하여 회사 자산이나 기록에 대한 정보가 부서간 차단되어야 이해상충의 문제를 사전에 차단할 수 있다.
04	준법감시인은 독립성과 객관성을 유지하기 위하여는 다른 업무에 대한 겸직을 억제하여야 하며 일부 업무는 겸직을 할 수 없도록 하고 있다.

정답 03 ④ 04 ⑤

05 ✪✪✪

감사위원회 제도에 관한 다음 내용 중 맞는 것을 모두 고르시오.

> ㄱ. '금융회사의 지배구조에 관한 법률'에서 의무화하고 있다.
> ㄴ. 일부금융회사는 적용이 면제된다.
> ㄷ. 감사위원회를 설치한 금융회사는 상근감사를 둘 수 없다.
> ㄹ. 감사위원의 선임, 해임 권한은 이사회에 있다.

① ㄱ, ㄴ, ㄷ
② ㄱ, ㄴ, ㄷ, ㄹ
③ ㄱ, ㄷ, ㄹ
④ ㄱ, ㄷ
⑤ ㄷ, ㄹ

06 ✪✪✪

'금융회사의 지배구조에 관한 법률'상 감사위원회에 관한 다음 내용 중 옳은 것을 모두 고르시오.

> ㄱ. 3명 이상의 이사로 구성된다.
> ㄴ. 감사위원 중 1명 이상은 대통령령으로 정하는 회계 또는 재무 전문가 이어야 한다.
> ㄷ. 사외이사가 감사위원의 과반수여야 한다.
> ㄹ. 사외이사 중 1인 이상은 다른 이사와 분리선임하여야 한다.

① ㄱ, ㄴ, ㄹ
② ㄴ, ㄷ, ㄹ
③ ㄱ, ㄷ, ㄹ
④ ㄱ, ㄷ
⑤ ㄷ, ㄹ

◎ 정답 및 해설

| 05 | ㄹ. 감사위원의 선임, 해임 권한은 주주총회에 있다. |
| 06 | ㄷ. 사외이사가 감사위원의 3분의 2 이상이어야 한다. |

정답 05 ① 06 ①

07 ★★

감사위원회 권한으로 보기 어려운 것은?

① 이사로부터 보고를 받을 권리
② 재산상태 조사권
③ 이사회 의결권
④ 업무조사권
⑤ 이사의 위반행위에 대한 유지청구권

08 ★★

내부통제기준의 준수여부를 점검하고 내부통제의 위반 시 이를 조사하여 감사위원회 등에 보고하는 업무를 수행하는 자를 무엇이라 하는가?

① 준법감시인 제도
② 준법보고인 제도
③ 내부감사인 제도
④ 대리신고 제도
⑤ 감사위원회 제도

정답 및 해설

07 감사위원에게는 이사회 의결권이 부여되지 않는다.

정답 07 ③ 08 ①

09

내부통제기준에 포함되어야 하는 사항으로 적절치 않은 것은?

① 대표이사의 임면절차에 관한 사항
② 업무분장 및 조직구조에 관한 사항
③ 자산 운용에서 발생하는 위험관리에 관한 사항
④ 내부통제기준 제정에 관한 사항
⑤ 임직원이 업무상 준수하여야 할 절차에 관한 사항

10

준법감시인 기능으로 옳게 묶인 것은?

> 가. 내부통제기준 준수여부에 대한 점검 및 조사
> 나. 이사회, 경영진, 유관부서에 대한 지원 및 자문
> 다. 임직원 윤리강령 제정
> 라. 재무감사
> 마. 외부감사인의 감사활동에 대한 평가

① 가, 나, 다
② 가, 나, 다, 라
③ 가, 나, 다, 라, 마
④ 라, 마
⑤ 나, 다, 라

◎ 정답 및 해설

09	금융기관 내부통제기준 제정과 변경은 이사회 결의를 거쳐야 한다. 내부통제기준에 포함되어야 할 사항은 법으로 정하고 있다. - 준법감시인의 임면절차에 관한 사항이 포함된다.
10	준법감시인에 대비하여 재무감사 업무나 외부감사인의 감사활동에 대한 평가는 내부감사인의 기능이다.

정답 09 ① 10 ①

11 ⭐⭐

금융소비자보호의 목적에 관한 다음 내용 중 옳은 것을 모두 고르시오.

> ㄱ. 정보의 대칭성 해소
> ㄴ. 금융시장을 통한 자원배분의 최적화
> ㄷ. 금융분쟁으로 인한 평판리스크 예방
> ㄹ. 금융소비자의 권익보호

① ㄴ, ㄷ, ㄹ
② ㄱ, ㄴ, ㄷ, ㄹ
③ ㄱ, ㄷ, ㄹ
④ ㄱ, ㄷ
⑤ ㄷ, ㄹ

12 ⭐⭐

금융소비자보호법에서 금융상품 속성에 따른 분류에 해당하는 경우가 아닌 것은?

① 투자성상품
② 예금성상품
③ 외환성상품
④ 보장성상품
⑤ 대출성상품

정답 및 해설

11 정보의 비대칭성 해소이다.
12 금융소비자보호법에서 금융상품 속성에 따른 분류에는 예금성상품, 투자성상품, 보장성상품(보험), 대출성상품(대출, 신용카드)으로 분류한다.

정답 11 ① 12 ③

13 ✪✪

금융회사의 영업행위 일반원칙에 대한 설명이다. 거리가 먼 것은?

① 금융소비자 권익을 우선적으로 고려한다.
② 자기거래 금지
③ 금융상품 판매업자의 관리 책임
④ 금융상품 직접판매업자의 손해배상 책임
⑤ 쌍방대리

14 ✪✪

금융소비자보호법상 '금융상품 판매행위의 속성에 따른 분류'에 있어 판매대리중개업자가 아닌 것은?

① 투자권유대행인
② 보험대리점
③ 대출모집인
④ 투자자문업자
⑤ 보험설계사

◉ 정답 및 해설

13	쌍방대리는 금지된다.
14	[금융상품 판매행위의 속성에 따른 분류] ① 직접판매업자 : 은행, 보험사 등 ② 판매대리중개업자 : 투자권유대행인, 보험설계사, 보험대리점, 대출모집인 등 ③ 자문업자 : 투자자문업자

정답 13 ⑤ 14 ④

15 ⚫⚫

금융소비자보호법상 '직접판매업자의 사용자 배상책임'이 적용되지 않는 업자는?

① 투자권유대행인
② 할부리스에이전트
③ 신용카드모집인
④ 보험대리점
⑤ 보험중개사

16 ⚫⚫⚫

금융소비자보호법에 관한 다음 내용 중 전문금융소비자는 해당되지 않는 것을 모두 고르시오.

> ㄱ. 불공정영업행위 금지
> ㄴ. 청약철회권
> ㄷ. 조정이탈금지제도
> ㄹ. 설명의무

① ㄱ, ㄴ, ㄷ, ㄹ
② ㄴ, ㄷ, ㄹ
③ ㄱ, ㄷ, ㄹ
④ ㄱ, ㄷ
⑤ ㄷ, ㄹ

● 정답 및 해설

15	투자권유대행인, 보험설계사, 보험대리점, 대출모집인, 신용카드모집인, 할부리스에이전트에게 직접판매업자의 사용자 배상책임이 적용되며 보험중개사에는 적용되지 않는다.
16	적합성원칙, 적정성원칙, 설명의무, 청약철회권, 조정이탈금지제도는 전문금융소비자는 해당되지 않는다.

정답 15 ⑤ 16 ②

17 ★★

금융소비자보호법상 '금융상품 판매원칙'에서 "대출 후 3년 경과 시 중도상환수수료부과 금지"는 다음 중 어느 것에 해당하는가?

① 적합성원칙
② 적정성원칙
③ 설명의무
④ 불공정영업행위 금지
⑤ 부당투자권유의 금지

18 ★★★

금융소비자보호법상 '금융상품 판매원칙'에 관한 다음 내용 중 틀린 것은?

① 모든 금융거래에 대해 판매규제(적합성, 적정성원칙 제외)원칙 위반 시 징벌적 과징금부과가 가능하다.
② 적합성, 적정성원칙 위반행위에 대해서도 과태료부과가 가능하다.
③ 소비자가 자발적으로 구매하려는 금융상품이 재산상황, 투자경험 등에 비추어 부적절한 경우 이를 고지, 확인하는 것은 적정성원칙이다.
④ 적합성원칙은 예금성상품에는 적용되지 않는다.
⑤ 금융상품 계약체결을 권유하거나 소비자가 설명을 요청하는 경우 상품의 중요사항을 설명해야 한다.

정답 및 해설

17	불공정영업행위 금지는 판매업자 등이 금융상품 판매 시 우월적 지위를 이용하여 소비자의 권익을 침해하는 행위를 금지하는 것으로 예를 들면 대출 후 3년 경과 시 중도상환수수료부과 금지, 개인대출에 대한 제3자 연대보증 금지 등이 이에 해당한다.
18	적합성원칙은 예금성상품의 경우 수익률 변동가능성이 있는 상품에 한정한다.

정답 17 ④ 18 ④

19 ★★

금융소비자보호법상 금융소비자 피해방지, 사후구제 관련 주요제도에 관한 다음 내용 중 틀린 것은?

① 분쟁조정이 진행 중인 사안에 대해 당사자가 소송제기 시 법원의 판단하에 소송중지가 가능하다.
② 설명의무 위반여부관련 고의, 과실이 없음을 판매자가 입증해야 한다.
③ 소비자는 계약 후 일정기간 내 청약철회가 가능하다.
④ 소비자에 현저한 재산상 피해가 우려되는 경우 금융위는 판매제한 명령을 할 수 있다.
⑤ 일반소비자의 소액분쟁(3천만원 이하)은 분쟁조정절차 완료 시까지 당사자 제소가 금지된다.

20 ★★

약관규제법상 약관해석의 원칙과 거리가 먼 것은?

① 개별약정의 우선의 원칙
② 객관적해석의 원칙
③ 작성자불이익의 원칙
④ 확대해석의 원칙
⑤ 통일적해석의 원칙

정답 및 해설

19	일반소비자의 소액분쟁(2천만원 이하)은 분쟁조정절차 완료 시까지 당사자 제소가 금지된다.
20	엄격해석의 원칙을 적용하고 있다.

정답 19 ⑤ 20 ④

21

금융회사의 약관작성 및 의무에 관한 설명이다. 거리가 먼 것은?

① 고객이 쉽게 알 수 있도록 한글로 작성하여야 한다.
② 고객이 중요한 내용을 알 수 있도록 설명의무를 부과한다.
③ 설명하는 경우 고객이 인지할 수 있도록 해야 한다.
④ 거래상대방에 대하여 인식가능성을 부여하였다는 입증책임은 고객에게 있다.
⑤ 은행의 표준약관 등은 사본을 수령하였다는 거래상대방으로부터 서명 확인토록 하고 있다.

22

다음 (　　) 안에 들어갈 적절한 말은?

> 금융회사는 미리 정형화된 계약서를 약관으로 비치하여 두고 있다. 약관이 완전한 계약으로 편입되려면 금융회사는 고객에 대해 (　　), (　　)를 이행해야 한다. 이를 위반하여 계약 체결한 때에는 당해 약관을 계약의 내용으로 주장할 수 없다.

① 비치의 의무, 사본 교부의 의무
② 명시의 의무, 사본 교부의 의무
③ 제정의 의무, 개정의 의무
④ 명시의 의무, 설명의 의무
⑤ 제정의 의무, 사본 교부의 의무

정답 및 해설

21 | 거래상대방에 대하여 인식가능성을 부여하였다는 입증책임은 금융회사에게 있다.
22 | 약관규제법에 의하면 금융회사가 명시·설명의무를 위반하여 계약을 체결한 때에는 당해 약관의 계약 내용을 주장할 수 없도록 하고 있다.
명시의무는 약관 내용을 고객이 인식할 수 있는 기회를 제공할 의무이며 고객 요구 시 약관 사본을 제공하는 사본 교부의 의무도 있다. 또한 중요한 내용은 설명의무가 있다.

정답 21 ④　22 ④

23 ★★

은행법상 은행 약관에 대한 규제에 관한 설명이다. 거리가 먼 것은?

① 약관은 신의성실의 원칙에 따라 공정하게 작성하여야 한다.
② 은행이 금융거래와 관련된 약관을 제정하거나 변경하고자 하는 경우 원칙적으로 제정, 변경 후 10일 이내에 금융위원회에 보고하여야 한다.
③ 예외적으로 이용자의 권리나 의무에 중대한 영향을 미칠 우려가 있는 경우로서 대통령령으로 정하는 경우에는 제정, 변경 전에 미리 금융위원회에 신고하여야 한다.
④ 금융회사들은 일반적으로 약관을 표준약관, 보통약관, 특별약관으로 운용하고 있다.
⑤ 금융위원회는 표준약관을 공시하고 그 사용을 권장할 수 있다.

24 ★★

불공정 약관조항의 무효에 관한 설명이다. 거리가 먼 것은?

① 신의성실의 원칙을 위반한 약관은 무효이다.
② 불공정한 면책 조항은 무효이다.
③ 고객의 권익을 제한하거나 배제하는 경우 무효이다.
④ 은행여신거래기본약관은 통지 효력에 대하여 법률효과를 주장하려면 통지도달을 입증하여야 유효하다.
⑤ 고객의 이익에 중대한 영향을 미치는 은행의 의사표시 기한을 부당하게 길게 정하는 경우 무효이다.

◎ 정답 및 해설

| 23 | 공정거래위원회는 표준약관을 공시하고 그 사용을 권장할 수 있다. |
| 24 | 민법에서는 통지 효력에 대하여 법률효과를 주장하려면 통지도달을 입증하여야 유효하지만 은행의 경우 업무 특성상 도달추정, 도달간주에 관한 규정을 두고 있다. |

정답 23 ⑤ 24 ④

25

다음에 해당하는 전자금융사기관련 용어는?

> "수신자의 거래 은행이나 신용카드 회사 같은 신뢰할 만한 출처로 위장하여 개인정보나 금융정보를 얻기 위해 이메일을 보내는 행위"

① 피싱
② 파밍
③ 스미싱
④ 네팅
⑤ 차징

26

다음에 해당하는 전자금융사기관련 용어는?

> "문자메시지(SMS)와 피싱(Phishing)의 합성어로, ① '무료쿠폰 제공', '돌잔치 초대장', '모바일 청첩장' 등을 내용으로 하는 문자메시지 내 인터넷주소를 클릭하면 → ② 악성코드가 스마트폰에 설치되어 → ③ 피해자가 모르는 사이에 소액결제 피해 발생 또는 개인·금융정보 탈취"

① 피싱
② 파밍
③ 스미싱
④ 네팅
⑤ 차징

정답 및 해설

25	피싱에 관한 내용이다.
26	스미싱에 관한 내용이다.

정답 25 ① 26 ③

27 ✨✨

금융투자상품과 거리가 먼 것은?

① 수익증권
② 양도성예금증서
③ 채권
④ 옵션
⑤ 주권

🔹 **정답 및 해설**

27 양도성예금증서는 비금융투자상품이다.

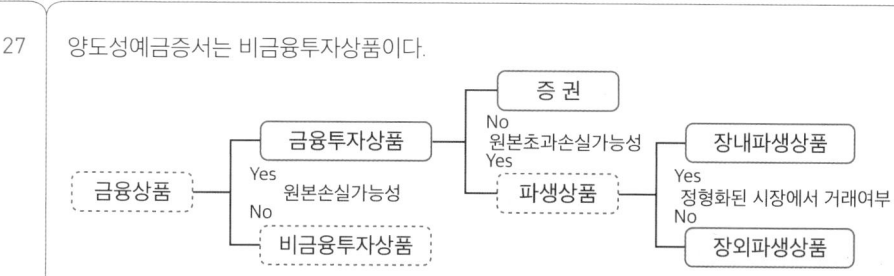

정답 27 ②

28 ⭐⭐

금융회사 종사자가 아래와 같은 상황이라면 자본시장법상 영업행위 준수사항 중에서 위반한 내용은?

> 고객이 내점하여 파생 상품에 가입하려 한다. 직원이 고객정보를 알아본 결과 해당 상품은 고객에게 적합하지 않다는 것을 알았지만, 직원 본인이 권유한 것이 아니므로 별다른 상품에 대한 위험성을 알리지 않았다.

① 적합성의 원칙
② 적정성의 원칙
③ 설명의무
④ 부당권유행위금지
⑤ 고객확인의무

정답 및 해설

28 | 적정성의 원칙은 파생상품 등에 대하여 투자권유가 없는 경우라도 고객이 가입하고자 하는 경우 상품에 대한 위험에 대하여 설명 의무를 부여
- 적합성의 원칙 : 투자성상품 등에 대하여 투자권유 있는 경우 + 고객정보 파악 및 적합하지 않은 경우 구매 권유 금지
- 설명의무 : 투자권유 있는 경우 + 중요사항 설명의무
- 부당권유행위금지 : 단정적 판단의 제공 금지

정답 28 ②

29 ✪✪

자본시장법상 영업행위 일반원칙 및 규제에 관한 설명이다 가장 거리가 먼 것은?

① 신의성실원칙은 모든 금융투자업자에게 적용된다.
② 이해상충을 방지하기 위하여 방법 및 절차에 따라 내부통제기준에 의하여 적절히 관리하여야 한다.
③ 일반투자자에게 투자권유가 없는 경우라도 고객이 가입하고자 하는 상품이 금융소비자에게 적합하지 아니하는 경우 위험성을 알리는 적합성의 원칙을 적용하고 있다.
④ 일반투자자를 대상으로 투자권유하는 경우 금융투자상품에 대하여 중요한 사항을 설명할 의무를 부과하고 있다.
⑤ 부당권유를 금지하고 있다.

30 ✪✪

금융상품에 대한 부당광고 규제에 관한 사항이다. 거리가 먼 것은?

① 은행상품의 광고에 대한 규제는 법으로 명시되어 있지 않으므로 은행이 자율적 규제를 하고 있다.
② 광고 시에는 준법감시인의 사전 확인을 받아야 한다.
③ 은행상품에 대한 광고 내용 등을 규정에서 정한 존속기간 이상의 기록 보관하여야 한다.
④ 광고 제작과 내용에 대하여 내부통제기준에 반영하여야 한다.
⑤ 광고 규제 위반 시 과징금을 부과할 수 있도록 금융소비자보호법상 정하고 있다.

◎ 정답 및 해설

29	일반투자자에게 투자권유가 없는 경우라도 고객이 가입하고자 하는 상품이 금융소비자에게 적합하지 아니하는 경우 위험성을 알리는 적정성의 원칙을 적용하고 있다.
30	은행법에 의하여 은행상품의 광고에 대한 규제를 명시하고 있다.

정답 29 ③ 30 ①

31

금융소비자보호법상 광고 시 필수포함사항에 해당하는 것을 모두 고르시오.

> ㄱ. 금융상품 설명서 및 약관을 읽어 볼 것을 권유하는 내용
> ㄴ. 금융상품판매업자 등의 명칭, 금융상품의 내용
> ㄷ. 보장성상품 : 보험료인상 및 보장내용 변경 가능 여부
> ㄹ. 투자성상품 : 운용실적이 미래수익률을 보장하지 않는다는 사항

① ㄱ, ㄴ, ㄷ, ㄹ
② ㄴ, ㄷ, ㄹ
③ ㄱ, ㄷ, ㄹ
④ ㄱ, ㄷ
⑤ ㄷ, ㄹ

32

구속성 영업행위 적용에 관한 설명이다. (   )에 가장 적절한 것은?

> 취약차주인 대출고객의 의사와 관계없이 대출실행일 전후 (a) 내 판매한 예금(월적립금 기준) 등이 대출금액의 (b)%를 초과하는 경우를 꺾기로 간주하여 규제한다.

	a	b		a	b
①	15일	1%	②	1개월	1%
③	15일	2%	④	1개월	2%
⑤	1개월	3%			

정답 및 해설

31. 모두 맞는 내용이다.

32. [구속성 영업행위 규제]

판매제한 금융상품	취약차주 피성년, 피한정 후견인 차주	그 밖의 차주 (투자성 상품은 개인에 한정)
보장성	금지	1% 초과금지
일부 투자성 (펀드, 금전신탁 등)		
예금성 (수시입출금상품 제외)	1% 초과금지	규제없음

정답 31 ① 32 ②

33 ✪✪

다음 중 구속성영업행위 규정 적용 상품에 해당하는 것으로 옳게 묶인 것은?

가. 상품카드	나. 금전신탁
다. 집합투자증권	라. 선불카드
마. 신용카드 가입	

① 가
② 가, 나
③ 가, 나, 다
④ 가, 나, 다, 라
⑤ 가, 나, 다, 라, 마

34 ✪✪✪

구속성영업행위 규제와 관련하여 예외적으로 구속성이 인정되지 않는 사유로 틀린 것은?

① 금전제공계약이 지급보증, 보험약관대출, 신용카드대출, 자본시장법상 신용공여인 경우
② 중소기업과 퇴직보험, 종업원의 복리후생을 목적으로 하는 보장성상품에 관한 계약 등을 체결하는 경우
③ 금전제공계약이 최초로 이행된 날 전후 1개월 이내에 해지한 예금성 상품에 대하여 해지 전의 금액 범위 내에서 다시 계약을 체결한 경우
④ 그 밖에 해당 계약이 구속성행위에 해당하지 않는다는 사실이 명백한 경우
⑤ 입출금이 자유로운 예금을 판매하는 경우

◉ 정답 및 해설

| 33 | 신용카드 가입은 적용대상이 아니다. 그러나 선불카드나 상품카드는 적용대상이다. |
| 34 | '중소기업이 아닌 기업과 퇴직보험, 종업원의 복리후생을 목적으로 하는 보장성상품에 관한 계약 등을 체결하는 경우'가 맞는 내용이다. |

정답 33 ④ 34 ②

35 ✪✪

실명확인 방법에 관한 설명이다. 거리가 먼 것은?

① 후선부서 직원은 실명확인을 할 수 없다.
② 금융회사 임직원이 아닌 업무수탁자도 실명확인을 할 수 있다.
③ 금융거래 장표에 실명거래 확인자가 확인되는 경우에는 실명확인필 확인 생략이 가능하다.
④ 대출모집인은 실명확인을 할 수 없다.
⑤ 실명확인자는 거래관련 장표에 실명확인필을 날인 또는 서명하여야 한다.

36 ✪✪

금융실명제에 대한 설명으로 거리가 가장 먼 것은?

① 실지명의란 주민등록증에 기재된 성명 및 주민등록번호, 사업자등록증에 기재된 법인명 및 등록번호를 의미한다.
② 외국인은 등록외국인기록표에 기재된 성명 및 등록번호, 여권에 기재된 성명, 여권번호 등으로 확인 가능하다.
③ 금융거래 대상이 되는 금융자산은 예·적금 외에도 수익증권, 주식, 채권, 신탁 등을 포함한다.
④ 실명이 확인된 계좌라도 이후 계속거래를 위해서는 실명확인을 거쳐야 계속 거래가 가능하다.
⑤ 누구든지 불법행위를 목적으로 하는 차명 금융거래를 하는 것을 금지하고 있다.

◎ 정답 및 해설

35	금융회사 임직원이 아닌 업무수탁자(대출모집인, 보험모집인)는 실명확인을 할 수 없다.
36	실명이 확인된 계좌는 이후 실명확인을 생략한 후 거래가 가능하다.

정답 35 ② 36 ④

37 ✪✪

금융실명법에서는 불법 차명거래에 해당하는 사례에 대하여 규제하고 있다. 차명거래이지만 금융실명법 위반에 해당하지 않는 경우는?

① 비과세 가입한도 제한을 회피하기 위하여 타인 명의 계좌에 본인 소유 자금을 분산하는 행위
② 금융소득종합과세 회피를 위하여 타인 명의 계좌에 본인 소유 자금을 분산하는 행위
③ 불법도박자금을 은닉하기 위하여 타인 명의 계좌에 본인 소유 자금을 분산하는 행위
④ 미성년 자녀의 금융자산을 관리하기 위하여 부모 명의 계좌에 예금을 분산하는 행위
⑤ 채권자들의 강제집행을 회피하기 위하여 타인 명의 계좌에 본인 소유 자금을 분산하는 행위

38 ✪✪

실명확인 생략이 가능한 거래가 아닌 것은?

① 100만원 이하 원화송금거래
② 공제거래
③ 보험거래
④ 할인어음거래
⑤ 여신거래

◉ 정답 및 해설

37	이외에도 계, 부녀회, 동창회 회비 관리를 위한 경우, 문중, 교회 등 임의단체 금융자산 관리를 위한 경우 등도 금융실명법 위반에 해당하지 않는 경우이다.
38	보험, 대출거래는 실명 거래대상이 아니지만 할인어음은 실명확인 거래대상이다.

정답 37 ④ 38 ④

39

금융기관 종사자가 명의인의 동의 없이 지인의 부탁으로 타인의 입출금 계좌를 조회하여 알려준 경우에 해당하는 위반행위는?

① 금융실명거래 위반행위
② 금융거래 비밀보장의무 위반행위
③ 금융거래정보의 제공사실 통보의무 위반행위
④ 정보제공 내용 기록, 관리의무 위반행위
⑤ 은행법 위반행위

40

금융실명거래 및 비밀보장에 관한 법률에 의거 비밀보장의 대상거래에서 제외되는 경우가 아닌 것은?

① 금융거래에 관한 단순통계자료
② 순수 대출거래에 관한 정보
③ 대여금고 이용에 관한 정보
④ 예금거래와 연결된 당좌대출
⑤ 신용카드 발급에 관한 정보

정답 및 해설

39	금융거래 비밀보장의무 위반행위에 해당한다. 금융기관 종사자는 명의인의 서면상 요구나 동의 없이는 금융거래 정보를 타인에게 제공하거나 누설할 수 없도록 하고 있다.
40	순수한 대출거래 등에 관한 정보는 비밀보장대상에서 제외되는 거래이지만 예금거래와 대출거래가 함께 발생하는 당좌대출이나 종합통장대출은 비밀보장대상이 된다.

정답 39 ② 40 ④

41 ⚇⚇

금융종사자가 금융거래정보를 제3자에게 제공할 수 있는 경우로 거리가 먼 것은?

① 검사명의 서면에 의한 요청인 경우
② 명의인의 서면상 요구나 동의를 받은 경우
③ 국세청장의 요구에 의한 거래 정보 제공
④ 법원의 영장 또는 제출명령에 의한 경우
⑤ 금융기관 내에서 상호간 정보 제공

42 ⚇

금융실명거래 위반 시 행위자의 제재가 가중되는 거래금액은 얼마부터인가?

① 1억원 초과
② 3억원 초과
③ 5억원 초과
④ 10억원 초과
⑤ 20억원 초과

◉ 정답 및 해설

41	법원의 영장에 의한 경우에야 정보 제공이 가능하다. → 제3자에 정보 제공 시 원칙적으로 10일 이내 서면으로 명의인에게 통보
42	금융실명거래 위반 시 행위자의 제재가 가중되는 거래금액은 3억원 초과부터이다.

정답 41 ① 42 ②

43

개인정보처리자의 행동지침으로의 개인정보 보호원칙에 관한 설명이다. 거리가 먼 것은?

① 개인정보의 처리 목적이 명확해야 한다.
② 필요한 범위에서만 개인정보를 처리하여야 한다.
③ 정보주체의 사생활 침해를 최소화하여야 한다.
④ 개인정보 처리방침 등 개인정보 처리에 관한 사항을 공개하여서는 안 된다.
⑤ 개인정보의 익명처리가 가능한 경우는 익명처리해야 한다.

44

개인정보보호법에 의하면 개인정보수집 및 이용이 가능한 경우를 나열하고 있다. 옳지 않은 것은?

① 정보주체의 동의를 받은 경우
② 법률에 특별한 규정이 있거나 법령상 의무를 준수하기 위하여 불가피한 경우
③ 공공기관이 법령 등에서 정한 소관업무의 수행을 위하여 불가피한 경우
④ 정보주체와의 계약체결 및 이행을 위하여 불가피하게 필요한 경우
⑤ 정보주체의 권리보다 우선하지는 않지만 개인정보처리자의 정당한 이익을 달성하기 위하여 필요한 경우

정답 및 해설

43	개인정보 처리방침 등 개인정보 처리에 관한 사항을 공개하여야 한다.
44	개인정보처리자의 정당한 이익을 달성하기 위하여 필요한 경우로서 명백한 정보주체의 권리보다 우선하는 경우에 한하여 개인정보를 수집할 수 있도록 하고 있다.

정답 43 ④ 44 ⑤

45 ⭐⭐

개인정보처리법에 의하면 개인정보처리자는 원칙적으로 민감정보를 수집, 이용, 제공할 수 없다. 민감정보에 해당하는 것으로 옳게 묶인 것은?

가. 정치적 견해	나. 신념
다. 노동조합 가입	라. 건강에 관한 정보
마. 정당의 가입	

① 가, 나, 마
② 가, 나, 다
③ 나, 다, 라, 마
④ 다, 라, 마
⑤ 가, 나, 다, 라, 마

46 ⭐⭐

금융기관 종사자가 내점하지 않은 거래 고객의 가족명의로 계좌를 개설하는 행위는 다음 중 어디에 위반되는 행위인가?

① 금융실명거래 위반행위
② 금융거래 비밀보장의무 위반행위
③ 금융거래정보의 제공사실 통보의무 위반행위
④ 정보제공 내용 기록, 관리의무 위반행위
⑤ 은행법 위반행위

● 정답 및 해설

| 45 | 개인정보로써 대통령령에서 정하는 것은 민감정보로, 개인정보처리자는 처리할 수 없다. |
| 46 | 차명거래를 용인하거나 내점 없이 가족명의 계좌를 개설하는 행위는 금융실명거래 위반행위에 해당한다. → 2014년 11월 29일 이후 차명거래금지법 위반행위 |

정답 45 ⑤ 46 ①

Chapter 04 | 자가학습진단표

	진단 내용	Yes	No
01	내부통제제도의 목적과 법적근거에 대하여 이해하고 정리하고 있습니까?		
02	내부통제 운용주체에 대하여 설명할 수 있습니까?		
03	감사위원회 법적근거와 설치 의무 금융기관 및 구성에 대하여 설명할 수 있습니까?		
04	준법감시인제도 법적근거와 내부통제기준에 반드시 포함되어야 할 사항에 대하여 정리하고 있습니까?		
05	내부감시기능과 준법감시기능에 주요 역할과 주된 업무 차이에 대하여 구분하여 설명할 수 있습니까?		
06	금융소비자보호제도의 필요성 제정 취지를 이해하고 있습니까?		
07	금융소비자보호법 주요내용을 기존 금융관련 법률과 비교하여 설명할 수 있습니까? (금융상품속성에 따른 분류, 사용자책임 등)		
08	약관규제법상 의무와 은행법상 약관 제정 변경 보고의무에 대하여 설명할 수 있습니까? (명시의 의무, 설명의 의무)		
09	전자금융사기 유형에 대하여 구분 설명하고 전자금융사고에 대한 전자금융거래법상 규정에 대하여 이해하고 있습니까?(스미싱, 피싱, 파밍 등에 대한 이해)		
10	전자금융사고와 관련하여 금융회사에서 손해배상 면책을 위한 사용자 범위 내의 중대과실에 대하여 설명할 수 있습니까?		
11	자본시장법상 불완전 판매에 대한 규제 내용을 구분하여 설명할 수 있습니까? 특히 설명의무, 부당권유 금지에 대한 사례로 내용을 숙지하고 있습니까?		
12	적합성의 원칙과 적정성의 원칙 적용차이를 구분하여 설명할 수 있습니까?		
13	구속성 영업행위 적용기준 및 적용대상에 대하여 설명할 수 있습니까?		
14	실명법상 실명확인자 및 금융거래 시 필요한 실명확인 증표를 구분하여 설명할 수 있습니까?		
15	실명확인이 생략이 가능한 거래를 나열할 수 있습니까?		
16	비밀보장의무를 설명하고 비밀보장 대상 제외되는 사례를 설명할 수 있습니까?		
17	금융기관이 정보를 타인에게 제공할 수 있는 경우를 나열할 수 있습니까?		
18	개인정보보호법상 개인정보 수집 및 이용이 가능한 경우를 나열할 수 있습니까?		

자신의 학습성취도를 스스로 진단하세요.

	진단 내용	Yes	No
19	개인정보 수집, 이용 시 정보주체에게 알려야 하는 내용의 범위에 대하여 이해하고 있습니까?		
20	명의인의 서면상 동의에 의한 정보제공 시 동의서에 기재되어야 하는 사항을 열거할 수 있습니까?		
21	개인정보보호법에 의한 개인정보보호에 대하여 정부수집, 정보처리자를 설명하고 처리가 제한되는 민감정보에 대하여 설명할 수 있습니까?		

Yes 개수별 진단결과

- 8개 이하 : 합격예상도는 40% ➜ 기본서로 관련 내용을 다시 한번 꼼꼼하게 학습하세요.
- 9~15개 : 합격예상도는 60% ➜ 핵심 정리를 통해 주요 내용을 다시 한번 체크하세요.
- 16개 이상 : 합격예상도는 80% ➜ 문제를 통해 100% 합격에 도전하세요.

MEMO

2과목

창구실무 I

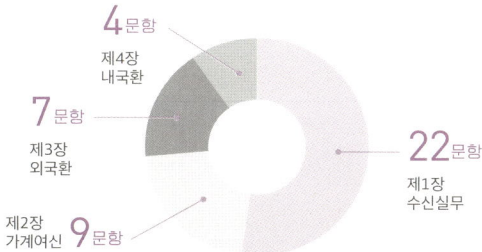

- 제4장 내국환 **4**문항
- 제3장 외국환 **7**문항
- 제2장 가계여신 **9**문항
- 제1장 수신실무 **22**문항

은행텔러

제1장

수신실무

출제경향분석 ▼

출제비중이 매우 크기 때문에 집중적인 학습이 요구됩니다.
수신일반 부분은 15문제 내외로 집중적인 출제가 이루어지고 있고 상권에서 학습하였던 내용도 일부 있으므로 철저히 준비하여 고득점을 노려볼만 하겠습니다.
예금상품 부분은 7문제 내외로 출제되며 난이도는 평이하다고 볼 수 있겠습니다.

Chapter 01 | 문제로 보는 출제경향

01

은행 약관에 대한 설명으로 틀린 것은?

① 약관은 사업자인 은행이 일방적으로 작성한다.
② 약관이 계약의 내용으로 편입되기 위해서는 은행에게 명시, 교부, 설명의무가 인정된다.
③ 개별상품약관은 기본거래약관과 유형별 약관에 규정되지 않은 개별상품과 관련된 약관을 말한다.
④ 약관이 변경된 경우에는 3개월 전에 영업점과 인터넷 홈페이지에 게시하여야 한다.
⑤ 약관이 변경된 경우, 약관의 시행일 전 영업일까지 서면에 의한 이의가 도착하지 않으면 고객이 승인한 것으로 볼 수 있다.

해설 ④ 3개월이 아니라 1개월 전에 게시해야 한다.

정답 ④

02

수납업무에 대한 설명으로 틀린 것은?

① 장당 발행한도를 초과한 가계수표는 수납할 수 없다.
② 당행이 지급장소인 당점권은 지급절차를 완료한 후에 입금한다.
③ 여러 개의 횡선이 그어진 수표는 수납할 수 없다.
④ 창구 입금에 의한 예금계약은 직원이 그 현금을 받아서 확인할 경우 성립한다.
⑤ 일반횡선수표는 은행 또는 거래처에 한하여 수납할 수 있다.

해설 ① 발행인 본인이 창구에서 직접거래로 발행하는 경우에는 수납할 수 있다.

정답 ①

대표문제로 선별했으니, 학습 전에 최근 출제경향을 파악하세요.

03

목돈운영에 적합한 예금에 대한 설명으로 옳은 것은?

① 정기예금, 양도성예금증서, 가계우대정기적금 등이 있다.
② 일정기간마다 조달금리를 변경하는 저축성상품을 회전식 정기예금이라고 한다.
③ 양도성예금증서는 만기 후 이자를 지급하지 않는다.
④ 표지어음은 무기명 할인식 약속어음이다.
⑤ 환매조건부채권의 매도의 경우 중도환매수와 일부환매수는 불가능하다.

해설
① 가계우대정기적금은 목돈마련에 적합한 예금에 해당한다.
③ 양도성예금증서는 만기 후 이자를 지급한다.
④ 표지어음은 기명 할인식 약속어음이다.
⑤ 두 가지 모두 가능하다.

정답 ②

04

예금의 해지업무와 관련된 내용으로 옳은 것은?

① 예금주의 해지요청 시 전표를 받고 거래인감의 일치여부 및 본인여부를 별도로 확인할 필요는 없다.
② 예금거래의 해지는 원칙적으로 모든 영업점에서 가능하다.
③ 질권설정 계좌의 경우에는 지정된 지점에서만 해지가 가능하다.
④ 해지된 통장, 통장식 증서는 해지필 표시 또는 M/S를 제거한 후 5년 간 당행에서 보관한다.
⑤ 통장분실의 경우에는 사고신고 접수 후 통장재발행 절차를 거쳐 해지처리할 수 있다.

해설
① 예금주의 해지요청 시 전표를 받고 거래인감의 일치여부 및 본인여부를 별도로 확인할 필요가 있다.
③ 질권설정 계좌의 경우에는 계좌개설점에서만 해지가 가능하다.
④ 해지된 통장, 통장식 증서는 해지필 표시 또는 M/S를 제거한 후 예금주에게 교부한다.
⑤ 통장분실의 경우에는 사고신고접수 후 통장재발행 절차 없이 해지처리할 수 있다.

정답 ②

Chapter 01 | 출제예상 문제

중요도에 따라 Self 맞춤형 학습이 가능한 출제예상 문제입니다. 각자의 목표점수에 맞게 문제를 선별하여 풀어보세요!

(중요도 = ✪✪✪ 상 / ✪✪ 중 / ✪ 하)

01 ✪✪✪

예금약관에 관한 설명으로 옳지 않은 것은?

① 약관의 명시의무와 약관의 교부 및 설명의무를 이행하지 않고 예금약관을 체결한 때에는 은행은 당해 약관을 계약의 내용으로 주장할 수 없다.
② 거래유형별 약관에는 입출금이 자유로운 예금약관, 거치식 예금약관, 적립식 예금약관 등이 있다.
③ 약관의 적용순서는 예금거래 기본약관을 우선 적용하여 다음으로 거래유형별 약관, 예금상품별 약관, 개별약정 순으로 적용한다.
④ 각 예금상품에 대한 고유한 사항 중 예금거래 기본약관 및 거래유형별 약관에서 정하지 않은 내용이나 다르게 정할 사항을 각 예금 상품별 약관에서 정하고 있다.
⑤ 예금거래 기본약관은 은행과 거래자 간 모든 예금거래에 관한 기본적이고 일반적인 사항을 정한 것으로 은행과의 거래에 기본이 된다.

◉ 정답 및 해설

| 01 | 개별약정, 예금상품별 약관, 거래유형별 약관, 예금거래 기본약관 순으로 적용한다. |

정답 01 ③

02 ✦✦

예금약관에 대한 설명으로 옳지 않은 것은?

① 약관의 적용순서는 개별약정 ⇨ 예금상품별 약관 ⇨ 예금거래유형별 약관 ⇨ 예금거래 기본약관 순이다.
② 예금거래 기본약관은 모든 예금거래에 적용된다.
③ 예금거래유형별 약관은 입출금이 자유로운 예금의 경우에만 허용된다.
④ 약관은 정형화, 획일화되었다는 특징이 있다.
⑤ 예금고객이 개별약정을 요구하는 경우에는 법위반 여부 및 통제관리 가능성을 고려하여 수용 여부를 결정해야 한다.

03 ✦✦

은행 약관의 변경 시 처리 방법에 관한 다음 설명 중 거리가 먼 것은?

① 약관의 변경 내용이 거래처가 불리한 경우에는 변경시행 후 즉시 공시한다.
② 2개 이상의 일간신문에 공고하는 방법으로 공지가 가능하다.
③ 거래통장에 표기하는 방법으로 공지가 가능하다.
④ 기업고객의 경우 인터넷뱅킹 초기화면에 게시로 거래처에게 알린다.
⑤ 현금자동입출금기 설치 장소에 게시로 공지가 가능하다.

◆ 정답 및 해설

| 02 | 예금거래유형별 약관에는 입출금이 자유로운 예금, 거치식 예금과 적립식 예금에도 적용된다. 즉, 모든 예금에는 예금거래유형별 약관이 존재한다. 예금거래유형별 약관은 기본약관에 규정하지 않은 사항에 대해서 규정한 약관이기 때문이다. 약관에 대하여 은행은 명시, 교부, 설명의무를 갖는다. |
| 03 | 약관의 변경 내용이 거래처가 불리한 경우에는 변경 약관 시행일 1개월 전에 영업점과 인터넷 홈페이지에 게시해야 한다. |

정답 02 ③ 03 ①

04 ★★★

다음 중 창구를 통하여 현금으로 입금한 경우의 예금계약의 성립시점에 해당하는 것은?

① 고객의 예금을 수령한 때
② 현실적으로 입금을 시킨 때
③ 예금계약에 대해 당사자의 의사가 합치한 때
④ 은행원이 현금을 받아 확인한 때
⑤ 통장에 기장을 한 때

05 ★★

예금거래의 상대방에 관한 설명으로 옳지 않은 것은?

① 권리능력 없는 사단, 재단은 그 단체의 대표자나 개인명의로 거래한다.
② 공법인은 회계 전담자로 임명된 출납공무원이나 기관장의 명의로 거래한다.
③ 사법인은 정관, 법인등기부등본, 사업자등록증에 의한 합법적인 대표자와 거래한다.
④ 조합은 대표기관이 따로 없기 때문에 조합명의로 거래한다.
⑤ 법인의 행위능력은 대표기관만이 가진다.

◎ 정답 및 해설

04	예금계약의 성립은 거래형태에 따라 다른데 현금으로 창구 입금한 경우는 은행에서 확인한 때이고, 계좌이체나 송금의 경우에는 예금원장에 입금기장을 마친 때 성립한다.
05	조합은 선출된 업무집행사원(대표조합원) 개인명의로 거래한다.

정답 04 ④ 05 ④

06 ⭐⭐

외국인비거주자가 가입할 수 없는 예금은?

① 기업자유예금　　　　　　　② 표지어음
③ 정기예금　　　　　　　　　④ 양도성예금증서
⑤ 환매조건부채권(RP)

07 ⭐⭐

거주자/비거주자 판정기준에 대한 설명으로 옳지 않은 것은?

① 금융상품을 가입할 경우 비거주자로 판정을 받기 위해서는 국내원천소득 제한세율 적용신청서와 출입국에 관한 사실증명서를 제출해야 하며, 두 가지 모두를 제출할 경우에만 비거주자로 판정할 수 있다.
② 비거주자의 거주지국과 조세협약이 있는 경우에는 조세협약에 의한 제한세율에 따라 원천징수하면 된다.
③ 예금에 가입하는 고객이 주민등록증을 제시했다면 원칙적으로 거주자로 판단하되, 당사자가 비거주자임을 주장할 경우에는 예외이다.
④ 우리국민이 외국시민권을 취득해도 국민으로 본다.
⑤ 외국인거주자는 원칙적으로 예금거래에 대한 제한이 없다.

◉ 정답 및 해설

| 06 | 외국인비거주자는 보통예금, 저축예금, 정기예금, 기업자유예금, 표지어음, RP에 가입가능하다. |
| 07 | 우리국민이 외국시민권을 취득하면 외국인으로 본다. |

정답 06 ④　07 ④

08

거주자와 비거주자의 구분에 관한 다음 내용 중 맞는 것을 모두 고르시오.

> ㄱ. 국민인비거주자는 양도성예금증서와 세법상 거래제한예금을 제외한 모든 예금에 가입할 수 있다.
> ㄴ. 비거주자 판정시기는 "가입요청 시, 가입 후 매 2년마다, 만기 또는 해지 시"이다.
> ㄷ. 외국인거주자는 원칙적으로 예금거래에 제한이 없다.
> ㄹ. 외국인비거주자는 기업자유예금, 표지어음에 가입할 수 있다.

① ㄱ, ㄴ, ㄷ, ㄹ
② ㄴ, ㄷ, ㄹ
③ ㄱ, ㄷ, ㄹ
④ ㄱ, ㄷ
⑤ ㄷ, ㄹ

09

다음 중 실명확인증표와 당사자를 잘못 짝지은 것은?

① 일반인 - 주민등록증
② 법인 - 사업자등록증
③ 외국인 - 여권
④ 재외국민 - 여권
⑤ 주민등록증 미발급자 - 법정대리인 실명확인증표

✓ 정답 및 해설

08 | 비거주자 판정시기는 "가입요청 시, 가입 후 매 3년마다, 만기 또는 해지 시"이다.
09 | 주민등록증 미발급자의 경우 주민등록초본과 법정대리인 확인서류도 함께 필요로 한다.

정답 08 ③ 09 ⑤

10 ⚫⚫

예금주의 실명확인에 대한 설명으로 거리가 먼 것은?

① 최초 신규 개설 시에는 실명확인증표 원본에 의해 실명확인을 하여야 한다.
② 실명확인증표는 원본을 확인하면 되고 예금거래신청서에 사본을 보관할 필요는 없다.
③ 실명확인증표의 원본을 확인했어도 필요시 ARS 및 인터넷 등의 실명확인증표 진위 확인 서비스를 이용하여 위변조 여부를 확인한다.
④ 대리인에 의한 신규개설 시 본인 및 대리인의 실명확인증표확인 후 사본, 본인 인감증명서, 위임장을 함께 확인하고 보관해야 한다.
⑤ 은행의 행정정보공유시스템에서 열람한 행정민원서류는 서류원본에 준하여 처리한다.

11 ⚫⚫

예금 신규 거래 시 확인사항에 관한 설명이다. 거리가 먼 것은?

① 통장 또는 카드 양도의 불법성에 대한 설명 후 확인을 받는다.
② 전화금융 사기 피해 예방을 위해 금융거래 목적 확인서를 징구한다.
③ 상품 신규 가입 시는 반드시 개인 정보 수집·이용 제공 동의서를 받는다.
④ 불법, 탈법, 차명거래 금지 위반 시 처해지는 벌칙에 대한 내용을 설명하고 확인하여 고객거래 확인서를 징구한다.
⑤ 상품에 따라 가입자격이 제한된 경우 부합여부를 확인한다.

◉ 정답 및 해설

| 10 | 실명확인증표 사본을 예금거래신청서와 함께 보관한다. |
| 11 | 상품에 따라서 개인 정보 수집·이용 제공 동의서를 받는 경우가 있다. |

정답 10 ② 11 ③

12 ✦✦

예금거래 신청과 관련된 적절한 업무처리 절차에 대한 설명으로 옳지 않은 것은?

① 비밀번호는 연속된 것이나 연속 숫자 사용을 제한한다.
② 무기명 양도성예금증서를 신규로 가입할 경우 인감, 서명으로 신고하지 않아도 된다.
③ 예금주 본인이 신규거래 시 서명 및 인감 모두 등록하는 것은 불가능하며 둘 중 한 가지를 선택하여 등록해야 한다.
④ 제3자에 의한 대리인이 거래 시 예금주와 대리인의 실명확인증표 및 예금주의 위임장과 인감증명서가 필요하다.
⑤ 대리인이 신규 시에는 서명거래를 할 수 없다.

13 ✦

창구에서 신규 개설 요청하는 예금 중 대포통장 근절 종합대책에 적용되는 상품은?

① 양도성예금증서
② 정기예금
③ 정기적금
④ 보통예금
⑤ 모든 예금 및 적금

◎ 정답 및 해설

| 12 | 예금주 본인이 신규거래 시 서명 및 인감 모두 등록 가능하다. |
| 13 | 대포통장 근절 종합대책은 입출금이 자유로운 원화예금 개설 시 적용된다. |

정답 12 ③ 13 ④

14 ✪✪

통장 개설 시 금융거래목적확인서와 증빙서류를 징구하여 금융거래 목적을 명확히 하고 불분명한 경우 계좌개설을 거절한다. 거리가 먼 것으로 연결된 것은?

> 가. 미성년자가 단독으로 내점하여 입출금 통장을 신규 개설 의뢰하는 경우
> 나. 입출금이 자유로운 예금계좌의 단기간 다수 개설을 의뢰하는 경우
> 다. 거주지나 직장소재지로부터 원거리에 소재한 지점에서 입출금 통장을 신규 개설 의뢰하는 경우
> 라. 3개월 이상 무거래인 입출금이 자유로운 예금 계좌에 대하여 재발행을 요청하는 경우

① 가, 라
② 나, 다
③ 가, 다
④ 다
⑤ 라

15 ✪✪

예금거래의 신규에 대한 설명으로 옳은 것은?

① 대리인을 통한 신규가입의 경우에도 서명거래를 할 수 있다.
② 무기명식예금은 거래서명이나 인감을 받지 않는다.
③ 기존 서명에 인감을 추가한 경우에도 인감과 서명을 함께 사용해야 한다.
④ 비밀번호는 반드시 고객이 예금거래신청서에 직접 기입하도록 해야 한다.
⑤ 예금 신규고객에게는 현금카드 발급에 대한 신청 여부를 문의할 수 없다.

● 정답 및 해설

14 6개월 이상 무거래인 입출금이 자유로운 예금 계좌에 대하여 재발행을 요청하는 경우에는 금융거래목적확인서와 증빙서류를 징구하여 금융거래 목적을 명확히 하고 불분명한 경우 계좌개설을 거절한다.

15 ① 본인이 할 경우에는 가능하지만, 대리인에 의한 신규거래에는 서명거래를 할 수 없다.
③ 추가등록한 후에는 인감 또는 서명을 선택적으로 사용할 수 있다.
④ 사용하고자 하는 비밀번호를 PIN - pad를 통하여 입력한다.
⑤ 현금카드의 발급, 이체등록서비스 등에 대한 이용문의를 할 수 있다.

정답 14 ⑤ 15 ②

16 ✦✦

다음 중 어음수납에 대한 유의사항으로 맞지 않는 것은?

① 위변조 유무
② 어음제시기간 경과 확인
③ 지시금지문언 유무
④ 배서 연속 유무
⑤ 발행인 신용불량 확인

17 ✦✦

어음, 수표 수납 시 유의사항에 관한 설명으로 옳지 않은 것은?

① 어음 수표의 법정 기재요건의 완비 여부를 확인한다.
② 선일자로 발행된 수표는 수납할 수 없다.
③ 장당 발행한도를 초과하여 발행한 가계수표는 발행인 본인이 창구에서 직접 입금하는 경우에만 수납할 수 있다.
④ 일반 횡선수표는 은행 또는 거래처에 한해서 수납할 수 있다.
⑤ 지시금지 문언이 있는 어음이 뒷면에 배서 양도되었을 경우에 수납할 수 없다.

✓ 정답 및 해설

16	약속어음의 경우 어음의 법정요건의 완비 여부 및 배서 연속여부를 확인하고, 어음 앞면에 지시금지 문언이 있는지를 확인하며, 제시기일 등을 확인한다.
17	선일자로 발행된 수표는 수납할 수 있다.

정답 16 ⑤ 17 ②

18 ★★★

수표나 어음의 수납에 대한 설명이다. 거리가 먼 것은?

① 특정횡선수표는 은행 또는 거래처에 한하여 수납할 수 있다.
② 선일자로 발행된 수표를 수납할 수 있다.
③ 발행일이 2023년 4월 15일인 우편환증서를 2023년 9월 15일에 수납할 수 있다.
④ 발행일이 2023년 11월 15일인 국고수표를 2024년 4월 15일에 수납할 수 있다.
⑤ 약속어음의 배서는 연속되어 있는지를 확인하여야 한다.

19 ★

다음 중 피지정은행이 당행으로 지정 시에만 수납 가능한 것은?

① 특정횡선수표　　　　② 일반횡선수표
③ 어음　　　　　　　　④ 선일자수표
⑤ 백지수표

20 ★

수표의 지급제시기간은 발행일로부터 며칠인가?

① 10일　　　　　　　② 20일
③ 11일　　　　　　　④ 14일
⑤ 7일

◆ 정답 및 해설

18　특정횡선수표는 횡선 안에 지정된 은행에 한하여 수납가능하며, 일반횡선수표는 은행 또는 거래처에 한하여 수납할 수 있다.
　・증권류 제시기간 : 국고수표는 발행일로부터 1년 이내, 우편환증서는 6개월 이내에 수납이 가능하다.

19　특정횡선수표란 평행선 사이에 특정한 은행을 지정해 놓은 것으로서, 반드시 수표 소지인이 지정해 놓은 특정한 은행에 입금을 경유해야만 그 인출이 가능한 수표를 말한다.

정답　18 ①　19 ①　20 ①

은행텔러

21 ✦✦

예금계약의 해지업무에 대한 설명으로 옳지 않은 것은?

① 해지는 원칙적으로 모든 영업점에서 가능하다.
② 질권설정 계좌의 경우에는 계좌개설점에서만 해지가 가능하다.
③ 무기명정기예금은 실명확인 후 해지 처리한다.
④ 예금주의 해지요청 시 전표를 받고 거래인감의 일치여부 및 본인여부를 확인한 후 해지 처리한다.
⑤ 통장분실의 경우 통장재발행 후 해지할 수 있다.

22 ✦✦✦

입금타점권의 부도처리에 대한 설명으로 거리가 먼 것은?

① 부도된 뜻을 부도사실통지서에 의하여 우편으로 입금인에게 통지한다.
② 부도 반환된 타점권의 내용은 부도어음기입장에 기입한다.
③ 부도금액을 당해 입금계좌에서 출금하여 미지급내국환채무계정 부도대금에 입금한다.
④ 부도실물은 그 권리 보전절차를 밟은 뒤 예금주에게 돌려준다.
⑤ 부도실물을 반환할 때에는 부도수표수령증에 수령인 본인확인 후 기명날인 또는 서명 후 반환한다.

◯ 정답 및 해설

| 21 | 통장분실의 경우 통장재발행 없이 해지할 수 있다. |
| 22 | 부도실물은 권리 보전절차를 거치지 않고 입금한 영업점에서 예금주가 반환을 요구할 때 반환한다. |

정답 21 ⑤ 22 ④

23 ⭐⭐

예금잔액증명서 발급절차에 대한 설명으로 옳지 않은 것은?

① 잔액증명발급의뢰서를 받고 예금주 본인임을 확인한다.
② 거래인감 또는 서명을 대조 확인한다. 단, 본인확인 시 거래인감은 생략이 가능하다.
③ 발급사실을 별도대장에 기록·관리하며 원본과 동일한 사본을 보관해야 한다.
④ 질권설정, 법적 지급제한, 기타 지급제한 등 예금관련 주요사항이 있는 경우 그 내용을 표시한다.
⑤ 외화표시 예금잔액증명서의 외화금액은 예금신규일 매매기준율을 부기하여 발행한다.

24 ⭐⭐⭐

예금잔액증명서 발급 절차에 관한 설명으로 옳지 않은 것은?

① 예금잔액증명서 등 제증명서 발급 시에는 원본과 동일한 사본을 보관하여야 한다.
② 예금잔액증명서 금액은 숫자에 문자를 병기하여 출력하고 투명테이프를 부착한다.
③ 해지계좌는 예금잔액증명서를 발급할 수 없다.
④ 예금거래실적증명, 거래상황확인서, 은행조회서, 예금거래명세표 등은 예금잔액증명서 발급절차에 준하여 처리한다.
⑤ 단말기에 의한 발급의 경우 타영업점에서도 발급할 수 있다.

✅ 정답 및 해설

23	외화표시 예금잔액증명서의 외화금액은 잔액증명 발급기준일에 매매기준율에 의한다. [예금잔액증명서 발급기준] • 단말기에 의한 발급 • 금액은 숫자와 문자 병기 • 해지계좌에 대하여도 발급 가능 • 발급한 원본과 동일한 사본을 보관 관리 • 발급 시 책임자가 금액 앞부분에 검인하여 발급 • 영문증명서도 발급 가능
24	해지계좌는 해지일자 및 해지내용을 기입하여 발급한다.

정답 23 ⑤ 24 ③

25

다음 중 예금잔액증명서의 발급이 가능한 것은?

① 양도성예금증서
② 무기명식정기예금
③ 무역어음매출
④ 표지어음
⑤ 정기예금

26

예금의 질권설정 승낙 시 유의사항으로 옳지 않은 것은?

① 사고신고의 유무를 확인한다.
② 이미 질권이 설정되었는지 여부를 확인한다.
③ 승낙의뢰서에 기재한 사항 및 거래인감과의 일치여부를 대조 확인한다.
④ 질권자는 질권설정에 있어서 당연히 은행의 승낙을 받아야 한다.
⑤ 예금주에 대한 대출채권이 있을 때에는 당해 채권보전에 이상이 있는지 여부는 확인하지 않아도 된다.

정답 및 해설

25 | 예금잔액증명서는 양도성이 있는 상품이거나 무기명 상품은 원칙적으로 발급이 불가능하다.
26 | 예금주에 대한 대출채권이 있을 때에는 당해 채권보전에 이상이 있는지 여부를 확인해야 한다.

정답 25 ⑤ 26 ⑤

27 ⭐⭐⭐

예금의 질권설정에 대한 설명으로 옳지 않은 것은?

① 제3자에 의한 질권설정하는 경우 은행의 승낙이 필요하다.
② 질권자는 설정된 예금을 인도할 것을 청구할 수 있다.
③ 질권을 설정하면 예금원금과 질권설정 당시 이행기 도래한 이자는 물론 질권설정 후 이행기 도래한 이자에도 효력이 발생한다.
④ 은행이 보관하는 승낙의뢰서에는 확정일자를 받아야 한다.
⑤ 예금만기 전이라도 당행을 위한 질권설정인 경우에는 예금과 대출을 상계처리할 수 있다.

28 ⭐⭐

예금에 대한 질권설정의 요건으로 옳지 않은 것은?

① 예금에 대한 질권의 설정은 당사자 간의 합의만으로 가능하다.
② 담당자는 승낙의뢰서의 인감과 거래인감의 일치 여부를 확인해야 한다.
③ 질권자는 예금의 인도를 청구할 수 있으며, 변제기에 변제되지 않은 경우 예금과 질권설정 후 이자채권에 대해 우선변제권을 주장할 수 있다.
④ 은행은 질권자에게 제3채무자로서의 의무를 부담한다.
⑤ 질권설정된 예금의 만기일이 질권자의 채권변제기일 전에 도래하였을 경우 그 원리금은 질권자 또는 질권설정자 모두에게 지급할 수 없다.

정답 및 해설

27　질권은 예금주(채무자)가 제3채무자(은행)에 대한 예금 권리를 자기 채권자에게 위임하는 행위로 질권설정이 되면 이후 이행기 도래한 이자에 대해서만 질권의 효력이 미친다.
[질권설정의 경우]
1. 은행이 질권자인 경우 : 질권설정계약서, 예금통장에 표시, 본인확인 절차, 전산등록 반드시 필요
2. 제3자가 질권자인 경우 : 질권설정의뢰서, 통장에 표시, 채권유무 확인, 해당 은행 승낙의뢰서 확정일자가 필요

28　질권설정은 은행의 승낙으로 가능하며, 당행에서 승낙의뢰서를 보관할 경우 제3자에게 대항하기 위하여 확정일자를 받아야 한다.

정답　27　③　28　①

29

A은행과 거래하는 예금주 갑은 본인명의 정기예금을 담보로 하여 예금담보대출을 받고자 한다. A은행 해당직원의 업무처리 중 적절하지 않은 것은?

① A은행 직원은 예금주 갑으로부터 (근)질권설정계약서를 징구하였다.
② 은행 직원은 실명증표로 예금주 본인임을 확인한 후, (근)질권계약서상의 인감과 예금증서상의 인감 및 예금거래신청서상의 인감이 동일한지의 여부 확인을 생략하였다.
③ 은행 직원은 전산원장에 질권설정내용을 등록하였다.
④ 은행 직원은 정기예금 통장증서 여백에 질권설정일자, 질권내용, 질권설정금액 등을 기재하고 통장을 예금주 갑에게 돌려주었다.
⑤ 은행 직원은 예금주 갑의 요청에 의해 질권설정계약서 사본을 교부하였다.

30

거래중지 계좌편입대상에 관한 설명으로 옳지 않은 것은?

① 편입대상 과목은 보통예금, 저축예금, 기업자유예금이다.
② 잔액이 1만원 미만이며 1년 이상 입출금 거래가 없는 계좌
③ 잔액이 1만원 이상 5만원 미만이며 2년 이상 입출금 거래가 없는 계좌
④ 잔액이 5만원 이상 10만원 미만이며 3년 이상 입출금 거래가 없는 계좌
⑤ 잔액이 10만원 이상 30만원 미만이며 5년 이상 입출금 거래가 없는 계좌

정답 및 해설

29	은행 직원은 본인임을 확인한 후, (근)질권계약서상의 인감과 예금증서상의 인감 및 예금거래신청서상의 인감이 동일한지 여부를 확인하여야 한다.
30	⑤는 해당하지 않는다.

정답 29 ② 30 ⑤

31

다음의 괄호 안에 들어갈 숫자를 알맞게 짝지은 것은?

> 가. 잡익편입 대상계좌는 지급기일 이후로 만 (　)년이 경과한 예금으로 한다.
> 나. 잡익편입된 금액은 익년도 (　)월에 휴면예금관리재단에 출연한다.

① 5, 1
② 10, 1
③ 5, 2
④ 10, 2
⑤ 10, 3

32

거래중지계좌 편입 제외 계좌로 거리가 먼 것은?

① 신용카드 결제 계좌
② 현금카드 발급 계좌
③ 자동이체 등록 계좌
④ 분실신고 등록 계좌
⑤ 질권설정 등록 계좌

정답 및 해설

31 예금의 거래중지 계좌 편입은 다음과 같다.
① 잔액이 1만원 미만이며, 1년 이상 입출금 거래가 없는 계좌
② 잔액이 1만원 이상 5만원 미만이며, 2년 이상 입출금 거래가 없는 계좌
③ 잔액이 5만원 이상 10만원 미만이며, 3년 이상 입출금 거래가 없는 계좌
단, 예외적으로 신용카드 결제계좌 예외 처리한다.
→ 거래 중지 편입 후 만 5년이 경과한 예금은 잡익 편입한다.

32 이외에도 거래중지계좌 편입 제외 계좌로는 통장 대출 등록 계좌, 연결계좌 등록 계좌 등이 있다.

정답 31 ③ 32 ②

33

예금주의 사망사실을 인지한 때의 처리절차를 설명한 것으로 옳지 않은 것은?

① 유언집행자가 선임되어 있는 경우 이들을 상대로 업무처리하여야 한다.
② 예금주의 사망사실을 인지한 후의 예금지급은 면책사유가 되지 않는다.
③ 상속재산관리인이 선임되어 있는 경우에는 이들을 상대로 업무처리하여야 한다.
④ 상속인 중 무능력자는 그 행위 능력을 회복할 때 상속예금을 처리하여야 한다.
⑤ 예금주의 사망으로 인한 재산상속의 경우 모든 재산이 상속인에게 승계된다.

34

예금주 사망과 관련하여 은행의 업무 처리방법에 대한 설명으로 거리가 먼 것은?

① 예금주의 사망 사실을 인지한 때에는 해당 예금에 대한 지급정지 등록을 한다.
② 예금지급 시 주민등록등본을 받아 상속인을 확인해야 한다.
③ 사망 사실을 인지한 후 예금지급은 면책 사유가 아니다.
④ 소득귀속구분은 상속개시일이다.
⑤ 상속인들이 공동명의로 계속 거래를 원하면 공동명의예금 처리 절차에 따른다.

정답 및 해설

33	상속인 중 무능력자는 그 법정대리인이 절차를 밟도록 한다.
34	사망인 예금주의 가족관계등록부와 제적등본 등으로 상속권자를 확인할 수 있는 서류에 의한다.

정답 33 ④ 34 ②

35 ★★

다음 중 상속에 의해 명의변경이 불가능한 예금은?

① 양도성예금증서
② 당좌예금
③ 무기명정기예금
④ 표지어음
⑤ 무역어음매출

36 ★★★

예금 명의변경에 대한 설명으로 옳지 않은 것은?

① 예금주가 사망한 사실을 알면서도 예금을 지급한 경우에는 면책사유에 포함되지 않는다.
② 예금의 경우 원칙적으로 상속에 의한 경우 명의 변경 후 계속거래가 가능하다.
③ 이자지급의 시기는 당해 예금의 상속에 의한 명의변경일이나 지급기일로 한다.
④ 예금은 일반적으로 은행이 승낙한 경우 양도할 수 있지만, 당좌예금, 주택청약관련상품, 정기예금 등은 양도할 수 없다.
⑤ 임의단체의 대표자 명의가 변경된 경우에는 고유번호증이나 납세번호증을 받아 두어야 한다.

정답 및 해설

35 | 당좌예금과 가계당좌예금은 법적성격에 의해 상속 후 거래를 지속할 수 없으므로 해지하여야 한다. 세금우대나 비과세 상품(연금저축, 생계형, 재형저축)도 상속에 의한 계속거래가 불가능하다.
[예금의 명의변경이 되는 경우]
• 개명, 상속에 의한 경우, 기업간 합병, 대표자 변경

36 | 정기예금은 양도가 가능하다.

정답 35 ② 36 ④

37

예금의 명의변경에 대한 설명으로 옳지 않은 것은?

① 당좌예금에서 가계당좌예금으로 양도는 제한이 된다.
② 상속인 소득의 소득귀속 구분은 상속개시일을 기준으로 한다.
③ 상속인 중 미성년자를 제외한 상속인에게 명의변경을 해야 한다.
④ 양도예금에 질권설정이 있는 경우에는 양도가 제한이 된다.
⑤ 법인 대표자 명의변경 시에는 대표자 증거서류로 법인등기부등본과 사업자등록증사본을 받는다.

38

사고신고업무에 관한 다음 내용 중 맞는 것을 모두 고르시오.

> ㄱ. 사고신고의 철회는 계좌개설점에서만 처리 가능하다.
> ㄴ. 사고신고와 동시에 해지요청 시 통장재발행을 생략할 수 있다.
> ㄷ. 무기명예금은 유가증권 분실의 경우와 같이 제권판결문 정본을 받고 발행한다.
> ㄹ. 증서의 재발행은 원칙적으로 할 수 없다.

① ㄱ, ㄴ, ㄷ, ㄹ
② ㄴ, ㄷ, ㄹ
③ ㄱ, ㄷ, ㄹ
④ ㄱ, ㄷ
⑤ ㄷ, ㄹ

◆ 정답 및 해설

| 37 | 미성년자에게는 법정대리인을 통한 명의변경을 해야 한다. |
| 38 | ㄱ. 사고신고의 철회는 계좌개설점 또는 사고신고한 타영업점에서 처리 가능하다. |

정답 37 ③ 38 ②

39 ⭐⭐

예금의 압류 및 추심에 대한 설명으로 옳지 않은 것은?

① 예금이 압류된 경우에는 제3채무자에 해당하는 은행은 기한이익 등의 항변사유로 압류채권자에게 대항할 수 있다.
② 예금을 압류할 경우, 압류 후 예금의 이자에 당연히 그 효력이 미친다.
③ 압류예금에 대한 환가방법으로는 추심명령과 전부명령 등이 있다.
④ 법원으로부터 진술최고서를 받은 경우 압류명령이 송달된 날로부터 10일 이내에 법원에 진술한다.
⑤ 실명확인이 되지 않은 예금은 실명확인 후에, 조건부예금은 조건이 완성된 후에 예금을 지급한다.

정답 및 해설

39 법원으로부터 진술최고서를 받은 경우 압류명령이 송달된 날로부터 7일 이내에 법원에 진술해야 한다. 압류예금의 환가는 다음과 같다.
- 추심명령 : 집행채무자의 제3채무자에 대한 금전채권을 대위절차(민법 제404조)에 의하지 않고 집행채무자에 대신하여 채권자에게 추심할 수 있는 권한을 부여하는 집행법원의 명령
- 전부명령 : 채무자가 제3채무자에 대하여 가지는 압류한 금전채권을 집행채권과 집행비용청구권의 변제에 갈음하여 압류채권자에게 이전시키는 집행법원의 결정. 이러한 전부명령으로 압류채권자는 만족을 얻게 되므로, 그 뒤의 위험부담은 채권자에게 이전

정답 39 ④

40 ✪✪✪

예금 압류명령 효력에 대한 설명으로 옳은 것은?

① 압류채권자가 효력을 미치려면 반드시 압류금액을 제한하여야 하며 제한하지 않으면 효력이 없다.
② 은행은 압류명령이 송달되면 압류채권자에게 대항하거나 예금만기일의 미도래를 주장할 수 없다.
③ 압류결정문에 '금 ○○원에 달할 때까지 계속 입금될 금액' 등으로 압류금액 기재가 있으면 송달 후 금액에 대해서는 효력이 없다.
④ 압류금액의 기재가 있으면 송달시점의 예금잔액 범위 내에서 압류금액까지 효력이 있다.
⑤ 예금채권 압류효력은 압류명령이 해당 예금주에게 송달된 때 발생한다.

정답 및 해설

40
① 압류채권자가 압류금액을 제한하지 않으면 압류시점의 예금잔액 전부에 대하여 효력이 있다.
② 은행은 압류명령이 송달되면 압류채권자에게 대항하거나 예금만기일의 미도래를 주장할 수 있다.
③ 압류결정문에 '금 ○○원에 달할 때까지 계속 입금될 금액' 등으로 압류금액 기재가 있으면 송달 후 금액에 대해서도 효력이 있다.
⑤ 예금채권 압류효력은 압류명령이 제3채무자인 은행에 송달된 때 발생한다.

정답 40 ④

41 ✓✓

국세체납처분에 의한 압류에 대해 바르게 설명한 것은?

① 국세, 가산금 또는 체납처분비는 다른 채권에 우선한다.
② 국세체납처분에 의한 압류의 경우에도 확정판결과 같은 채무명의가 필요하다.
③ 국세체납처분은 법원공무원이 강제집행한다.
④ 모든 국세는 질권이나 저당권 등 담보물권에 우선한다.
⑤ 압류통지서가 있으면 세무공무원의 신분확인을 할 필요는 없다.

42 ✓✓

예금에 대한 체납처분압류와 민사집행법상 강제집행의 경합과 관련해 옳지 않은 것은?

① 체납처분과 가압류 중에서는 체납처분이 우선한다.
② 체납처분과 추심명령의 경우에는 체납처분이 우선한다.
③ 국세의 우선변제에 의하므로 질권에 의해 등록된 경우라도 국세가 질권에 우선한다.
④ 체납처분압류가 전부명령보다 후순위인 경우에는 잔액에 대해서만 압류의 효력이 있다.
⑤ 체납처분압류가 전부명령보다 선순위인 경우에는 체납처분압류가 우선한다.

◎ 정답 및 해설

41 ② 채무명의를 필요로 하지 않고 행정처분을 집행명의로 한다.
③ 세무공무원이 직접 집행한다.
④ 담보물권보다 항상 우선순위인 국세는 당해세에 국한한다(종합토지세, 상속세 등).
⑤ 세무공무원의 신분을 나타내는 증표를 제시받아 이를 확인해야 한다.

42 질권설정된 경우 등록사실이 공증인의 증명 등에 의한 경우 질권이 국세에 우선한다.

정답 41 ① 42 ③

43

은행 예금의 원천징수방법에 대한 설명으로 틀린 것은?

① 납세의무자는 예금주이며 원천징수의무자는 이자를 지급하는 은행이다.
② 비거주자일 경우 우리나라와 조세협약을 체결하지 않았으면 22%를 징수하지만, 우리나라와 조세협약을 체결한 국가의 거주자에 대해서는 제한세율을 적용한다.
③ 원천징수시기는 원칙적으로는 이자 등을 실제로 지급하는 때이다.
④ 개인이 일반으로 가입한 경우 총 세율은 15.4%(소득세와 지방세 합산)이다.
⑤ 정기예금 이자로 정기적금의 월부금을 납입하기로 하는 경우 월부금을 납입하는 날이 원천징수시기가 된다.

정답 및 해설

43	정기예금 이자로 연결하여 정기적금 월부금을 입금하기로 하는 경우 정기예금이나 정기적금 해지되는 날이 원천징수시기이다.

의무자	• 납세의무자는 예금주 • 원천징수의무자는 은행
원천징수시기	• 실제로 이자를 지급받는 날 • 특약에 의하여 원본에 전입된 날 • 해약으로 지급되는 이자는 해약일
세율	• 개인원천징수의 경우 : 15.4%(소득세 14% + 지방소득세 1.4%) • 법인원천징수의 경우 : 15.4%(법인세 14% + 법인지방소득세 1.4%) • 비거주자에 대한 원천징수의 경우 : 지급이자액의 22%

정답 43 ⑤

44 ⭐⭐

이자소득의 귀속시기(수입시기)와 거리가 먼 것은?

① 예금, 적금 또는 부금의 이자는 실제로 이자를 지급받는 날
② 특약이 있는 경우 원본에 전입된 날
③ 예금 해약일
④ 계약기간 연장일
⑤ 상속되거나 증여되는 경우는 실제로 지급 받는 날

45 ⭐

예금의 이자 지급과 관련하여 원천징수 면제 대상에 해당하지 않는 것은?

① 국가
② 지방자치단체
③ 신탁회사
④ 사립학교
⑤ 국공립학교

◉ 정답 및 해설

44	상속되거나 증여되는 경우는 상속개시일 또는 증여일
45	사립학교는 면제대상에 포함되지 않는다. 또한 비거주자에 대한 원천징수세율은 지급액의 22% 또는 제한세율을 적용한다.

원천징수 면제대상	• 공법인 : 국가, 지자체, 국공립학교 • 기타 : 신탁회사와 금융보험업 영위하는 법인 이자
원천징수의무자	금융기관
납세의무자	예금주

정답 44 ⑤ 45 ④

46

금융소득종합과세에 대한 설명으로 옳지 않은 것은?

① 연간 본인의 금융소득이 2천만원을 초과하는 경우 초과분에 대한 금융소득에 대해서 다른 소득과 합산과세하는 제도이다.
② 종합과세란 종합소득 중 비과세소득과 분리과세소득을 제외한 소득을 합산하여 누진세율을 적용하는 것이다.
③ 분리과세 신청된 상환기간이 5년 이상인 장기채권의 이자는 분리과세되는 금융소득이다.
④ 비거주자금융소득은 분리과세된다.
⑤ 채권의 매매차익은 비과세금융소득에 해당한다.

정답 및 해설

46 분리과세 신청된 상환기간이 10년 이상인 장기채권의 이자는 분리과세되는 금융소득이다.

[금융소득종합과세]
개인별 금융소득(이자소득 + 배당소득)이 연간 2,000만원을 초과하거나 소득의 규모에 관계없이 종합과세에 해당되는 소득이 있는 경우에 금융소득과 다른 소득을 합하여 누진세율을 적용하여 세금을 납부하는 제도

※ 금융소득종합과세 제외대상
  ① 분리과세 소득
  ② 세금우대종합저축의 이자
  ③ 비과세 이자
  ④ 분리과세 대상인 장기채권(10년 이상 채권으로 개정) 및 장기저축 범위

정답 46 ③

47 ✪✪

금융소득종합과세에 대한 설명으로 옳은 것은?

① 세금우대저축의 이자는 금융소득종합과세에 포함된다.
② 비실명예금의 이자는 금융소득종합과세에서 포함된다.
③ 비과세금융소득은 금융소득종합과세에서 제외된다.
④ 부부의 경우 금융소득을 합산하여 계산한다.
⑤ 금융소득에는 이자소득만이 해당된다.

48 ✪

다음 중 분리과세 대상에 해당하는 것은?

① 이자소득
② 비거주자 금융소득
③ 퇴직소득
④ 사업소득
⑤ 배당소득

◎ 정답 및 해설

| 47 | ① 세금우대저축의 이자는 금융소득종합과세에서 제외된다.
② 비실명예금의 이자는 금융소득종합과세에서 제외된다.
④ 부부 금융소득을 합산하지 않고 본인의 금융소득을 기준으로 한다.
⑤ 금융소득에는 배당소득도 포함된다. |
| 48 | [분리과세 대상소득]
세금우대이자, 비거주자 금융소득, 분리과세 신청, 비실명예금 |

정답 47 ③ 48 ②

49

다음 중 종합소득에 해당하지 않는 것은?

① 배당소득
② 부동산임대소득
③ 퇴직소득
④ 사업소득
⑤ 근로소득

50

다음 금융소득종합과세제도에 관한 설명 중 옳지 않은 것은?

① 주식과 채권의 양도 시 발생하는 매매차익은 종합과세에서 제외된다.
② 비실명예금의 이자는 종합과세에서 제외된다.
③ 계약기간이 5년 이상인 저축성 보험의 차익은 일정요건에 해당하면 종합과세에서 제외된다.
④ 비거주자 금융소득은 종합과세에서 제외된다.
⑤ 연금저축신탁 상품 등의 원가 시 발생하는 이자는 종합과세에서 제외된다.

정답 및 해설

49	양도소득, 산림소득, 퇴직소득은 분류과세에 해당한다.
50	계약기간이 10년 이상인 저축성 보험의 차익은 일정요건에 해당하면 비과세한다(종합과세에서 제외된다).

정답 49 ③ 50 ③

51 ⭐⭐

다음 중 비과세종합저축을 가입할 수 없는 사람은?

① 만 65세인 거주자
② 장애인등록증을 소지한 미성년자
③ 기초생활수급권자
④ 국가유공자의 유족 또는 가족
⑤ 고엽제후유증환자

52 ⭐⭐

다음 중 비과세 종합저축으로 가입이 가능한 예금은?

① 정기적금
② 당좌예금
③ 양도성예금증서
④ 외화예금
⑤ 표지어음

정답 및 해설

51 독립유공자의 경우는 본인 또는 그 유족 또는 가족이며, 국가유공자증 소지자는 본인에 한한다. 이외에도 5.18 민주화운동 부상자도 해당한다.

[비과세종합저축]

가입대상	• 만 65세 이상인 거주자 • 장애인, 국가유공자 중 상이자, 기초생활수급권자 • 독립유공자 및 유족 • 고엽제후유증환자, 5.18민주화운동 부상자
계약기간	제한 없음
불입한도	전 금융기관 기준 5,000만원 한도 내 비과세 (2014년 말까지 가입한 세금우대한도 포함하여 통합관리)
특징	비과세 적용이 예치기간에 관계없이 적용되며 중도해지하는 경우에 대하여도 비과세 적용 (만기 후 이자는 과세)

52 [비과세종합저축 가입 제외대상]
① 증서로 발행되고 유통 가능한 예금 등 : CD, 표지어음, 무기명정기예금 등
② 어음·수표 등에 의해 지급이 가능한 예금 : 당좌예금, 가계당좌예금
③ 조세특례제한법의 제9절 저축지원을 위한 조세특례에서 규정하고 있는 예금 등
④ 기 취급 중인 비과세예금 등 : 장기주택마련저축, 근로자우대저축, 연금신탁 등
⑤ 환율변동에 의하여 한도관리에 어려움이 있는 외화예금

정답 51 ④ 52 ①

53

의심스러운 거래보고제도(STR)에 대한 설명으로 옳지 않은 것은?

① STR에 범죄수익규제법이나 공중협박자금조달법에 의해 관할 수사기관에 신고하는 것을 포함한다.
② 의심스러운 거래는 금융기관이 판단하여 보고가능하다.
③ 임직원은 고객확인의무이행을 위해 요청하는 정보에 대해 고객이 제공을 거부하는 경우 보고한다.
④ 금융거래가 보고대상거래로 판단되는 경우 소정의 절차에 따라 거래일로부터 5일 이내 보고책임자에게 보고하여야 한다.
⑤ 보고를 하는 경우 비밀유지를 해야 한다.

◎ 정답 및 해설

53   자금세탁방지 관련하여 의심스러운 거래보고제도와 고액현금거래보고제도가 있다.
의심스러운 거래보고제도의 경우 보고담당자는 당해 거래가 보고대상거래인 경우에는 소정의 절차에 따라 지체 없이 보고책임자에게 보고하여야 한다.
[의심스러운 거래보고제도]

보고대상	의심스러운 거래에 대하여 금액 관계없이 금융기관이 보고
보고	금융기관 보고책임자를 경유하여 금융정보분석원장에게 보고(전화, 팩스, 온라인 가능)
자료보존	5년간 보존

정답   53 ④

54 ★★

고액현금거래보고(CTR)에 대한 설명으로 옳지 않은 것은?

① 보고대상은 원화 1천만원 이상의 현금의 지급과 수령이다.
② 금융거래 발생 후 30일 내 금융정보분석원장에게 보고해야 한다.
③ 1백만원 이하의 원화송금(무통장입금 포함)은 보고제외대상에 해당한다.
④ 금융기관 간의 현금의 지급과 수령도 보고대상이다.
⑤ 1거래일 동안의 동일인 거래금액을 합산하여 정한다.

55 ★★★

고액 현금인출 시 금융사기 예방 문진제도에 관한 다음 내용 중 틀린 것은?

① 본인계좌에서 현금 500만원 이상 지급 시 징구한다.
② 저축성예금 해지 시에도 본인계좌에서 현금 500만원 이상 지급 시 징구한다.
③ 금융사기 예방 문진표를 고객이 직접 체크, 서명한 후 직원이 보이스피싱 주의안내를 한다.
④ 개인 및 개인사업자가 징구대상이다.
⑤ 일정규모 이하의 법인도 징구대상이다.

● 정답 및 해설

54 | 고액현금거래보고는 이외에도 국가나 지자체 등과의 현금 지급과 수령도 보고 제외대상에 해당한다.
[고액현금거래보고]

개념	일정 금액 이상의 현금거래의 경우, 이를 일률적으로 보고하는 제도
대상	1천만원 이상(1거래일 동안 동일인 거래기준)의 현금 지급 또는 영수 ※ 현금의 물리적 이동이 없는 대체거래(계좌이체, 인터넷뱅킹), 공공기관 또는 금융기관 간 거래는 제외
보고시기	금융거래 발생 후 30일 내
절차	정보집중기관을 통하여 금융정보분석원에 보고

55 | 법인은 징구대상이 아니다.

정답 54 ④ 55 ⑤

56

고객확인의무에 대한 설명으로 옳지 않은 것은?

① 금융기관이 제공하는 금융거래가 자금세탁 등의 불법행위에 이용되지 않도록 고객에 대해 합당한 주의를 기울이는 것이다.
② 1,000만원 이상의 일회성(금융기관 등에 개설된 계좌에 의하지 않는) 금융거래는 보고대상에 해당한다.
③ 고객이 1천만원의 CD를 발행하는 경우 고객확인의무 보고대상에 해당하지 않는다.
④ 미화 1만불 상당액 이상의 일회성(금융기관 등에 개설된 계좌에 의하지 않는) 금융거래는 보고대상이다.
⑤ 개인인 경우 실지명의자를 주소, 연락처 등으로 확인한다.

정답 및 해설

56 고객이 1천만원의 CD를 발생하는 경우 고객확인의무 보고대상이다.

[고객확인의무]

개념	금융거래 또는 서비스가 자금세탁 등의 불법행위에 이용되지 않도록 고객에 대한 주의의무의 일종
대상거래	• 계좌신규개설 시 : 거래금액에 상관없이 고객확인의무 대상이 됨(CD발행, 보험, 여신 포함) • 계좌개설에 의하지 않은 경우(일회성 금융거래, 7일 합산) 　① 전신송금 : 1백만원 이상 　② 기타 금융거래 : 1,000만원(외화는 미화환산 1만불 상당액) 이상 　③ 액면금액과 실지거래금액이 다를 경우 : 실지거래금액 기준 • 실제 거래당사자 여부가 의심되는 등 자금세탁 등의 우려가 있는 경우 : 계좌 신규개설 및 1,000만원 이상의 일회성 금융거래와 상관없이 확인의무 부과
확인사항	개인과 법인을 불문하고 실명(대표자명의)과 주소(본지점 소재지)가 대상이 됨
확인방법	고객에게 구두로 질문하거나 소정양식의 징구를 통함

정답 56 ③

57

고객확인의무에 관한 설명 중 옳지 않은 것은?

① 금융거래의 실제 당사자 여부가 의심되는 등 자금세탁행위나 공중협박자금조달행위를 할 우려가 있는 경우는 고객확인의무 대상금융거래이다.
② 고객의 거래행위를 고려한 위험도에 따라 고위험의 경우 1년, 중저위험의 경우 2년마다 재확인하여 고객확인의무를 지속적으로 관리한다.
③ 고객, 상품, 서비스, 채널, 국가와 같은 위험요소 분석을 통해 자금세탁 위험도를 평가하여 위험을 고/중/저로 분류한다.
④ 1,000만원 이상의 일회성 금융거래는 고객확인의무 대상금융거래이다.
⑤ 예금계좌의 신규개설과 기타 계속적 금융거래를 개시할 목적으로 계약을 체결하는 경우 고객확인의무 대상금융거래이다.

정답 및 해설

57 중저위험의 경우 3년마다 재확인하여 고객확인의무를 지속적으로 관리한다.

정답 57 ②

58

다음 중 요구불예금에 속하지 않는 것은?

① 보통예금
② 당좌예금
③ 정기예금
④ 가계당좌예금
⑤ 별단예금

정답 및 해설

58 정기예금은 저축성예금에 속한다.
[요구불예금]

구분	주요 특징
보통예금	가입 대상 없음(개인, 법인). 가입한도 제한 없음, 금리자유화
당좌예금	법인 · 개인사업자 가입 가능, 당좌수표, 약속어음 발행을 위하여 개설, 무이자
가계당좌예금	• 개인 또는 개인사업자 가입 가능 • 가계수표 발행을 위해 개설 • 이자지급은 은행마다 차이가 있으나 3개월마다 원금에 가산하거나 무이자
별단예금	• 의의 : 예금, 대출, 환업무 등 각종 은행 업무를 수행하는 과정에서 발생하는 미결제 또는 미정리 예수금이나 타 계정으로 처리하기가 곤란한 예금 또는 특정자금 등의 일시적 보관금 처리에 이용되는 편의적 계정

정답 58 ③

59 ✪✪

다음 중 기업자유예금의 특징에 해당하지 않는 것은?

① 단체는 대상이 아니다.
② 지급은 선입선출(先入先出)방식에 의한다.
③ 개인사업자도 가입가능하다.
④ 입출금이 자유로운 예금에 속한다.
⑤ 결산은 은행마다 다르지만 일반적으로는 연 4회 정도 실시한다.

60 ✪✪

다음 중 보통예금의 특징에 해당하지 않는 것은?

① 거래상의 제한이 없다.
② 예치한도의 제한이 없다.
③ 각 은행마다 자율금리를 적용한다.
④ 결산은 은행마다 다르다.
⑤ 중도해지가 어렵다.

● 정답 및 해설

| 59 | 고유번호를 부여받은 단체는 가입할 수 있다. |
| 60 | 입출금이 자유로운 만큼 중도해지도 가능하다. |

정답 59 ① 60 ⑤

61

다음 중 저축예금의 특징이 아닌 것은?

① 장기성 가계안정자금을 유치하기 위한 것이다.
② 예치한도의 제한이 없다.
③ 각 은행마다 자율금리를 적용하며 적용방법도 은행에 따라 다르다.
④ 결산은 은행마다 다르다.
⑤ 가입대상은 개인이다.

62

다음 금융상품 중 법인명의로 가입이 불가능한 예금에 해당하는 것은?

① 저축예금
② 보통예금
③ 정기적금
④ 당좌예금
⑤ 기업자유예금

정답 및 해설

61 저축예금은 수시입출식 상품으로 단기성 가계저축자원을 유치하기 위한 것이다.
62 저축예금은 개인 및 개인사업자에 한하여 가입 가능하다.

정답 61 ① 62 ①

63

다음 설명에 해당하는 상품은?

> "개인이 가입 가능한 저축상품으로 제2금융권의 단기시장성상품에 대항하기 위해 도입된 제도이며, 입출금이 자유롭고, 높은 금리를 제공한다."

① 기업 MMDA예금
② 개인 MMDA예금
③ 저축예금
④ 보통예금
⑤ 기업자유예금

정답 및 해설

63 [시장금리부 수시입출금식 예금 : MMDA(Money Market Deposit Account)]

의의	• MMDA는 금액에 제한없이 통장을 개설할 수 있고 수시로 입·출금이 가능한 상품 • 일반적으로 예치금액에 따라 지급이자율을 차등한다는 점이 특징
가입 대상	개인 또는 법인
예치기간·금액	제한 없음
금리	이자율은 은행별로 자유화, 평균잔액이 일정한도(통상 500만원)를 넘은 경우에 높은 금리를 적용

유사상품 비교	구분	취급기관	이율	예금자보호 여부
	MMDA	은행	확정금리	보호
	MMF	증권사, 은행(판매)	실적배당	비보호
	CMA	종금사, 증권사	실적배당	보호(증권사 : 비보호)

정답 63 ②

64 ★★

입출금이 자유로운 예금에 대한 설명으로 옳지 않은 것은?

① 저축예금은 보통예금보다는 상대적으로 높은 금리를 적용하지만, 개인만이 가입대상이다.
② 기업자유예금의 경우, 개인사업자는 가입할 수 없다는 제약이 있다.
③ 개인MMDA의 경우 시장실세금리 및 거래금액에 따라 차등금리를 적용한다.
④ 자기앞수표의 지급제시기간은 발행일을 포함하면 11일이다.
⑤ 자기앞수표 발행자금은 별단예금으로 수납한다.

65 ★★

다음 용어 설명 중 옳지 않은 것은?

① 실제 발행한 날 이후의 일자를 수표상의 발행일자로 하여 수표상의 발행일에 지급할 것을 약속하는 수표를 선일자수표라고 한다.
② 「민사집행법」상 강제집행의 첫 단계로, 제3채무자인 은행이 채무자인 예금주에게 예금의 지급을 금지하는 집행법원의 결정을 압류명령이라고 한다.
③ 은행취급상품으로 일반통장처럼 자동이체나 카드연결 등 입출금이 자유로운 예금이지만, 보통예금에 비하여 약간 높은 이자를 지급하는 상품을 MMF라고 한다.
④ 개인별 연간 금융소득을 합산하여 2천만원을 초과하는 소득은 다른 종합소득과 합산하여 누진세율(종합소득세율)을 적용하여 종합과세하는 제도를 금융소득종합과세라고 한다.
⑤ 금융기관이 영업정지나 파산 등으로 고객의 예금을 지급하지 못하게 될 경우 해당 예금자의 예금 등을 일정 한도 내에서 보호하는 제도를 예금자보험제도라고 한다.

◉ 정답 및 해설

| 64 | 기업자유예금은 개인사업자도 가능하다. |
| 65 | MMDA에 대한 설명이다. |

정답 64 ② 65 ③

66 ★★

업무 중에 발생하는 미결제자금, 타 예금계정으로 처리할 수 없는 자금, 기타 특정자금을 일시 예치하는 예금계정을 무엇이라고 하는가?

① 별단예금
② 당좌예금
③ 요구불예금
④ MMDA
⑤ 양도성예금증서

67 ★★★

당좌예금에 대한 설명으로 옳지 않은 것은?

① 어음·수표의 지급사무를 위임한다는 측면에서 「민법」상의 위임과 유사하다.
② 법인이나 순수 개인도 당좌예금 개설이 가능하다.
③ 이자를 지급하지 않는다.
④ 개설 시 국가, 지방자치단체, 학교 등은 신용조사를 실시하지 않을 수 있다.
⑤ 당좌예금거래 시 지역별 거래보증금을 납부한다.

✓ 정답 및 해설

66	별단예금은 일시적 예금 또는 보관금을 처리하기 위하여 설정된 예금으로 주로 자기앞수표발행자금, 당좌예금거래보증금, 사고신고담보금, 위변조신고예수금, 미지급국고금, 부도제재금, 전화요금수납, 법원보관금 등을 예치한다.
67	당좌예금은 법인이나 사업자등록증을 소지한 개인에 한하여 개설이 가능하며 순수 개인은 개설이 불가하다.

정답 66 ① 67 ②

68

가계당좌예금의 특징이 아닌 것은?

① 당좌예금처럼 거래보증금이 필요하다.
② 전 금융기관을 통하여 1인 1계좌만 거래할 수 있다.
③ 예금계약을 체결한 예금주가 가계수표의 사용으로 현금거래 및 현금소지의 필요성을 배제시킴으로써 은행의 이용을 촉진한다.
④ 국민 개개인의 신용에 의한 거래형성으로 신용사회 건설의 기틀을 마련하는 데 목적을 둔 정책적인 예금제도이다.
⑤ 가계수표발행은 가능하나 어음발행은 불가하다.

69

다음 중 법원이 일정한 권리 또는 청구의 신고를 시키되 그 신고가 없는 경우에는 수표상의 권리를 상실하게 하는 독촉절차를 뜻하는 것은?

① 추심명령
② 압류명령
③ 전부명령
④ 제권판결
⑤ 공시최고

정답 및 해설

68 거래보증금은 당좌예금에서만 필요하다.
[당좌예금과 가계당좌예금의 비교]

구분	당좌예금	가계당좌예금
거래대상	법인, 개인사업자	개인, 개인사업자
수표어음발행	수표어음 발행	수표발행
발행금액	제한 없음	장당 발행한도 제한
거래보증금	지역별 예치금	없음
이자	없음	자율

69 공시최고에 관한 설명이다. 공시최고는 3개월간 한다.
제권판결은 법원에서 공시최고기간 중에 권리를 주장하는 자가 없는 경우 수표에 대하여 무효화하는 것을 말한다.

정답 68 ① 69 ⑤

70 ⭐⭐

자기앞수표의 사고수표 신고인이 해야 할 사항으로 거리가 먼 것은?

① 은행에 사고신고서 제출 후 미지급증명서 발급을 요구한다.
② 신문에 분실공고 또는 경찰서에 도난처리, 분실신고 접수 증명을 받는다.
③ 사고신고 접수일 제7영업일 이내에 공시최고 접수서류를 은행에 제출한다.
④ 법원에 공시최고 및 제권판결을 신청한다.
⑤ 은행에 제권판결문 정본 제출과 수표금 지급을 청구한다.

71 ⭐⭐

자기앞수표에 대한 설명으로 옳지 않은 것은?

① 현금 또는 즉시 현금화가 가능한 자점권을 받고 발행해야 한다.
② 일반 자기앞수표의 경우 금액의 착오를 막기 위하여 수표금액 머리에 확인인을 날인한다.
③ 사전수도하는 정액 자기앞수표의 경우에는 발행일자를 기입하지 않는다.
④ 사고수표에 대해 지급거절이 된 경우에는 소송에 대비하여 사고신고인에게 소송비용 보조금조로 일정금액을 받아 별단예금에 입금해야 한다.
⑤ 제권판결에 의하여 지급할 경우에는 판결일로부터 10일이 경과한 경우에 한하여 지급할 수 있다.

정답 및 해설

70	사고신고 접수일 제5영업일 이내에 공시최고 접수서류를 은행에 제출한다.
71	10일이 아니라 1개월이 경과해야 한다. 이 경우, 제권판결 정본과 지급전표를 받고 지급해야 한다.

정답 70 ③ 71 ⑤

72

자기앞수표의 사고신고에 대한 설명으로 옳지 않은 것은?

① 자기앞수표의 사고신고는 당좌수표의 사고신고와 같이 지급위탁 취소의 의미가 있는 것이 아니기 때문에 지급은행을 구속할 법적 효력이 없다.
② 자기앞수표에 대한 사고신고가 있더라도 은행은 일반적으로 지급거절의 의무를 지는 것은 아니다.
③ 제권판결이 있는 경우라도 사고수표의 소지인이 선의의 취득자인 경우에는 그에게 예금을 지급해야 한다.
④ 자기앞수표에 대해 사고가 생긴 때에는 발행의뢰인 또는 자기앞수표 분실자에게 사고신고서를 제출하도록 하여야 한다.
⑤ 자기앞수표 도난, 분실 등 사고신고가 접수되었음에도 불구하고 5영업일 이내에 신고자가 아닌 자기앞수표를 제시한 자에게 해당 금액을 지급하는 행위는 금소법상 불공정영업행위 중 하나로 규정되어 있다.

73

자기앞수표 발행에 대한 설명으로 옳지 않은 것은?

① 현금에 의한 수표 발행 시 주소(전화번호), 성명, 주민등록번호 및 금액을 기재하게 하고 주민등록증 등 실명확인증표에 의하여 실명을 확인한다.
② 무자원 선발행은 금지하며 발행자금은 현금만 가능하다.
③ 500만원 미만의 소액 일반 자기앞수표는 발행하지 않음을 원칙으로 한다.
④ 예금금리 및 수수료지침에서 정한 수표발행수수료를 받는다.
⑤ 수표발행 등록 시에는 단말기에 기등록된 수표번호가 자동 채번되고 그 번호에 따라 수표실물을 꺼내어 해당 전표에 의거 책임자급 이상 직원이 발행한다.

✓ 정답 및 해설

72 제권판결이 있는 경우라도 사고수표의 소지인이 선의의 취득자로서 동수표의 실질적 권리를 다투고 있을 때에는 지급을 보류하여야 한다.

73 자기앞수표 발행자금은 현금 이외에도 즉시 자금화할 수 있는 자점권 및 당행 자기앞수표도 가능하다.

정답 72 ③ 73 ②

74 ✿✿

자기앞수표에 대한 설명으로 옳은 것은?

① 전화로 신고를 접수한 경우 당해 영업일까지 서면으로 신고를 하게 유도한다.
② 일반적으로 500만원 미만의 소액 일반 자기앞수표를 발행하지 않는 것이 관행이다.
③ 자기앞수표 발행에는 특별한 비용이 들지 않는다.
④ 1천만원을 초과하여 발행한 경우에는 금액과 수표번호에 투명테이프를 부착한다.
⑤ 정액자기앞수표는 10만원, 50만원, 100만원, 500만원권 4종이 있다.

75 ✿

다음 중 은행에서 발행하는 상품으로 무기명 할인식으로 발행되는 금융상품은?

① RP
② CP
③ 발행어음
④ CD
⑤ ELS

◎ 정답 및 해설

74
① 다음 영업일까지 사고신고서를 제출하게 하면 된다.
③ 소정의 수수료를 부담해야 한다.
④ 1억원을 초과하여 발행한 경우에는 금액과 수표번호에 투명테이프를 부착한다.
⑤ 10만원, 50만원, 100만원권 3종이 있다.

75 CD는 중도해지가 불가능하나 만기 전에 증권회사를 통해서 매매가 가능하다.

정답 74 ② 75 ④

은행텔러

76 ★★

다음 예금상품 중 목돈을 일시 예치하는 거치식 예금으로 모두 묶인 것은?

가. 정기적금	나. 표지어음
다. 양도성예금증서	라. 재형저축
마. 정기예금	

① 가, 나, 다, 라
② 나, 다, 라, 마
③ 나, 다, 라
④ 다, 라, 마
⑤ 나, 다, 마

77 ★★★

양도성예금증서에 대한 설명으로 옳은 것은?

① 발행 시 의뢰인에게 인감날인이 생략된 예금거래신청서를 받고 무기명으로 발행되므로 실명확인이 생략된다.
② 양도성예금증서(CD)는 만기 상한기간이 폐지되었으나, 통상 3년 이내로 발행한다.
③ 해지 시 실명확인한다.
④ 중도해지는 불가하며, 만기 후 이자는 지급하지 않는다.
⑤ 기간은 60일 이상이다.

◎ 정답 및 해설

| 76 | 정기적금, 재형저축 상품은 목돈마련을 위한 상품으로 적립식 상품이다. |
| 77 | ① 발행 시 의뢰인에게 인감날인이 생략된 예금거래신청서를 받고 실명확인한다.
② 만기일의 상한은 폐지되었다. 따라서 명시적으로는 상한제한은 없다. 그렇지만, 일반적으로 단기금융상품임을 고려하여 2년 이내로 제한하는 것이다.
④ 만기 후에는 일반정기예금 만기 후 이율을 적용한다.
⑤ 기간은 30일 이상이다. |

정답 76 ⑤ 77 ③

78 ⭐⭐

통장식 양도성예금증서(CD)에 관한 다음 설명 중 거리가 먼 것은?

① 신규 발행 시 기명식으로 발행된다.
② 가입자에게 사용인감이 날인된 예금거래신청서를 받고 실명확인한다.
③ 양도성이 있으므로 예금잔액증명서를 발급할 수 없다.
④ 유통시장에서 매매하거나 양도할 수 없다.
⑤ 은행의 승낙을 받으면 양도나 질권설정이 가능하다.

79 ⭐⭐

은행에서 할인하여 보유하고 있는 상업어음 또는 무역어음을 분할 혹은 통합하여 할인식으로 발행한 약속어음을 무엇이라고 하는가?

① 기업어음
② 융통어음
③ 무역어음
④ 표지어음
⑤ 환어음

정답 및 해설

78 | 통장식 양도성예금증서는 증서 실물을 발행하지 않고 통장식으로 발행되는데 양도성이 부여되지 않으므로 예금잔액증명서 발급이 가능하다.
79 | 표지어음에 관한 내용이다.

정답 78 ③ 79 ④

80 ✦✦✦

다음 중 표지어음에 관한 설명으로 옳지 않은 것은?

① 중도환매는 불가하다.
② 예금자보호법에 의해 보호가 되지 않는다.
③ 지급준비금을 예치하지 않는다.
④ 만기 후 이자는 지급하지 않는다.
⑤ 발행 최소기간은 30일이다.

81 ✦✦

다음 중 선이자 지급상품에 해당하는 것은?

① 정기예금
② 표지어음
③ 환매조건부채권
④ 주택청약예금
⑤ 저축예금

정답 및 해설

| 80 | 예금자보호법에 의해 보호가 된다. |
| 81 | 표지어음과 양도성예금증서가 선이자지급상품에 해당한다. |

정답 80 ② 81 ②

82 ✦✦✦

환매조건부채권(RP)에 대한 설명으로 틀린 것은?

① 금융기관이 일정 기간 후 확정금리를 추가하여 다시 매입하는 조건으로 발행하는 채권을 말한다.
② 매도금액은 제한이 있다.
③ 일부 환매수도 가능하지만 대부분 약간의 제한을 두고 있다.
④ 환매수기간은 제한이 없다.
⑤ 지급준비금을 예치하지 않는다.

83 ✦✦

정기예금에 대한 설명으로 옳지 않은 것은?

① 중도해지이율은 만기이율보다 낮다.
② 거래대상자에는 제한이 없다.
③ 만기 후 이율은 약정이율보다 낮다.
④ 계약기간이 장기일 경우 일정한 기간 단위로 이자를 원가하거나 지급하는 것이 일반적이다.
⑤ 요구불예금에 해당한다.

✓ 정답 및 해설

82	매도금액은 제한이 없다. 매도대상 유가증권은 은행 보유의 국채, 지방채, 특수채, 상장법인 발행 회사채이며 주식관련사채(CB, BW)의 매도대상에서 제외된다.
83	거치식예금에 해당한다.

정답 82 ② 83 ⑤

84

거치식 예금에 대한 설명 중 틀린 것은?

① 목돈운용에 적합한 예금이다.
② 가입대상에 제한이 없다.
③ 양도성예금증서는 중도해지가 불가능하다.
④ 표지어음은 매출대상을 법인으로 제한한다.
⑤ 환매조건부채권의 경우 30일 이내 중도환매 시 최초 약정금리보다 낮은 금리를 적용한다.

85

적립식예금에 대한 설명으로 옳지 않은 것은?

① 적립식예금은 매월 저축을 통해 계획적으로 목돈을 마련할 수 있다.
② 정기적금은 중도해지나 대출이 불가능한 상품이다.
③ 적립식예금의 경우 보통 매월 1만원 이상을 적립해야 한다.
④ 정기예금은 정기적금과 달리 거치식예금에 해당한다.
⑤ 적립식예금은 약정한 만기일 이후 거래처가 청구할 때 지급한다.

정답 및 해설

84	표지어음은 매출대상에 제한을 두지 않는다.
85	정기적금은 불입한도 내에서 대출이 가능하다.

정답 84 ④ 85 ②

86 ✿✿

다음은 정기적금에 관한 설명이다. 설명 중 옳지 않은 것은?

① 계약기간은 6개월부터 60개월까지 월단위로 계약이 가능하다.
② 계약자가 정기적금 계약을 해지하고, 그 계좌를 2개 이상의 계좌로 분할하여 납부할 경우, 즉 계약 나눔(분할)의 경우에 계좌의 계약 명의자와 계약기간이 동일해야 한다.
③ 가입 대상자격에는 제한이 없다.
④ 만기가 지난 후 월부금을 다 내지 않고 해지하는 경우 정상이율을 적용한다.
⑤ 계약자가 차례대로 월부금을 다 낸 경우에 만기일로부터 1개월 전에 지급을 요청할 수 있다.

87 ✿✿

정기적금에 대한 설명으로 잘못된 것은?

① 계약액은 월저축금별로 만기까지 복리로 계산한다.
② 계약의 분할은 가능하며, 계약자의 명의와 계약기간이 같아야 한다.
③ 만기해지할 경우, 월부금의 납입연체가 있다면 연장된 지급기일에 적금을 해지해야 한다.
④ 만기앞당김해지를 할 경우에는 계약금액에 대해 만기를 앞당긴 일수만큼의 이자를 빼고 지급한다.
⑤ 중도해지 시에는 연체료를 계산하지 않는다.

✿ 정답 및 해설

86	만기가 지난 후 월부금을 다 내지 않고 해지하는 경우 중도해지이율을 적용한다.
87	단리로 계산하기 때문에 계약기간이 길수록 고객에게 불리하다.

정답 86 ④ 87 ①

88

정기적금과 자유적금의 비교에 대한 설명으로 옳지 않은 것은?

① 정기적금과 자유적금 모두 만기일을 지정해야 한다.
② 정기적금에는 단리만 적용되지만, 자유적금은 복리가 적용된다.
③ 정기적금에만 만기앞당김해지가 존재한다.
④ 계좌분할은 정기적금에서만 가능하다.
⑤ 만기이연제도는 정기적금에서만 존재한다.

89

예금의 지급기일에 대한 다음 설명 중 옳지 않은 것은?

① 월 또는 연단위로 정하였을 때에는 그 기간 최종월의 예입해당일을 지급일로 한다.
② 일단위로 정하였을 때에는 예입일로부터 기산하여 일수 해당일을 지급기일로 한다.
③ 최종 월에 해당일이 없을 때에는 그 월의 말일을 지급기일로 한다.
④ 지급기일이 토요일 또는 공휴일에 해당할 때 최단 만기제한예금은 그 다음 첫 영업일을 지급기일로 한다.
⑤ 세금우대상품은 1년제로 신규한 예금의 만기일이 금융휴무일이어서 그 전 영업일에 해지를 하면 세금우대 혜택 및 정상이율을 적용한다.

정답 및 해설

88	정기적금, 자유적금 모두 이자에 대하여 원칙적으로 단리만 적용된다. (예외적으로 기획상품으로 복리상품이 판매되기도 한다)	
89	일단위로 정하였을 때에는 예입일로부터 기산하여 해당일수 해당일의 다음날을 지급기일로 한다.	
	예금지급 기일산정	① 월 또는 연단위로 정하였을 때에는 그 기간 최종 월의 예입 해당일을 지급일로 한다. ② 최종 월에 해당일이 없을 때에는 그 월의 말일을 지급기일로 한다. ③ 일단위로 정하였을 때에는 예입일부터 기산하여 일수 해당일의 다음날을 지급기일로 한다. ④ 지급기일이 공휴일에 해당할 때에는 그 다음 첫 영업일을 지급기일로 한다.

정답 88 ② 89 ②

90 ⭐⭐⭐

주택청약종합저축에 대한 설명으로 옳지 않은 것은?

① 전 금융기관을 합하여 1인 1계좌만 가능하며, 매월 약정일에 2만원 이상 50만원 이하의 금액을 5천원 단위로 납입하면 된다.
② 국민인 개인이면 가입제한이 없으므로 외국인거주자는 가입할 수 없다.
③ 가입자 본인은 담보대출이 가능하다.
④ 가입일로부터 1개월 미만의 기간에 해지할 경우에는 무이자이다.
⑤ 가입자 명의는 가입자가 사망한 경우에 한하여 그 상속인 명의로 변경할 수 있다.

91 ⭐⭐

주택관련 금융상품에 대한 설명으로 옳지 않은 것은?

① 주택청약종합저축은 예금자 보호대상이 아니다.
② 주택청약종합저축은 주택도시기금 취급은행에서만 취급한다.
③ 기존 주택청약부금을 가입한 경우에도 주택청약종합저축에 가입이 가능하다.
④ 주택청약종합저축기간은 '입주자로 선정되는 날'까지이다.
⑤ 주택청약종합저축은 일시금으로 예치 시는 1,500만원까지 가능하다.

정답 및 해설

90	외국인거주자도 가입할 수 있다.
91	기존 청약부금을 해지하고 신규로 주택청약종합저축에 가입해야 한다.

정답 90 ② 91 ③

Chapter 01 | 자가학습진단표

	진단 내용	Yes	No
01	예금계약의 법적 성질을 알고 있습니까?		
02	개별약정과 예금약관 종류별 적용순서를 나열할 수 있습니까?		
03	미성년자와 예금거래를 할 때 유의점을 인지하고 있습니까?		
04	예금거래 상대방(국가, 공법인, 권리능력 없는 사단 등)에 대하여 이해하고 있습니까?		
05	국민인비거주자와 외국인비거주자가 거래할 수 있는 예금의 예를 들 수 있습니까?		
06	예금거래 신규 시 유의할 사항에 대하여 정리되어 있습니까?		
07	실명확인증표에는 어떤 것이 있는지 알고 있습니까? 또한 실명확인 절차에 대하여 이해하고 있습니까?		
08	통장 개설 관련하여 대포통장 근절을 위한 사전적 단계에 대하여 이해하고 있습니까?		
09	증권에 의한 예금 수납 시 유의사항에 대하여 정리되어 있습니까? 특히 일반횡선수표, 특정횡선수표, 제시기간, 지시금지문언이 있는 경우 등을 중심으로 이해하고 있습니까?		
10	예금의 해지업무와 관련하여 취급 가능점포와 해지된 통장 처리, 무기명 정기예금 해지 등에 대하여 이해하고 있습니까?		
11	입금 타점권의 부도처리에 관한 업무절차에 대하여 이해하고 있습니까?		
12	예금잔액증명서 발급절차에 대하여 설명하고 발급이 불가능한 경우는 언제인지 알고 있습니까?		
13	예금의 질권설정 승낙과 관련하여 이해하고 있습니까?		
14	상속 후 계속 거래할 수 있는 예금과 계속 할 수 없는 예금은 어떤 경우인지 알고 있습니까?		
15	사고신고 후 통장의 재발행 시 유의사항과 분실신고와 동시에 해지 시 재발행을 생략할 수 있는 경우에 대해 이해하고 있습니까?		
16	압류와 추심, 전부명령의 차이를 설명할 수 있습니까?		
17	예금압류명령 효력에 대하여 이해하고 있습니까?		
18	국세체납에 의한 압류와 일반 「민사집행법」상 압류의 차이를 설명할 수 있습니까?		
19	원천징수 관련하여 적용세율과 원천징수시기, 면제대상에 해당하는 경우에 대해 이해하고 있습니까? 또한 비거주자에 대한 제한세율을 이해하고 있습니까?		
20	비과세종합저축의 가입대상, 가입한도, 제외대상예금에 대하여 설명할 수 있습니까?		

자신의 학습성취도를 스스로 진단하세요.

	진단 내용	Yes	No
21	고액현금거래보고(CTR)에 대하여 이해하고 있습니까? 또한 기준금액 제외되는 거래에 대하여 이해하고 있습니까?		
22	의심스러운 거래보고제도(STR)에 대하여 이해하고 있습니까?		
23	고객확인의무 대상금융거래에 대하여 이해하고 있습니까?		
24	금융소득종합과세제도의 내용을 알고 있습니까? 특히 종합과세 제외되는 금융소득에 대하여 설명할 수 있습니까?		
25	입출금이 자유로운 예금 종류에 대해 알고 있습니까?		
26	개인에 한하여 가입 가능한 상품과 법인 명의로 가입이 불가능한 상품에 대하여 구분할 수 있습니까?		
27	자기앞수표 발행 시 유의할 사항에 대하여 설명할 수 있습니까?		
28	자기앞수표의 사고신고절차를 설명할 수 있습니까?		
29	공시최고와 제권판결의 의미를 이해하고 있습니까?		
30	사고수표 신고인이 해야 할 내용에 대하여 설명할 수 있습니까?		
31	가계당좌예금과 당좌예금의 차이를 설명할 수 있습니까?		
32	예금의 지급기일 산정에 대하여 설명할 수 있습니까?		
33	양도성예금증서의 특징을 알고 있습니까? 또한 통장식 양도성예금증서의 특징과 차이점을 설명할 수 있습니까?		
34	표지어음의 개념과 특성을 알고 있습니까?		
35	환매조건부채권의 특성(매도금액, 환매수기간, 대상유가증권)을 알고 있습니까?		
36	정기예금 이율 적용에 대하여 이해하고 있습니까?		
37	정기적금의 계약기간 만기해지 관련 이율적용 등에 대하여 설명할 수 있습니까?		
38	정기적금과 자유적금의 차이점을 설명할 수 있습니까?		
39	재형저축의 가입자격, 한도, 혜택 등에 대하여 설명할 수 있습니까?		
40	주택청약종합저축과 기존 청약상품과의 차이점을 구분하여 설명할 수 있습니까?		

Yes 개수별 진단결과

- 23개 이하 : 합격예상도는 40% ➡ 기본서로 관련 내용을 다시 한번 꼼꼼하게 학습하세요.
- 24~31개 : 합격예상도는 60% ➡ 핵심 정리를 통해 주요 내용을 다시 한번 체크하세요.
- 32개 이상 : 합격예상도는 80% ➡ 문제를 통해 100% 합격에 도전하세요.

제2장

가계여신

출제경향분석 ▼

여신업무는 텔러가 직접 담당하는 업무는 아니지만 시험에서 주로 다루는 영역은 여신에 대한 전반적인 내용입니다. 시험 출제는 이런 관점에서 여신 관련한 전반적으로 꼭 알고 있어야 하는 내용 위주로 출제되는 경향을 보이고 있습니다.

Chapter 02 | 문제로 보는 출제경향

01

다음 중 여신의 개념에 대한 설명으로 옳지 않은 것은?

① 신규 : 새로운 약정에 의해 대출금을 처음으로 취급하는 것
② 증대 : 기 취급 여신의 잔액이나 한도에 더하여 취급하는 것
③ 재약정 : 기 취급된 여신의 상환을 위하여 다른 과목, 다른 명의로 재취급하는 것
④ 조건변경 : 기 취급한 여신의 증액, 기간, 과목을 제외한 거래조건을 변경하는 것
⑤ 기간연장 : 기 취급된 여신의 거래기간을 연장하는 것

해설 재약정은 기 취급된 여신의 상환을 위하여 동일한 과목, 동일 명의로 재취급하는 여신을 말한다.

정답 ③

02

여신회수에 대한 설명으로 옳지 않은 것은?

① 상계실행은 상계실행의 통지일로부터 5영업일 이내에 해야 한다.
② 기한이익상실은 최소한 상실일 3영업일 전까지 통지해야 한다.
③ 여신회수의 경우에는 비용, 지연배상금, 이자, 원금 순으로 회수한다.
④ 여신의 회수대전이 타점권인 경우에는 가수금으로 받아 교환결제를 한다.
⑤ 상계통지는 상계통지서를 직접 전달하거나 배달증명부 내용증명에 의해 통지하면 된다.

해설 3영업일 이내에 해야 한다.

정답 ①

03

연대보증에 관한 설명으로 옳지 않은 것은?

① 특정채무보증의 경우에는 채무연기, 재취급의 경우에는 보증책임이 없다.
② 연대보증의 주채무가 소멸한 경우에는 연대보증인은 보증책임을 부담하지 않는다.
③ 특정근보증은 채무가 연기된 경우에도 보증책임을 부담한다.
④ 제3자가 제공한 담보부여신의 경우에는 담보제공자에게 연대보증의 요구를 할 수 없다.
⑤ 연대보증인은 최고의 항변권은 행사하지 못하지만, 검색의 항변권은 행사할 수 있다.

해설 연대보증은 채무자와 연대하는 것이므로, 두 가지 모두를 행사할 수 없다.

정답 ⑤

04

다음 중 연체대출금에 해당되지 않는 것은?

① 약정기일에 회수되지 않은 대출금
② 이자를 내야할 날에 납입하지 않은 여신
③ 지급보증대지급금
④ 분할상환기일에 기간 연장된 분할상환금
⑤ 기한의 이익을 상실한 여신

해설 분할상환기일에 연장되면 연체대출금에 해당하지 않는다.

정답 ④

Chapter 02 | 출제예상 문제

중요도에 따라 Self 맞춤형 학습이 가능한 출제예상 문제입니다. 각자의 목표점수에 맞게 문제를 선별하여 풀어보세요!

(중요도 = ✪✪✪ 상 / ✪✪ 중 / ✪ 하)

01 ✪✪

은행이 차용인에게 차용증서 대신 은행을 수취인으로 하는 약속어음을 발행하게 하고 그 지급기일까지의 이자를 어음금액에서 차감하는 방식의 대출을 무엇이라고 하는가?

① 어음대출
② 증서대출
③ 당좌대출
④ 부동산저당대출
⑤ 신탁대출

◎ 정답 및 해설

01 [용어정리]

어음대출	은행이 차용인에게 차용증서 대신 은행을 수취인으로 하는 약속어음을 발행하게 하고 그 지급기일까지의 이자를 어음금액에서 차감하는 방식의 대출
증서대출	금전소비대차약정서를 차주로부터 징구하는 대출
할인어음	상거래에 수반하여 발행한 어음을 거래실적 및 신용상태에 따라 신속하고 간편한 절차로 할인하여 매입하는 방식의 대출
당좌대출	은행과 당좌거래를 하고 있는 업체가 예금 잔액을 초과해 일정 한도까지 어음이나 수표를 발행하는 것으로 당좌대월이라고도 함
신탁대출	신탁재산을 재원으로 하여 취급하는 대출
카드론	신용카드회사에서 회원을 대상으로 신용카드 사용실적과 신용도를 기준으로 취급하는 형태의 대출

정답 01 ①

02 ✪✪

다음 중 자금용도에 따른 여신의 분류에 해당하는 것은?

① 담보여신 - 신용여신
② 한도거래 - 건별거래
③ 운전자금대출 - 시설자금대출
④ 대외지급보증 - 대내지급보증
⑤ 은행계정대출 - 신탁계정대출

03 ✪

기업의 생산활동자금이나 통상의 운영자금으로 충당되는 대출을 무엇이라고 하는가?

① 당좌대출
② 운전자금대출
③ 시설자금대출
④ 보증여신
⑤ 증서대출

◉ 정답 및 해설

02 [대출금의 분류에 따른 구분]
대출금은 차주, 담보유무, 거래방식(한도, 건별), 자금용도, 대출금 재원 등에 따라 구분하여 분류할 수 있다.

대출금 재원	은행계정대출, 신탁계정대출
차주	기업자금대출, 가계자금대출, 공공 및 기타자금대출
자금용도	1) 운전자금대출 : 기업운영자금에 소요되는 자금의 대출 2) 시설자금대출 : 시설물 등의 매입, 기계장치의 구입/설치 등에 필요한 자금의 대출
취급형식	어음대출, 증서대출, 할인어음, 당좌대출

정답 02 ③ 03 ②

04 ⭐⭐

다음 중 은행이 직접 자금을 부담하지 않는 형태의 여신에 해당하는 것은?

① 지급보증
② 신탁대출
③ 할인어음
④ 증서대출
⑤ 어음대출

05 ⭐⭐

여신운용의 기본원칙에 대한 설명으로 옳지 않은 것은?

① 여신의 회전성, 담보와 보증의 문제는 안정성의 원칙과 관련이 있다.
② 은행자산의 수익 효율성 증대를 위하여 수수료를 부과, 자금조달비용을 절감하는 것은 수익성의 원칙과 관련이 있다.
③ 발전 가능성이 높은 기업에 지원해야 한다는 것은 성장성의 원칙과 관련이 있다.
④ 은행이 국민경제 발전에 기여해야 한다는 것은 공공성의 원칙을 말한다.
⑤ 대출금 및 담보의 관리비용을 고려해야 한다고 하는 것은 안정성의 원칙과 관련이 있다.

✅ 정답 및 해설

04	지급보증과 같은 것을 광의의 여신이라고 한다.	
05	대출금 및 담보의 관리비용을 고려해야 한다고 하는 것은 수익성 원칙의 내용에 속한다.	
	안전성 원칙	① 여신의 채권보전에 충실을 기하고 안전하게 회수할 것을 의미 ② 검토사항 : 채무자의 상환능력, 담보, 여신의 회전성
	성장성 원칙	① 성장가능성이 큰 기업체에 여신할 것을 의미 ② 검토사항 : 경영자의 능력, 자기자본충실도, 제품의 시장성과 수익성
	공공성 원칙	국민경제의 건전한 발전에 기여도를 높일 수 있도록 대출할 것을 의미

정답 04 ① 05 ⑤

06 ✪✪✪

여신운용 기본원칙 검토사항으로 연결이 옳지 않은 것은?

① 안전성 원칙 : 채무자의 상환능력이 있는가?
② 수익성 원칙 : 여신 회전성은 좋은가?
③ 수익성 원칙 : 자금조달비용은 적절한가?
④ 성장성 원칙 : 경영자의 능력 및 자기자본이 충실한가?
⑤ 공공성 원칙 : 생산력증대, 국민경제발전기여도가 높은 방향으로 운용되는가?

07 ✪✪

다음 중 안전성의 원칙과 무관한 것은?

① 채무자의 상환능력 확인
② 담보와 보증의 필요 여부 확인
③ 여신의 회전성
④ 채무자의 상환의사
⑤ 경영자의 능력

정답 및 해설

| 06 | '여신회전성은 좋은가?'는 안전성의 원칙에 해당한다. |
| 07 | 경영자의 능력은 성장성의 원칙과 관련이 있다. 나머지는 모두 안전성과 관련되어 있다. |

정답 06 ② 07 ⑤

08

기한의 이익에 대한 설명으로 옳지 않은 것은?

① 기한의 이익은 보통 변제기와 관련이 있다.
② 기한의 이익이 상실되어도 해당 여신에 직접적인 불이익은 없다.
③ 기한의 이익은 일반적으로 채무자에게 있다.
④ 기한의 이익이란 변제기 도래 전까지의 채무자의 이익을 말한다.
⑤ 기한의 이익이 상실되면 채권회수조치가 가능해진다.

09

연체대출금에 대한 설명으로 옳지 않은 것은?

① 약정기일에 회수되지 않은 대출
② 이자납입일에 납입되지 않은 여신
③ 지급보증대지급금
④ 분할상환기일에 기간연장된 분할상환원금
⑤ 기한이익을 상실한 여신

정답 및 해설

08 채무자가 담보제공의무를 이행하지 않는 등으로 신용이 하락한 경우 기한의 이익이 상실되며, 이 경우 해당 여신은 연체대출금으로 분류된다.

[기한의 이익]

개념	기한부 법률행위에서 기한도래 전까지 당사자가 누리는 이익 ☞ 대출 : 기한의 이익은 차주에게 있음
기한 이익의 상실	① 일정한 사유가 발생할 경우, 당사자의 기한의 이익을 박탈하는 제도 ② 사유 : 채무자가 담보를 손상하거나 감소 멸실하게 한 경우, 담보제공의무불이행 ③ 효과 : 해당 대출은 연체대출로 분류되어 원금에 대해서는 연체이율을 적용

09 분할상환기일에 상환되지 않은 여신이 연체대출금이다.

정답 08 ② 09 ④

10 ★★

가계여신거래에 있어서 채무관계인에 대한 설명으로 거리가 먼 것은?

① 채무관계인은 차주, 보증인, 담보제공자를 말한다.
② 채무관계인은 신용상태가 양호하고 법률적으로 유효한 계약을 체결할 수 있다.
③ 채무관계인은 원칙적으로 사실상 완전한 능력자이어야 한다.
④ 내국인은 주민등록증이나 인감증명서에 의해 본인 확인한다.
⑤ 외국인은 여권 및 외국인등록증 등으로 본인 확인한다.

11 ★★★

다음 중 자연인과의 여신거래에 대한 설명으로 옳지 않은 것은?

① 외국인과의 여신거래는 외국환거래법상 거주성에 따라 취급방법이 다르다.
② 일반적으로 피한정후견인 또는 피성년후견인과도 법정대리인의 동의가 있으면 여신거래를 할 수 있다.
③ 미성년자의 경우 친권을 행사하는 부모가 공동명의로 대리하거나 동의해야 한다.
④ 대리인에 의해서도 대출은 가능하다.
⑤ 미성년자에게 친권자가 없거나 친권행사가 불가능한 경우에는 후견인이 대리할 수 있는데, 이 경우에는 친족회의 동의를 얻어야 한다.

◆ 정답 및 해설

10	내국인은 주민등록증이나 운전면허증, 여권에 의해 본인 확인한다. [채무관계인 이해] • 차주 : 채무자 • 채무관계인에게는 확인서류를 징구 • 보증채무의 보충성의 특성에서 당연히 최고 검색의 항변권은 존재한다. ☞ 최고의 항변권 : 주채무자가 자력으로 상환할 수 있음을 증명하는 권리 ☞ 검색의 항변권 : 주채무자가 변제 자력을 위한 재산에 대한 검색하는 권리
11	일반적으로 피한정후견인 또는 피성년후견인과는 여신거래를 할 수 없다.

정답 10 ④ 11 ②

12

해외교포나 외국인과의 여신거래에 대한 설명으로 바르지 않은 것은?

① 한국 국적을 갖고 있어도 해외교포에 대한 여신거래는 법률상 제한이 없다.
② 외국인과의 여신에서 담보를 설정할 경우 그 취득과 소유에 필요한 허가 등의 절차를 거쳤는지 확인해야 한다.
③ 외국인거주자는 3개월 이상 국내에 체재하고 있는 자이다.
④ 외국인과의 여신거래에 있어 거주성 여부 확인은 필수적이다.
⑤ 외국인과 여신거래할 때에는 국내의 신용이 좋은 보증인을 확보하는 것이 좋다.

13

다음 중 갑은행 A과장의 여신상담 사례로서 옳지 않은 것은?

① 미성년자와 여신거래 시 "친권자가 없거나 친권을 행사할 수 없는 경우 후견인이 대리하거나 동의할 수 있으나, 후견인의 행위에 대하여는 친족회의 동의를 받아야 한다"고 설명하였다.
② 미성년자와 여신거래 시 "친권자와 미성년자가 함께 연대보증인이 되는 경우 이해상반행위에 해당한다"고 설명하였다.
③ 미성년자와 여신거래 시 "친권자의 대리에 의한 여신거래는 가능하지만 친권자 동의에 의한 여신거래는 불가능하다"고 설명하였다.
④ 미성년자와 여신거래 시 "친권자와 미성년자가 공동담보제공자가 되는 경우 이해상반행위에 해당한다"고 설명하였다.
⑤ 미성년자와 여신거래 시 "친권자의 자금차입을 위해 미성년자 소유 부동산에 근저당을 설정하는 경우 이해상반행위에 해당한다"고 설명하였다.

정답 및 해설

12	해외교포에 대한 여신거래에는 제한이 없으므로 국내거주 자연인과 동일하게 업무처리한다. 외국인의 경우 거주성에 따라 다른데 외국인거주자는 6개월 이상 국내에 체재하고 있는 자이다.
13	동의로도 가능하다.

정답 12 ③ 13 ③

14 ★★

여신업무의 과정에 대해 올바르게 나열한 것은?

① 상담 ⇨ 신용조사 및 담보평가 ⇨ 채권보전 ⇨ 여신실행 ⇨ 사후관리
② 상담 ⇨ 채권보전 ⇨ 신용조사 및 담보평가 ⇨ 여신실행 ⇨ 사후관리
③ 상담 ⇨ 신용조사 및 담보평가 ⇨ 여신실행 ⇨ 채권보전 ⇨ 사후관리
④ 상담 ⇨ 여신실행 ⇨ 채권보전 ⇨ 신용조사 및 담보평가 ⇨ 사후관리
⑤ 상담 ⇨ 여신실행 ⇨ 신용조사 및 담보평가 ⇨ 채권보전 ⇨ 사후관리

15 ★

여신취급절차 중 여신상담 시 검토되는 사항과 가장 거리가 먼 것은?

① 여신조건
② 신청인 본인 확인
③ 자금용도 적합성 확인
④ 여신거래 약정서 작성 여부
⑤ 상환능력 검토

정답 및 해설

15	[여신상담 시 검토사항]	
	여신조건	여신종류, 여신금액, 여신기간, 금리, 담보의 존재 등
	신분확인	신청인 본인 여부 및 대리권 유무
	법적능력	행위무능력 여부 및 신용정보 불량 여부
	기타	자금용도의 적합성, 상환가능성 및 능력, 담보의 적합성

정답 14 ① 15 ④

16

여신업무취급에 대한 다음 설명 중 옳은 것은?

① 예금담보대출 취급 시에는 부채현황표를 징구한다.
② 여신의 회수순서는 원금, 이자, 비용 순을 원칙으로 한다.
③ 대출금은 차주의 예금계좌에 대체입금함이 원칙이다.
④ 가계여신 취급 시에는 은행여신거래기본약관의 교부를 생략한다.
⑤ 상계통지는 상계를 실행한 후에 한다.

17

다음 중 부채현황표 징구를 생략할 수 있는 경우로 옳지 않은 것은?

① 최근 월말 현재 작성된 부채현황표가 있는 경우
② 건당 1천만원 이하 가계여신
③ 신용도가 높은 차주의 경우
④ 유효담보가액 범위 내 예/적금, 부금, 신탁수익권을 담보로 하는 여신의 경우
⑤ 자동기간연장 대상 가계대출 연장의 경우

정답 및 해설

16 　① 예금담보대출 취급 시에는 부채현황표 징구를 생략한다.
　　② 여신의 회수순서는 비용, 이자, 원금 순을 원칙으로 한다.
　　④ 가계여신 취급 시에는 은행여신거래기본약관을 교부한다.
　　⑤ 상계통지는 상계 전 통보한다.

17 　③은 해당하지 않는다.

정답 16 ③ 17 ③

18 ★★

여신취급절차에 대한 설명으로 옳지 않은 것은?

① 주민등록등본이나 인감증명서를 여신신청 시 기본적으로 제출받아야 할 서류에 속한다.
② 여신을 실행할 경우 채무관계인과 여신관계약정을 체결하면서 은행여신거래기본약관을 교부한다.
③ 대출금은 차주의 예금계좌에 대체입금하는 것을 원칙으로 한다.
④ 주채무자가 기한의 이익을 상실한 경우에는 보증인에게 통지한다.
⑤ 자동기간연장 대상 가계대출 연장의 경우 부채현황표 징구를 생략할 수 있다.

19 ★★

다음 중 여신거래약정서 작성요령에 대한 설명으로 옳지 않은 것은?

① 채권서류에는 채무관계자가 직접 서명과 날인해야 한다.
② 실명확인증표와 대조하여 본인 또는 대표자나 대리인을 확인하고, 대표자나 대리인인 경우에는 자격과 권한을 확인한다.
③ 기본약관의 주요내용을 설명하고 교부한다.
④ 여신금리에 대한 약정 시 금리 적용내용을 확실히 한다.
⑤ 담보대출에 소요되는 비용은 채무자가 모두 부담한다.

● 정답 및 해설

18	본인확인은 주민등록증(운전면허증)을 원칙으로 하고 주민등록등본이나 인감증명은 필요 시에 한하여 징구한다.
19	소요 비용 부담에 대하여 정하여야 한다.

정답 18 ① 19 ⑤

20

여신거래계약과 관련된 설명으로 옳지 않은 것은?

① 여신거래는 약관에 의하여 체결되므로 부합계약의 성질을 가진다.
② 약관에 의하여 여신거래를 할 경우 약관의 중요내용을 설명하고, 고객이 요구할 경우 약관의 사본을 교부해야 한다.
③ 약관 외에 개별약정이 존재할 경우 개별약정이 우선한다.
④ 여신거래계약과 관련된 법률규정은 효력규정에 해당한다.
⑤ 약관의 조항이 불명확한 경우에는 약관작성자에게 불리하게 해석된다.

21

여신신청 중 기존의 여신의 상환을 위해 동일한 조건으로 재취급하는 것을 무엇이라고 하는가?

① 신규
② 조건변경
③ 기간연장
④ 재약정
⑤ 증대

정답 및 해설

20 기본적으로 계약과 관련된 법률규정은 임의규정이다. 효력규정이란 규정을 위반한 사법상의 법률행위에 대하여 무효화하는 규정을 말한다.

21 [용어정리]

신규	새로운 약정에 기하여 처음으로 승인신청하는 경우
증대	기존의 여신의 잔액이나 한도를 늘려달라는 요청
재약정	기존의 여신의 상환을 위해 동일한 조건으로 재취급하는 것
기간연장	기존의 여신의 상환기간이나 거래기간을 연장하는 것
조건변경	기존의 여신의 증액, 기간, 과목 외 나머지 조건의 변경

정답 20 ④ 21 ④

22 ✿✿

다음 중 여신 회수 순서가 맞는 것은?

① 비용 ⇨ 지연배상금 ⇨ 원본 ⇨ 이자
② 비용 ⇨ 지연배상금 ⇨ 이자 ⇨ 원금
③ 원본 ⇨ 지연배상금 ⇨ 이자 ⇨ 비용
④ 원본 ⇨ 지연배상금 ⇨ 비용 ⇨ 이자
⑤ 이자 ⇨ 비용 ⇨ 지연배상금 ⇨ 원금

정답 및 해설

22 「민법」 변제충당의 순서에 맞춘 것이다.
[일반적인 여신 회수절차]

통지	① 차주에 대한 통지 : 기한의 이익상실일 3영업일 전까지 서면 통보 ② 보증인에 대한 통지 : 주채무자의 기한이익상실의 경우 서면 통보
회수순서	비용, 지연배상금, 이자, 원금 순서로 회수
기타	회수대전이 타점권인 경우에는 가수금에 입금 후 교환 회부 후 결제 시 대출금 회수

정답 22 ②

23

상계에 대한 설명으로 옳지 않은 것은?

① 상계통지를 하지 않아도 적법한 상계적상의 상태가 되면 상계가 가능하다.
② 상계실행은 상계통지를 한 후에 한다.
③ 상계는 일반적으로 상대방의 동의와 무관한 상계권자의 단독행위이다.
④ 상계권자인 은행은 자신의 채권이 예금에 대한 압류 이후에 발생한 경우에는 채권을 상계할 수 없다.
⑤ 상계를 하려는 은행의 채권은 변제기에 있어야 한다.

정답 및 해설

23	상계는 무효가 된다. [상계에 의한 여신 회수]	
	개념	채권자와 채무자가 서로 대립하는 동종의 채권을 가진 경우에 대등액의 소멸을 발생시키는 일방적 의사표시
	요건	① 반대채권의 존재 ② 변제기 도래 등 : 여신채권의 기한이 도래할 것
	통지	① 상계통지를 먼저해야 함 ② 서면이나 유선으로 가능(불요식 행위)
	실행	① 기한 : 통지 후 3영업일 이내 ② 「민법」의 변제충당의 규정에 따라 채무자가 지정한 채무에 따라 충당함. 단, 채무자의 지정이 없는 경우에는 채권자인 은행이 지정권 행사 가능

정답 23 ①

24 ✿✿

여신의 회수방법 중 상계에 의한 회수방법에 대한 설명으로 옳지 않은 것은?

① 여신채권을 보유한 채무자에게 당행예금 등 반대채권이 있어야 한다.
② 여신채권의 기한이 도래된 것과 같은 상태이다.
③ 상계를 실행한 후 상계통지한다.
④ 상계통지는 배달증명부 내용증명에 의해 통지한다.
⑤ 상계채무가 다수인 경우 원칙적으로 채무자가 지정한 순서에 따라 충당함을 원칙으로 한다.

25 ✿✿

다음 중 여신의 회수 및 재약정 등의 업무에 관한 설명으로 옳지 않은 것은?

① 대출금은 원칙적으로 약정기일에 회수하여야 하며, 부득이한 경우에는 재약정 또는 기간연장을 할 수 있다.
② 차주가 여신 전부를 상환한 후, 여신 관련서류 반환을 요청한 경우라고 하더라도, 차주에게 여신 관련서류를 반환하는 것은 불가하다.
③ 보증이나 담보를 변경 또는 해지하고자 하는 경우에는 다른 보증인 및 담보제공자 등 이해관계인의 동의를 받아야 한다.
④ 대위변제의 요청이 있는 경우에는 대위변제자의 권한 유무를 철저히 확인하여야 한다.
⑤ 근저당권설정계약서의 피담보채무의 범위 및 결산기 등을 점검하여 필요한 경우 '근저당권설정계약변경계약서'를 사용하여 변경하여야 한다.

◆ 정답 및 해설

24	상계통지는 상계 실행 전에 해야 한다.
25	차주가 여신 전부를 상환한 후, 여신 관련서류 반환을 요청한 경우 반환한다.

정답 24 ③ 25 ②

26 ★★

다음 중 연대보증의 법정 성격에 관한 설명으로 옳은 것은?

① 부종성은 있으나 보충성과 분별의 이익이 없다.
② 부종성과 보충성은 있으나 분별의 이익이 없다.
③ 부종성과 분별의 이익은 있으나 보충성이 없다.
④ 보충성과 분별의 이익은 있으나 부종성이 없다.
⑤ 부종성, 보충성, 분별의 이익이 없다.

27 ★★

다음 중 옳지 않은 것은?

① 본인명의 예적금담보대출의 경우 연대보증인을 생략하여 취급할 수 있는 여신에 속한다.
② 나대지를 담보로 취득할 경우 지상권을 함께 취득해야 한다.
③ 지상권에 관한 사항을 등기부 중 갑구에 기재된다.
④ 은행이 보관하는 질권설정승낙의뢰서에는 확정일자를 받아야 한다.
⑤ 예금만기 전이라도 당행을 위한 질권설정인 경우에는 예금과 대출을 상계처리할 수 있다.

정답 및 해설

26	부종성 : 주채무가 없어지면 따라서 연대보증채무가 없어짐 보충성 : 최고, 검색의 항변권 분별의 이익 : 연대보증인이 수인인 경우 본인 부분만 부담
27	갑구에는 소유권에 관한 사항이, 그 외 권리는 을구에 기재되므로 지상권은 을구에 기재된다.

정답 26 ① 27 ③

28

특정한 일자의 여신거래로부터 계속적으로 발생하는 채무에 대한 보증을 무엇이라고 하는가?

① 포괄근보증
② 특정근보증
③ 한정근보증
④ 연대근보증
⑤ 특정채무보증

정답 및 해설

28　[근보증의 구별]
　　가. 특정근보증 : 특정한 일자의 여신거래로부터 계속적으로 발생하는 채무에 대한 보증. 기한이 연장된 경우도 보증이 가능, 재약정된 경우는 불가능
　　나. 한정근보증 : 특정한 종류의 거래(예 일반자금대출)에 대해 이미 발생해 있거나 앞으로 발생할 채무에 대한 보증. 기한이 연장된 경우나 재취급, 재약정된 경우에도 보증이 가능
　　다. 포괄근보증 : 현재, 장래 모든 채무에 대해 일괄적으로 보증
　　[특정채무보증]
　　차주와 은행에 대한 특정된 채무만 보증 : 연기, 재취급, 대환 등에 대하여 보증 효력 없음

정답　28 ②

29

연대보증에 대한 설명으로 옳지 않은 것은?

① 연대보증 운용원칙은 한정 또는 특정근보증으로 운용한다.
② 보증인을 교체하거나 보증계약을 해지할 경우 다른 보증인이 있다면 동의를 얻어야 한다.
③ 연대보증의 경우에는 부종성만 있으며, 채무자와 연대한 것이므로 보충성은 없다.
④ 특정채무에 대한 보증의 경우 채무의 연기나 대환의 경우에는 보증책임이 없다.
⑤ 특정근보증의 경우 기한이 연장되거나 재약정된 경우에는 보증책임을 부담하지 않는다.

30

다음 여신에 관한 설명으로 틀린 것은?

① 가계여신에 대한 개인의 연대보증은 원칙적으로 금지한다.
② 연대보증인은 채무자와 연대하여, 즉 채무자처럼 우선적으로 변제의무를 부담하므로 최고·검색의 항변권이 없다.
③ 보증인보호특별법에 의할 경우, 보증계약은 서면에 의하여야 한다.
④ 여신을 증대, 재약정, 기간연장하는 경우에는 신용한도를 다시 정해야 한다.
⑤ 본부로부터 별도 승인을 받은 자에게는 신용여신은 불가능하다.

✓ 정답 및 해설

29 특정근보증의 경우 기한이 연기된 경우 보증이 가능하지만 재약정된 경우는 보증이 불가능하다.
[연대보증 법적 특성]
- 연대보증은 분별의 이익이 없음
- 연대보증의 부종성 : 주채무가 무효나 취소로 부존재하게 되면 연대보증인을 동시에 책임을 면하게 됨
- 연대보증 보충성 없음 : 최고의 항변권 및 검색의 항면권 없음

30 본부로부터 별도승인을 받은 자에 대하여는 신용여신이 가능하다.

정답 29 ⑤   30 ⑤

31 ★★★

부동산 담보에 대한 다음 설명 중 옳지 않은 것은?

① 부동산의 담보취득은 (근)저당권설정계약에 의한 방법에 의한다.
② 유효담보가액은 감정기관에서 감정평가한 물건의 가액이다.
③ LTV비율은 주택담보대출 취급 시 담보가치에 대한 대출취급가능금액의 비율이다.
④ DTI비율은 차주의 연간소득에 대한 연간 대출원리금의 상환액 비율이다.
⑤ 담보인정비율은 담보물 종류별로 담보인정가액을 산출하기 위해 제정한 비율이다.

32 ★★

부동산담보에 대한 설명으로 옳지 않은 것은?

① 주택을 담보로 할 경우 임대차계약 여부를 조사해야 한다.
② 공부상 용도가 아닌 주택을 담보로 할 경우, 주택을 담보로 한 것으로 볼 수 없다.
③ 주택의 임대차와 저당권이 동일한 날짜에 설정이 되었더라도, 임차권자는 저당권자에게 대항할 수 없다.
④ 상가건물을 담보로 받기 위해서는 「상가임대차보호법」상 사업자등록의 대상이 되는 건물이어야 한다.
⑤ 저당권설정 신청서류는 채무자가 작성하도록 하여야 한다.

◎ 정답 및 해설

31	감정가액은 감정기관에서 감정평가한 물건의 가액이다.

[부동산담보 관련 용어]

사정가액	감정가액을 토대로 담보물 사정기준에 따라 평가한 물건의 가액
유효담보가액	담보인정가액 - 선순위저당권 및 선순위 임대보증금
담보비율	가용가액/여신금액

32	공부상 주택이 아니어도 실질상의 용도를 기준으로 사실상 주거용으로 사용한다면 주택으로 본다.

정답 31 ② 32 ②

33

부동산등기부에 대한 설명으로 거리가 먼 것은?

① 토지와 건물은 부동산이다.
② 한 개의 부동산마다 한 개의 등기부가 있다.
③ 부동산권리는 등기하지 않으면 효력이 없다.
④ 표제부에 토지, 건물 내용이 변경 순으로 표기된다.
⑤ 을구에는 소유권에 대한 압류, 가압류가 표시된다.

34

부동산등기부 중 소유권에 관한 사항을 기재하는 부분을 무엇이라고 하는가?

① 사항란
② 갑구
③ 을구
④ 표제부
⑤ 등기번호란

정답 및 해설

33	소유권에 대한 압류, 가압류 사항은 갑구에 표시된다.

34	[등기부의 구성]
	(1) 표제부 : 사실적인 사항을 기재 예) 토지와 건물의 소재지, 면적, 구조 등
	(2) 사항란 : 권리관계를 표시
	    가. 갑구 : 소유권에 대한 사항을 공시, 압류사항
	    나. 을구 : 소유권 외 권리에 대한 사항을 공시
	(3) 등기번호란 : 토지나 건물의 등기번호란 기재

정답 33 ⑤ 34 ②

35

다음 중 부동산등기부에서 을구에 기재해야 할 사항이 아닌 것은?

① 건물의 면적
② 저당권
③ 지상권
④ 전세권
⑤ 저당권 이전의 부기등기

36

다음 중 주택임대차의 대항력의 요건인 것은?

① 확정일자
② 주택의 인도
③ 주택의 인도와 주민등록
④ 주택의 인도와 주민등록 및 확정일자
⑤ 주민등록

정답 및 해설

35	을구에는 소유권 이외의 권리가 기재된다. 건물의 면적은 표제부에 기재된다.
36	[주택임대차보호법] (1) 적용범위 　① 주거용 건물, 미등기 전세에도 적용 　② 법인에게는 비적용이 원칙, 일시 사용목적의 임대차에는 적용하지 않음 (2) 대항력 　① 요건 : 주택의 인도(점유)와 주민등록(공시) 　② 대항력 취득시기 : 대항력의 요건 모두를 구비한 다음날부터 　③ 일정한 소액 보증금에 대해서는 최우선변제권이 존재함. 단, 그 요건은 대항력과 동일 　④ 우선변제권 : 대항력의 요건에다 확정일자를 필요로 함

정답 35 ① 36 ③

37 ⭐⭐

주택임대차에 대한 설명으로 옳지 않은 것은?

① 「주택임대차보호법」의 적용을 받는 주거용 건물이라 함은 대장의 용도란에 주거용이라고 되어 있지 않더라도 실제 주거용으로 사용되고 있는지를 기준으로 한다.
② 주거용 건물의 일부가 비주거용으로 사용되더라도 「주택임대차보호법」의 적용을 받는다.
③ 임차인이 대항력을 주장하기 위해서는 주택을 인도받아 주민등록을 해야 하며, 그 두 가지를 구비한 익일부터 효력이 발생한다.
④ 대항력의 요건과 관련하여 전입신고만으로는 주민등록으로 볼 수 없다.
⑤ 소액보증금 최우선변제권을 가진 임차인은 선순위 저당권자에 우선하여 변제를 받을 수 있다.

38 ⭐⭐

다음 중 채권정리절차에 해당하지 않는 것은?

① 대손상각업무
② 담보권의 실행
③ 채권보전조치
④ 일반재산에 대한 강제집행
⑤ 독촉절차

◆ **정답 및 해설**

| 37 | 전입신고를 할 경우 주민등록절차를 마치게 되어 있으므로, 전입신고를 하였다면 주민등록이 된 것으로 볼 수 있다. |
| 38 | 채권정리절차는 채무불이행이 확정된 뒤의 절차를 의미하므로 독촉절차는 해당하지 않는다. |

정답 37 ④ 38 ⑤

39 ⭐⭐

다음 중 담보물권의 취득방법에 해당하지 않는 것은?

① 양도담보계약에 의한 방법
② 저당권설정계약에 의한 방법
③ 채권양도에 의한 방법
④ 유치권설정계약에 의한 방법
⑤ 질권설정계약에 의한 방법

40 ⭐⭐

다음 중 '약관의 규제에 관한 법률'에서 정하고 있는 약관의 계약편입 요건으로 옳은 것은?

① 약관의 등록의무와 명시의무
② 약관의 통지의무와 설명의무
③ 약관의 통지의무와 명시의무
④ 약관의 명시의무와 설명의무
⑤ 약관의 등록의무와 교부의무

정답 및 해설

39	유치권은 다른 담보물권과 달리 법정담보물권이므로 설정계약으로 성립하게 할 수 없다.
40	약관의 명시의무와 설명의무를 규정하고 있다.

정답 39 ④ 40 ④

41

다음 중 옳은 것은?

① 원화대출금 대출이자 계산 시 대출원금에 실행이율과 일수를 곱한 뒤 365일로 나누어 계산하고 외화대출의 경우에는 360일로 나누어 산출한다.
② 결산기는 특정채무의 변제기를 의미한다.
③ 담보부동산의 처분을 위한 채권정리는 일반강제경매의 방식으로 한다.
④ 약관에 있어 사업자와 고객 간의 개별약정은 약관에 우선하지 못한다.
⑤ 부동산담보대출의 금리가 신용대출금리보다 높은 것이 일반적이다.

42

은행이 타인으로부터 자금을 빌릴 경우 적용되는 금리를 무엇이라고 하는가?

① 조달금리
② 신용가산금리
③ 변동금리
④ 고정금리
⑤ 연체대출금리

정답 및 해설

41	② 결산기는 계속적으로 발생하는 채무를 확정시키는 시기를 말한다. ③ 담보권 실행경매 방식으로 하며, 이러한 경매를 임의경매라고 한다. ④ 개별약정 우선원칙에 따라 개별약정이 우선한다. ⑤ 부동산담보대출금리는 담보가 있으므로 신용대출에 비하여 여신금리가 낮은 것이 보통이다.
42	결국 조달금리에 일정 이율을 붙여 대출하는 것이다.

정답 41 ① 42 ①

43

대출금리의 운용에 대한 다음 설명 중 옳지 않은 것은?

① 영업점에서는 기준금리, 가산금리 체계, 금리변경 시 경과조치, 연체대출금 금리 등을 표시한 안내문을 게시하여야 한다.
② 신용가산금리는 신규(증대 포함), 기간연장, 재약정 시 재산출한다.
③ 금리를 변경한 경우에는 적용은 변경일 이후부터 변경이율을 적용하는 것이 일반적이다.
④ 대출이자 일수 계산은 여신당일로부터 기일 또는 상환일까지로 한다.
⑤ 대출금리는 은행의 조달금리를 감안하여 결정한다.

44

여신금리 운영에 대한 설명으로 옳지 않은 것은?

① 여신취급 시 적용한 금리의 기준금리가 변경되면 재산정하여 변경 적용한다.
② 이자의 일수계산은 여신 당일로부터 기일 또는 상환일 전일까지로 계산한다.
③ 외화대출이자를 원화로 받는 경우에는 대고객전신환매입율을 곱한 금액으로 한다.
④ 기한의 이익을 상실한 대출금은 상실한 다음날부터 대출원금 잔액에 대하여 연체이율에 의한 지연배상금을 받는다.
⑤ 대출 당일 회수되는 대출금에 대하여는 상환일까지 일수를 계산한다.

정답 및 해설

43	대출이자 일수 계산은 여신당일로부터 기일 또는 상환일 전일까지로 한다.
44	외화대출이자를 원화로 받는 경우에는 대고객전신환매도율을 곱한 금액으로 한다.

정답 43 ④ 44 ③

Chapter 02 | 자가학습진단표

	진단 내용	Yes	No
01	여신을 분류할 수 있습니까?(담보유무, 거래방식, 자금용도, 취급형식 등)		
02	은행이 직접 자금 부담을 하지 않는 여신에 대하여 설명할 수 있습니까?		
03	자금용도에 따른 여신을 구분하여 설명할 수 있습니까?(안정성, 수익성, 공공성, 성장성 원칙)		
04	여신운용의 기본원칙에 대하여 구분 설명할 수 있습니까?		
05	기한의 이익, 기한이익의 상실이란 무엇인지 설명할 수 있습니까?		
06	여신의 개념(신규, 재약정, 증대, 조건변경)에 대하여 구분하여 설명할 수 있습니까?		
07	연체대출금에 어떤 여신이 있는지에 대하여 설명할 수 있습니까?		
08	미성년자와의 여신행위에서 이해상반행위란 무엇인지 설명할 수 있습니까?		
09	채무관계인에 대하여 이해하고 있습니까? 또한 본인 확인 방법에 대하여 설명할 수 있습니까?		
10	여신 상담 시 검토할 사항과 여신절차에 대하여 설명할 수 있습니까?		
11	여신거래약정서 작성요령에 대하여 설명할 수 있습니까? 특히 서류 작성 시 주의할 사항에 대하여 설명할 수 있습니까?		
12	여신의 회수절차에 대하여 설명할 수 있습니까?		
13	상계에 의한 여신회수 시 준수사항에는 어떤 것이 있는지 설명할 수 있습니까?		
14	근보증여신의 종류에는 어떤 것이 있는지 예를 들 수 있습니까?		
15	연대보증의 특징에 대해 설명할 수 있습니까?		
16	담보관련 용어를 정리하고 있습니까? 또한 담보취득방법에는 어떤 것이 있는지 알고 있습니까?		
17	부동산등기부의 구성 내용(표제부, 갑구, 을구)에 대해 알고 있습니까?		
18	「주택임대차보호법」상의 대항력, 우선변제권, 최우선변제권이란 무엇인지 설명할 수 있습니까?		
19	약관의 해석원칙에는 어떤 것이 있는지 설명할 수 있습니까?		
20	여신금리는 어떤 것이 있는지 나열할 수 있습니까?		

자신의 학습성취도를 스스로 진단하세요.

	진단 내용	Yes	No
21	대출금에 대하여 이자수입 및 계산방법을 설명할 수 있습니까? 이자 일수 계산에 대하여 설명 할 수 있습니까?		
22	외화대출금에 대한 이자 일수 계산 및 원화로 징수 시 적용환율에 대하여 이해하고 있습니까?		
23	대출 적정금리 산출에 대하여 이해하고 COFIX에 대하여 이해하고 있습니까?		

Yes 개수별 진단결과

- 14개 이하 : 합격예상도는 40% ➜ 기본서로 관련 내용을 다시 한번 꼼꼼하게 학습하세요.
- 15~18개 : 합격예상도는 60% ➜ 핵심 정리를 통해 주요 내용을 다시 한번 체크하세요.
- 19개 이상 : 합격예상도는 80% ➜ 문제를 통해 100% 합격에 도전하세요.

제3장

외국환

출제경향분석 ▼

텔러업무를 함에 있어 직접적으로 외환업무를 취급하는 경우는 거의 없으나 고객을 접하는 과정에서 기본적으로 숙지해 두어야 할 외환업무 전반에 대하여 다루고 있는 과목입니다.
주로 외국환관련 규정을 다루는데 외국통화 매매, 당발송금, 타발송금, 외화수표의 매입, 외화예금 등 환전업무 등입니다. 특히 거래별 적용환율에 대한 이해가 필수적입니다. 다른 과목에 비하여 규정적인 문제를 다루고 있기 때문에 구분 정리하는 시험 준비가 필요합니다.

Chapter 03 | 문제로 보는 출제경향

01

외국환 업무의 특징에 대한 설명이다. 적합하지 않은 것은?

① 국가 간 거리의 문제로 환어음 등의 현금화에 따른 우편기간이 소요되어 환가료라는 이자요소가 개입된다.
② 외화의 매입과 매도거래에서 발생하는 마진, 즉 외환매매익이 추가로 발생한다.
③ 외환의 교환결제는 국내의 교환결제와 같이 중앙은행과 금융결제원 같은 집중결제기구가 있다.
④ 환투기를 방지하고 해외유출을 막기 위해 금융이 완전히 자유화된 선진국이라도 어느 정도의 관리제도를 두고 있다.
⑤ 서로 다른 국가 간 자금결제를 하는 것으로 원화의 수취와 외국통화의 지급, 외국통화의 수취와 원화의 지급 또는 외국통화 간의 지급과 수취가 따른다.

해설   외국환 업무와 관련하여 결제는 결제집중기구가 존재하지 않으며 각 은행이 독자적으로 환거래은행(correspondent bank)을 통하여 결제된다.

정답 ③

02

다음은 환율에 대한 설명이다. 거리가 먼 것은?

① 우리나라 환율표시방법은 1USD = ₩1,000과 같이 표기하는 자국화표시환율을 택하고 있다.
② 한국은행 기준환율은 외환 회계 및 외국환 수수료 계산의 기준이 되는 환율이다.
③ 현찰매도율은 전신환매도율보다 높다.
④ 전신환매입률은 현찰매입률보다 낮다.
⑤ 여행자수표매도율은 전신환매도율보다 높다.

해설   현찰매도율(지폐) → 여행자수표매도율 → 전신환매도율 → 매매기준율 → 전신환매입률 → 여행자수표매입률 → 현찰매입률(주화)

정답 ④

03

외국통화 매도와 관련된 설명 중 옳지 않은 것은?

① 국민인거주자는 일반여행경비 환전에 대한 금액 제한이 없다.
② 국민인거주자는 소지목적으로 외국환은행을 통하여 일정한도 내에서 환전할 수 있다.
③ 매도통화를 다른 외국통화로 징수 시 대체료와 현찰수수료를 징수한다.
④ 매도통화를 원화로 징수 시 현찰매도율을 적용한다.
⑤ 비거주자는 소지목적으로 외국환은행을 통해 환전할 수 없다.

해설 국민인거주자는 소지목적으로 금액 관계없이 외국환은행을 통해 환전할 수 있다.

정답 ②

04

다음 외화수표는 어떤 것에 대한 설명인가?

- 은행에서 미리 수표대금을 지급하고 매입한 수표
- 금액이 정형화되어 일정하다.
- 유효기일이 없다.

① Money order
② 미재무성수표
③ 여행자수표
④ 은행수표
⑤ 개인수표

해설 여행자수표의 내용이다.

정답 ③

Chapter 03 | 출제예상 문제

중요도에 따라 Self 맞춤형 학습이 가능한 출제예상 문제입니다. 각자의 목표점수에 맞게 문제를 선별하여 풀어보세요!

(중요도 = ✪✪✪ 상 / ✪✪ 중 / ✪ 하)

01 ✪

외국환 업무의 특징으로 거리가 먼 것은?

① 외국환은 그 대차관계가 외국으로까지 확대되었다.
② 환율은 외국환 업무의 기초가 되는 매우 중요한 부분이다.
③ 여수신거래에 비하여 복잡한 회계처리를 거치게 된다.
④ 금융선진국으로 진입을 위해 외국환의 완전 개방화가 이루어져 있다.
⑤ 환결제의 구조가 보다 복잡하게 구성되어 있다.

✅ 정답 및 해설

01 외국환은 환투기를 방지하고 해외유출을 금지하기 위해 관리하고 있다.

> **참고**
> • 대외지급수단 : 외국통화와 외국통화로 표시되거나 외국에서 사용할 수 있는 지급수단(정부지폐, 은행권, 주화, 우편환, 직불카드, 신용장, 환어음 등)
> • 외화증권 : 외국통화로 표시된 증권 또는 외국에서 지급받을 수 있는 증권[채권(債券), 주식, 출자지분 등]
> • 외화채권 : 외국통화로 표시된 채권 또는 외국에서 지급받을 수 있는 채권[금전채권(債權) 등]

정답 01 ④

02 ⭐⭐

다음은 외환거래에 대한 설명이다. 가장 적절하지 않은 것은?

① 환율 문제가 발생한다.
② 기간이 소요되는 경우 '환가료'라는 이자요소가 개입된다.
③ 수익은 '이자, 수수료' 두 가지가 있다.
④ 국가에서 외환의 유출입을 관리하고 있다.
⑤ 지정된 집중결제기구가 없다.

03 ⭐⭐

외환시장에 관한 설명이다. 잘못된 것은?

① 외환시장이란 다수의 시장참여자에 의해 이루어지는 구체적인 시장뿐만 아니라 통신망을 통해 거래가 이루어지는 추상적인 시장을 포함하는 포괄적인 개념이다.
② 외환시장은 은행간시장과 대고객시장으로 분류할 수 있는데, 은행간시장이 중심을 이룬다.
③ 현물환거래란 외환매매계약 체결 후 3영업일 이내에 외국환 현물이 결제되는 거래를 말한다.
④ 역외시장(off-shore market)이란 자국통화와 외국통화의 매매거래가 외국에서 이루어지는 시장을 말한다.
⑤ 이종통화 간에 매매가 이루어진다.

◎ 정답 및 해설

02 수익은 '이자, 수수료, 외환매매익' 세 가지가 있다.

03 현물환거래란 외환매매계약 체결 후 2영업일 이내에 외국환 현물이 결제되는 거래를 말한다.
[외환거래 이해]
(1) 현물환시장(Spot exchange market)
계약일로부터 2영업일 이내에(계약일 포함 3영업일째) 외환의 인도가 이루어지는 거래
(2) 선물환시장(Forward exchange market)
- 계약일로부터 2영업일 이후에 외환의 인도가 이루어지는 거래
- 장외에서 거래상대방 간에 미리 약정된 환율(선물환율)로 미래의 일정시점(계약의 만기)에 일정한 금액의 두 통화를 교환할 것을 약속하는 계약

정답 02 ③ 03 ③

04

우리나라 환율제도에 관한 설명이다. 잘못된 것은?

① 우리나라가 현재 시행하고 있는 환율제도는 시장평균환율제도이다.
② 자국통화표시환율을 사용하고 있다.
③ 외국통화 한 단위와 교환될 수 있는 자국통화 단위 수로 환율을 표시하는 방법이다.
④ 외환시장의 일일가격제한폭은 없다.
⑤ 외국환은행은 대고객환율을 자율로 고시하고 있다.

05

외국환은행이 수출환어음, 외화수표 등 외국환을 매입한 후 현금화할 때까지 우편기간 및 어음기간 동안 발생하는 자금부담에 대하여 이자 성격으로 징구하는 수수료는?

① 외화대체수수료
② 외화현찰수수료
③ 우편료
④ 우편수수료
⑤ 환가료

정답 및 해설

04	우리나라에서 현재 시행되고 있는 환율제도는 자유변동환율제도이다. 자국화표시환율 : 외국통화 1단위에 대하여 자국화를 환율로 표시하는 방법 외국화표시환율 : 자국통화 1단위에 대하여 외국화를 환율로 표시하는 방법
05	환가료에 관한 설명이다.

정답 04 ① 05 ⑤

06

다음 중 대고객매매율이 가장 높게 고시되는 환율부터 순서대로 바르게 나열한 것은?

가. 전신환매입률
나. 전신환매도율
다. 여행자수표매도율
라. 현찰매도율(지폐)
마. 현찰매입률(주화)

① 라, 마, 다, 나, 가
② 라, 다, 나, 가, 마
③ 마, 가, 나, 다, 라
④ 마, 라, 다, 나, 가
⑤ 나, 가, 다, 라, 마

정답 및 해설

06 [외국환 대고객환율 체계도]

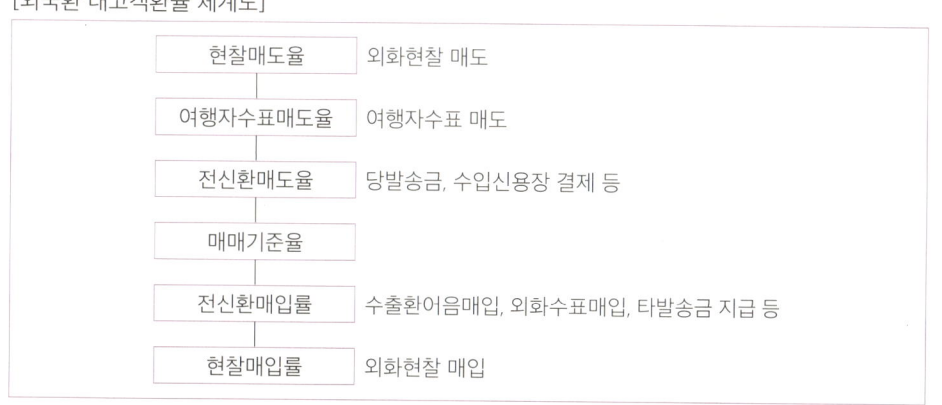

정답 06 ②

07

외국환은행 대고객환율 중 가장 낮은 환율은?

① 여행자수표(T/C)매도율 ② 현찰매입률
③ 전신환매도율 ④ 현찰매도율
⑤ 전신환매입률

08

매매기준율이 1USD = 1,000원일 때, 외국환은행이 현찰매매율의 스프레드를 ±2%로 고시했다면, 이때 현찰매입률은?

① 1USD = 900 ② 1USD = 980
③ 1USD = 1,000 ④ 1USD = 1,020
⑤ 1USD = 1,100

정답 및 해설

07 | 현찰매도율 → 여행자수표매도율 → 전신환매도율 → 매매기준율 → 전신환매입률 → 수표매입률 → 현찰매입률

08 | 현찰매매율은 매매기준율에서 스프레드(20원)을 차감하여 고시한다.

정답 07 ② 08 ②

09 ✪✪

전신환매도율(T / T selling)이 적용되는 거래가 아닌 것은?

① 수입어음 결제
② 당발송금
③ 외화수표 매입
④ 외화예금을 원화로 입금 시
⑤ 해외에 유학생경비 지급

10 ✪✪

현행 우리나라 외환관리제도의 특징에 관한 설명이다. 잘못된 것은?

① 원칙규제, 예외자유 체계인 Positive system이다.
② 우리나라 법인은 해외에서 거래된 업무 경우라도 외국환거래법령을 기본적으로 적용을 받는다.
③ 국제조약을 준수하고 국제관습을 존중한다.
④ 외국환의 지급·영수 행위가 외국환은행을 통하여 이루어지도록 하고 있다.
⑤ 속인주의를 적용한다.

◆ 정답 및 해설

| 09 | 전신환매입률 적용 : 수출환어음 매입, 타발송금대전 지급, 외화수표매입(B / P), 외화예금 지급 |
| 10 | 원칙자유, 예외규제 체계인 Negative system이다.
보기 ③은 국제주의, 보기 ④는 은행주의이다. |

정답 09 ③　10 ①

11 ⭐⭐

거주자와 비거주자와의 구분에 관한 설명이다. 잘못된 것은?

① 재외공관에 근무할 목적으로 외국에 체재하고 있는 국민은 국민인거주자이다.
② 2년 이상 외국에 체재하고 있는 국민은 국민인비거주자이다.
③ 외국에 있는 영업소·기타사무소에서 근무하고 있는 국민은 국민인거주자이다.
④ 동거가족의 거주성은 당해 거주자 또는 비거주자의 거주성 구분에 따라 결정된다.
⑤ 거주성의 변화에 따라 동일인 경우에도 적용되는 규정이 많이 달라진다.

정답 및 해설

11 외국에 있는 영업소·기타사무소에서 근무하고 있는 국민은 국민인비거주자이다.
[거주성의 구분]

개인	국민인거주자	• 국내에 주소 또는 거소를 둔 대한민국 국민 • 재외공관에 근무 목적으로 외국에 체재하고 있는 국민 • 비거주자이었던 국민이 국내에 입국하여 3개월 이상 체재하고 있는 자
	외국인거주자	• 국내에 있는 영업소·기타 사무소에 근무하고 있거나 국내에서 영업활동에 종사하고 있는 외국인 • 6개월 이상 국내에 체재하고 있는 외국인
	국민인비거주자	• 외국에 있는 영업소·기타 사무소에서 근무하고 있는 국민 • 2년 이상 외국에 체재하고 있는 국민
	외국인비거주자	• 외국에 주소 또는 거소를 둔 외국인 • 국내에 있는 외국정부의 공관 또는 국제기구에서 근무할 목적으로 파견되어 국내에 체재하고 있는 외교관, 영사 또는 수행원이나 사용인 • 대한민국과 미합중국 간의 협정에 의한 미합중국 군대 등과 그 구성원, 군속, 초청계약자 및 그 동거가족 • 거주자였던 외국인으로서 출국하여 외국에서 3개월 이상 체재 중인 자
법인	거주자	• 국내에 주된 사무소를 둔 법인 및 단체, 기관 기타 이에 준하는 조직체 • 비거주자의 국내지점, 출장소, 기타 사무소 • 대한민국의 재외공관
	비거주자	• 국내에 있는 외국정부의 공관과 국제기구 • 외국에 있는 영업소 기타의 사무소

정답 11 ③

12 ✪✪✪

거주성의 구분에 관한 설명 중 옳지 않은 것은?

① 국내에 주소를 둔 대한민국 국민은 거주자이다.
② 1개월 전에 대한민국에 입국하여 영어 강사를 하고 있는 외국인은 거주자이다.
③ 국내법인 A사의 해외지사는 비거주자이다.
④ 여행목적으로 대한민국에 입국하여 3개월째 체재 중인 외국인은 거주자이다.
⑤ 대한민국 재외공관은 국민인거주자이다.

13 ✪✪✪

다음 중 외국인거주자에 해당하는 것은?

① 재외공관에 근무 목적으로 외국에 체재하고 있는 국민
② 6개월 이상 국내에 체재하고 있는 외국인
③ 외국에 있는 영업소·기타 사무소에 근무하고 있는 국민
④ 2년 이상 외국에 체재하고 있는 국민
⑤ 외국에 주소 또는 거소를 둔 외국인

◆ 정답 및 해설

12	6개월 이상 체재 중인 외국인은 거주자이다.
13	[외국인거주자] • 국내에 있는 영업소·기타 사무소에 근무하고 있거나 국내에서 영업활동에 종사하고 있는 외국인 • 6개월 이상 국내에 체재하고 있는 외국인

정답 12 ④ 13 ②

14 ✿✿

외국환거래법령상 거주성 구분에서 비거주자에 해당하는 자는?

① 6개월 이상 국내에 체재 중인 외국인
② 외국주재 대한민국의 재외공관에 근무하는 국민
③ 비거주자의 국내지점, 출장소, 기타 사무소에서 근무 목적으로 체재하고 있는 자
④ 2년 이상 외국에 체재 중인 국민
⑤ 국민인비거주자가 국내에 임시귀국하여 3개월 이상 체재하고 있는 자

15 ✿✿

거래외국환은행 지정항목이 아닌 것은?

① 거주자의 지급증빙서류 미제출 송금
② 해외유학생 경비 송금
③ 해외체재비 송금
④ 외국인근로자의 국내 소득의 송금
⑤ 실수요 증빙범위 내 용역경비 송금

◎ 정답 및 해설

15 [거래외국환은행의 지정제도]
일부의 대외지급거래에 대하여 중복 또는 과다 지급되는 사례를 방지하기 위하여, 외국환거래 사후관리의 목적을 위해 1개의 외국환은행을 지정하고, 지정된 은행을 통해서만 외환거래를 하도록 하는 제도이다.
[거래외국환은행 지정 없이 가능한 경우]
① U$5,000 이하의 소액송금
② 용역대가 송금
③ 수입대금 송금
④ 일반해외여행경비

정답 14 ④ 15 ⑤

16

다음 ( ) 안에 들어갈 숫자는?

> "거주자의 연간 미화 ( )만불 이내의 증빙서류 미제출 지급"은 지급증빙서류제출이 면제된다.

① 2
② 3
③ 5
④ 1
⑤ 10

17

당발송금에 대한 다음 설명 중 옳지 않은 것은?

① 당발송금은 국내의 송금인이 외국의 수취인에게 외화자금을 송금하는 것을 말한다.
② 거액송금이나 신속지급을 요하는 송금은 전신송금환이 많이 이용된다.
③ 긴급을 요하지 않거나 소액송금은 송금수표가 이용되기도 한다.
④ 적용환율은 전신환매도율이 적용된다.
⑤ 미국의 자산동결조치가 실행되고 있는 국가는 모든 통화의 송금이 불가능하다.

◆ 정답 및 해설

16	"거주자의 연간 미화 5만불 이내의 증빙서류 미제출 지급"은 지급증빙서류제출이 면제된다.

17	미국의 자산동결조치가 실행되고 있는 국가는 USD통화의 송금이 불가능하다.
	[당발송금의 종류]
	(1) 전신송금(T/T : Telegraphic Transfer)
	   ① 지급지시서(P/O : payment order)를 전신(SWIFT) 등을 이용하여 발송하는 방법
	   ② 소요되는 시간이 짧아 가장 일반적으로 사용
	(2) 송금수표(D/D : Demand Draft)
	   송금은행 수표를 발행하여 의뢰인이 직접 수취인에게 교부 또는 발송
	[당발송금 환율적용]
	고객이 원화대가로 지급하는 경우 적용환율은 전신환매도율이 적용된다.
	만약 외화대가로 지급하는 경우는 별도의 수수료가 발생하기도 한다.

정답 16 ③ 17 ⑤

18 ★★

당발송금에 관련한 설명이다. 적절하지 않은 것은?

① 당발송금 업무는 실명확인 대상이다.
② 모든 대외 당발송금거래에 대하여 거래외국환은행을 사전에 지정하여야 한다.
③ 재외동포의 본인명의 부동산 처분대금이나 국내예금에 대하여 해외송금이나 휴대반출이 가능하다.
④ 수입대금의 사전송금거래는 거래외국환은행 지정 대상이 아니다.
⑤ 송금대전 : (원금×전신환매도율) + 송금수수료 + 전신료를 수납하여야 한다.

19 ★★

다음은 당발송금에 대한 설명이다. 옳은 것은?

① 30일 초과 6개월 미만 국외연수는 유학생경비로 송금해야 한다.
② 미국의 대외자산동결조치가 실행되고 있는 국가의 경우 USD 통화의 송금이 불가능하다.
③ 대금결제의 원활화를 위하여 상대방 은행에 자기명의의 예금계좌가 개설된 경우 상대은행을 무예치환거래은행이라고 한다.
④ 거래외국환지정거래 항목으로 송금하는 경우 송금 시마다 거래외국환은행 지정신청서를 제출하여야 한다.
⑤ 송금 시 서류검토를 통해 외국환거래규정 등에 인정하는 금액 범위 내인지 확인하여야 하나 국세청 통보대상 여부는 확인할 필요가 없다.

◎ 정답 및 해설

| 18 | 건당 미화 5천불 이하의 경우나 수입대금 송금, 용역경비 등은 지정대상이 아니다. |
| 19 | ① 30일 초과 6개월 미만 국외연수는 해외체재자경비로 송금해야 한다.
③ 예치환거래은행은 상대방 은행에 자기 명의의 예금계좌가 개설된 경우이다.
④ 송금 시마다 거래외국환은행 지정신청서를 제출할 필요가 없다.
⑤ 국세청 통보대상 여부는 확인할 필요가 있다. |

정답 18 ② 19 ②

20 ★★

지급 증빙서류를 제출하지 않는 증여성 송금 지급과 관련하여 국세청 통보대상 기준은?

① 연간 미화 1만불 초과 시
② 연간 미화 2만불 초과 시
③ 연간 미화 5만불 초과 시
④ 연간 미화 10만불 초과 시
⑤ 동일자 미화 5만불 초과 시

정답 및 해설

20 [송금 사유별 확인 및 유의사항]

송금 종류	금액제한	유의사항	국세청 통보
증여성 송금	연간누계액 미화 5만불 이하	• 개인친지, 가족 생활비 등 • 거래외국환은행 지정	연간 1만불 초과 시
	연간누계액 미화 5만불 초과	• 건당 미화 5천불 이하의 송금은 외국환은행 지정 및 국세청 통보대상 제외, 연간 송금 누계 불포함	
유학생경비	없음	• 6월 이상의 기간에 걸쳐 수학, 연구, 연수목적 • 거래외국환은행 지정 • 휴대반출 가능	연간 10만불 초과
해외체재자 경비	없음	• 상용, 문화, 공무, 국외연수(6월 미만) 목적으로 30일 초과하여 외국에 체재하는 자를 해외체재자 • 거래외국환은행 지정 • 휴대반출 가능	연간 10만불 초과
해외이주비	없음	• 해외이주자에 대한 경우 • 거래외국환은행 지정 • 해외이주자로 인정받은 날로부터 3년 이내 송금 가능 • 휴대반출 가능	동일자 1만불 초과 (국세청, 관세청, 금감원 통보)
외국인 국내급여, 소득송금	소득금액 범위 내	• 외국인 국내소득 • 거래외국환은행 지정 • 휴대반출 가능	동일자 1만불 초과 (국세청, 관세청, 금감원 통보)
재외동포 국내재산반출	없음	• 재외동포 국내재산 처분, 국내소득 송금 • 거래외국환은행 지정 • 10만불 초과 시 자금출처확인서(전체금액) • 휴대반출 가능	동일자 1만불 초과 (국세청, 관세청 통보)

정답 20 ①

은행텔러

21 ★★

다음 괄호 안에 들어갈 말로 알맞은 것은?

> 해외유학생이라 함은 외국의 교육기관, 연구기관 또는 연수기관에서 (　　) 이상의 기간에 걸쳐 수학하거나 학문기술을 연구 또는 연수할 목적으로 해외에 체재하는 자를 말한다.

① 1개월
② 3개월
③ 6개월
④ 1년
⑤ 3년

22 ★★

다음 지급 사유 중에서 휴대반출이 가능한 경우가 아닌 것은?

① 유학생 경비
② 해외체재자 경비
③ 일반해외여행경비
④ 해외이주비
⑤ 수입대금 송금

정답 및 해설

21 유학생 경비 및 해외체재자 경비 지급 금액 제한은 없으나 국세청 통보대상은 연간 미화 10만불 초과 시

송금종류	금액제한	유의사항	국세청 통보
유학생경비	없음	• 6월 이상의 기간에 걸쳐 수학, 연구, 연수목적 • 거래외국환은행 지정 • 휴대반출 가능	연간 10만불 초과
해외체재자 경비	없음	• 상용, 문화, 공무, 국외연수(6월 미만) 목적으로 30일 초과하여 외국에 체재하는 자를 해외체재자라 함 • 거래외국환은행 지정, 휴대 반출 가능	연간 10만불 초과

22 증여성 송금, 수입대금 송금, 용역경비 송금은 휴대반출이 불가하다.

정답 21 ③ 22 ⑤

23 ⭐⭐⭐

타발송금에 관한 다음 내용 중 맞는 것을 모두 고르시오.

> ㄱ. 해외에서 국내로 송금하는 것을 말한다.
> ㄴ. 원화로 지급 시 적용환율은 전신환매도율이다.
> ㄷ. 5만불 이하 영수 시 영수사유를 구두로 청취하고, 취득경위 입증서류 없이 지급한다.
> ㄹ. 국민인거주자의 미화 5만불 초과 타발송금 영수 시 영수확인서를 징구한다(취득경위 입증서류를 제출하지 않은 경우).

① ㄱ, ㄴ, ㄷ, ㄹ
② ㄴ, ㄷ, ㄹ
③ ㄱ, ㄷ, ㄹ
④ ㄱ, ㄷ
⑤ ㄱ, ㄴ

정답 및 해설

23   원화로 지급 시 적용환율은 전신환매입율이다.

정답   23 ③

24 ★★★

외국통화 매입과 관련한 설명이다. 적절치 않은 것은?

① 실명확인증표에 의하여 외국환매입신청서 기재내용 확인 및 실명 확인을 한다.
② 원화로 지급 요청 시 현찰매도율을 적용하고, 외화대체로 거래 요청 시 대체료·현찰수수료 등의 수수료를 징수한다.
③ 미화 2만불 상당액 이하는 취득경위 입증서류의 징구가 불필요하다.
④ 미화 2만불 상당액 초과 시 취득경위 입증서류가 없는 경우에는 취득사유를 "증여"로만 매입 가능하다.
⑤ 미화 1만불 초과 시 국세청장에게 매입사실이 자동 통보된다.

정답 및 해설

| 24 | 원화로 지급 시에는 현찰매입률이 적용된다. |

정답 24 ②

25 ★★

외국통화 매입업무에 대한 다음 설명 중 옳지 않은 것은?

① 매입 시 환율고시된 매입가능한 통화인지 여부를 확인한다.
② 고객에게 원화로 지급 시 현찰매입률이 적용된다.
③ 국민인거주자로부터 취득경위 입증서류가 없는 미화 2만불 초과 금액을 매입하고자하는 경우 "증여" 사유로 매입한다.
④ 외국인거주자가 취득경위 입증서류를 제출하지 않는 경우 금액에 관계없이 매입이 불가하다.
⑤ 미화 1만불을 초과하여 매입한 경우에는 국세청장에게 매입에 관한 사항이 자동 통보된다.

26 ★★

국내에서 외국환 매각실적이 없는 비거주자에 대하여 외국환매각 가능금액은?

① 불가능하다.
② 미화 1천불 상당액 이내에서 가능하며, 동 매각사실을 여권에 표시한다.
③ 미화 5천불 상당액 이내에서 가능하며, 동 매각사실을 여권에 표시한다.
④ 미화 1만불 상당액 이내에서 가능하며, 동 매각사실을 여권에 표시한다.
⑤ 제한 없이 매각 가능하다.

◎ 정답 및 해설

| 25 | 외국인거주자가 미화 2만불 이하는 취득경위 입증서류 없이 자유롭게 매입 가능하다. |
| 26 | 매각실적이 없는 비거주자의 경우에는 미화 1만불 상당액 이내에서 가능하다. 동 매각사실을 여권에 표시한다. |

정답 25 ④ 26 ④

27

국민인거주자가 소지목적으로 외화(U$)를 가지고 있으려면 가능한 한도는 얼마인가?

① U$5,000
② U$10,000
③ U$20,000
④ U$50,000
⑤ 한도 제한 없다.

정답 및 해설

27 [국민인거주자에 대한 일반여행경비 및 소지목적 환전]

사유	대상	유의사항
일반여행경비	국민인거주자	• 금액제한 없음 • 동일일, 동일인 기준 1만불 초과 시 국세청 통보 • 휴대반출금액이 1만불 초과 시 본인이 세관신고
소지목적	국민인거주자	• 금액제한 없음 • 동일일, 동일인 기준 1만불 초과 시 국세청 통보 • 내국법인 가능

[외국인거주자 및 비거주자에게 외화를 매각할 수 있는 경우]

사유	대상	유의사항
매각실적 범위 내	외국인거주자	• 외환매각확인서류 범위 내 • 원본에 재환전 사실 표기
매각실적 범위 내	비거주자	• 외환매각확인서류 범위 내 • 원본에 재환전 사실 표기 • 최근입국일 이후 실적만 인정
일반여행경비환전	외국인거주자 비거주자	• 미화기준 1만불 • 여권에 환전사실 표기

정답 27 ⑤

28 ⚫⚫

외국통화의 매매에 대한 설명이 옳지 않은 것은?

① 국민인거주자는 소지목적의 환전은 금액에 제한이 없다.
② 외국통화매입의 경우 외국환매입신청서 기재내용 확인 및 실명확인을 해야 한다.
③ 일반여행경비 환전의 경우 국민인거주자는 휴대반출 금액이 1만불 초과 시에는 신고해야 한다.
④ 소액환전(100만원 상당액 이하)의 경우에도 실명확인 대상이다.
⑤ 외국인비거주자에게 매각실적 범위 내에서 외화를 매각하는 경우 최근 입국일의 실적 범위 내에서만 가능하다.

29 ⚫⚫

다음 외화수표는 어떤 것에 대한 설명인가?

- 은행에서 미리 수표대금을 지급하고 매입한 수표
- 금액이 정형화되어 일정하다.
- 유효기일이 없다.

① 개인수표　　　　　　　　　② 은행수표
③ 여행자수표　　　　　　　　④ 미재무성수표
⑤ Money order

정답 및 해설

28 소액환전(100만원 상당액 이하)의 경우에는 실명확인 생략이 가능하다.

29 여행자수표에 대한 설명이다.
[여행자수표 특징]
① 정액수표로 고객이 필요한 금액을 구입 시 선택해야 함
② 적용환율 : 대고객 여행자수표매도율(T/C selling rate) 적용
③ 외화예금에서 인출 후 여행자수표 판매 시는 T/C판매수수료 징구

정답 28 ④　29 ③

30

다음 외화수표 매입 및 추심에 대한 설명으로 옳지 않은 것은?

① 법적 기재요건이 갖추어져 있는지 여부를 확인한다.
② 추심하는 경우 실명확인 증표에 의하여 실명확인해야 한다.
③ 외국정부기관이 발행한 국고수표의 경우에는 원칙적으로 추심 후 지급해야 한다.
④ 선일자수표는 발행일자 도래 시까지 기다린 후 취급해야 한다.
⑤ 창구에서 본인이 서명하여 제시하는 여행자수표는 추심 전 매입이 가능하다.

31

외화수표 점검사항에 관한 설명 중 옳지 않은 것은?

① 환거래은행에 계좌개설이 되어 있는 통화이어야 한다.
② 수표상에 특정 통화표시가 없는 경우에는 발행지의 통화로 본다.
③ 일정한 금액을 지급한다는 뜻의 무조건 위탁 표시가 있는지 확인한다.
④ 문자금액과 숫자금액이 다를 경우에는 문자금액으로 간주하나 하자로 부도처리될 수 있으므로 유의해야 한다.
⑤ 수표 매입일이 발행일보다 빠를 경우 선일자수표는 통상 부도처리되므로 발행일자 도래 시까지 기다린 후 취급하도록 한다.

정답 및 해설

30	외국정부기관이 발행한 국고수표의 경우에는 원칙적으로 추심 전 매입을 한다.
31	수표상에 특정 통화표시가 없는 경우에는 지급지의 통화로 본다.

정답 30 ③ 31 ②

32 ✦✦

외화수표의 추심방법에 대한 설명으로 거리가 먼 것은?

① 외화수표의 추심은 추심절차에 따라 추심 전 매입과 추심 후 지급으로 구분된다.
② 추심 전 매입은 고객에 대한 일종의 여신행위이다.
③ 수표상에 유효기일이 명시된 경우에는 동 유효기일 내에 지급은행에 제시되어야 한다.
④ 미국 재무성수표의 수표제시기간은 발행일로부터 1년으로 한다.
⑤ 지급지가 미국의 경우 추심 전 매입과 달리 추심 후 지급은 추심은행의 위험이 전혀 없다.

33 ✦✦

외화수표에 대한 설명이다. 적절하지 않은 것은?

① 개인수표는 부도발생 사례가 빈번하여 매입에 주의를 요한다.
② 은행수표는 결제자금이 예치되어 있는 은행발행수표이다.
③ 여행자수표는 금액이 정액화되어 있어 일정하다.
④ 미 재무성수표는 미국정부가 지급인으로 금액이 정액화되어 일정하다.
⑤ Money order는 여행자수표처럼 미리 돈을 주고 사기 때문에 준현금과 같으나, 발행사의 신용도가 낮은 경우가 많고 위·변조에 주의해야 한다.

◎ 정답 및 해설

32	추심 후 지급이라도 배서 위조의 경우 결제 후 3년까지 부도 가능하므로 추심은행은 상당한 주의를 기울여 취급해야 한다. [외화수표 이해] ① 개인수표 : 개인발행, 부도빈번, 유효기간 - 발행일로부터 3개월 ② 은행수표(banker's check) : 은행발행수표, 유효기간 - 발행일로부터 6개월 ③ 여행자수표(T/C) : 금액이 정액화, 유효기간 없다. ④ 미 재무성수표 : 미국정부가 지급인, 발행일로부터 1년
33	미 재무성수표(US Treasury Check)는 미국정부가 지급인으로 금액이 일정하지 않다.

정답 32 ⑤ 33 ④

34

외화수표 매입과 관련된 설명이다. 잘못된 것은?

① 주민등록증 등 실명확인증표에 의해 실명확인해야 한다.
② 외화수표매입과 관련하여 가장 큰 위험은 수표의 위·변조에 의한 사기의 경우이다.
③ 여행자수표의 매입 시 Holder sign 및 Counter sign이 다를 경우 사고 조회 시 이상이 없으면 매입하는 데 문제가 없다.
④ 외화수표를 고객으로부터 매입 시 타발송금 기준한 대고객매입기준을 적용하여 취득사유입증서류 등을 확인하여야 한다.
⑤ 추심 전 매입 가능 수표인지를 체크해야 한다.

35

여행자수표(T/C)의 판매와 매입에 관한 설명으로 거리가 먼 것은?

① 여행자수표 매도 시 외화현찰보다 낮은 환율이 적용된다.
② 판매은행은 판매한 T/C가 지급청구 올 때까지 자금운용수익이 기대된다.
③ 외화대체로 판매 시 T/C 판매수수료를 징수한다.
④ 고객에게 여행자수표 매도 시 여행자수표의 Holder sign을 하지 않도록 안내해야 한다.
⑤ 여행자수표 판매에 적용되는 외환거래법령은 외국통화 매도와 동일하다.

정답 및 해설

34 여행자수표의 매입 시 Holder sign 및 Counter sign이 다를 경우 사고 조회 시 이상이 없는 경우라도 Signature 불일치로 부도 반환될 수 있다.

35 고객에게 여행자수표 매도 시 여행자수표의 holder sign을 하도록 안내하고 교부한다.
   ㉠ T/C구매신청서(purchase agreement)는 은행보관용과 구매자용으로 구분하고
   ㉡ 구매자용 사본은 여행자수표 분실 시 재발행의 근거가 되므로 창구직원은 여행자수표 교부 시 구매신청서에 여행자수표와 동일하게 Holder's signature란에 서명하고 여행자수표 사용 시 Counter sign란에 서명하여 사용

정답 34 ③ 35 ④

36 ★★★

외화예금에 대한 설명으로 거리가 먼 것은?

① 외화예금은 외국환은행에 외국통화를 예치하거나 인출할 수 있는 예금이다.
② 개설인에 따라 거주자계정, 비거주자계정, 해외이주자계정으로 구분한다.
③ 외화예금에 원화를 대가로 입금 시에는 전신환매도율을 적용한다.
④ 원화를 대가로 하는 외화매매거래 없이 외화현찰로 수납 지급 시에는 외화현찰수수료를 징수한다.
⑤ 재외동포는 해외이주자계정으로 개설할 수 있다.

37 ★★

외국인등록증을 소지한 외국인거주자(개인)가 외화예금을 신규로 개설하는 경우 외화예금 계정의 명칭으로 알맞은 것은?

① 거주자계정　　　　　　　　　② 대외계정
③ 대내계정　　　　　　　　　　④ 비거주자계정
⑤ 자유원계정

◆ 정답 및 해설

36	개설인에 따라 거주자계정, 대외계정, 해외이주자계정으로 구분한다.
37	외화예금 계정의 종류 ① 거주자가 개설하는 외화계정인 거주자계정[② 의 나), 다) 제외] ② 대외계정 : 다음의 자가 개설하는 경우 　　가) 비거주자 　　나) 개인인 외국인거주자 　　다) 대한민국정부의 재외공관 근무자 및 그 동거가족 ③ 해외이주자 및 재외동포가 개설하는 외화계정인 해외이주자계정

정답 36 ② 37 ②

38 ★★

외화예금에 대한 설명이다. 적절하지 않은 것은?

① 일반적으로 외화당좌예금의 잔액에 대하여는 이자를 지급하지 않는다.
② 외화별단예금은 이자를 지급하지 않는다.
③ 외화통지예금은 거치기간은 7일 이상으로 하고 예금을 인출할 때는 2일 이전에 미리 은행에 통지하여야 하는 거치식예금이다.
④ 외화정기예금은 최저 1개월 이상으로 월단위로만 개설할 수 있다.
⑤ 외화예금은 예금자보호가 된다.

정답 및 해설

38 외화정기예금은 원칙적으로 월단위로 하되 일 또는 주단위로도 할 수 있다.

구분	특징
외화보통예금	• 수시입출금
외화당좌예금	• 이자 없음 • 수표나 어음발행 없음
외화정기예금	• 저축성이 강한 상품
외화통지예금	거치식 외화예금으로 가입 시 7일 이상의 거치기간을 설정. 예금의 지급은 예금주로부터 지급요청 통지를 받은 날로부터 2영업일 이후에 이루어지며 거치기간 이전에 해지하는 경우에는 이자를 지급하지 않는다.
외화별단예금	• 일시 예치계정 • 이자 없음 • 장기 미결된 외화송금, 기타 일시적인 외화예수금 • 예금주가 요청하는 경우 외에는 예치영수증을 발급하지 않음

정답 38 ④

39 ✪✪

외화예금업무에 대한 설명으로 거리가 먼 것은?

① 거주자계정의 가입대상은 국민인거주자와 개인인 외국인거주자이다.
② 개인명의 또는 법인 명의로도 개설이 가능하다.
③ 외화별단예금은 예금주가 요청하는 경우 외에는 예치영수증을 발급하지 않는다.
④ 장기미결 외화송금, 수취인 불명의 외화송금은 외화별단예금 입금 대상이다.
⑤ 영연방국가를 제외하고는 대부분 국가는 외화예금의 연이자 산출 시 1년을 360일로 계산하고 있다.

◎ 정답 및 해설

39 | 거주자계정의 가입대상은 국민인거주자이다. 개인인 외국인거주자는 대외계정이다.

정답 39 ①

Chapter 03 | 자가학습진단표

	진단 내용	Yes	No
01	외국환업무의 특징에 대해 설명할 수 있습니까?		
02	환율의 표시방법(자국화표시환율, 외화표시환율)을 구분하여 숙지하고 있습니까?		
03	외국환은행이 고시하는 대고객환율에서 가장 높게 고시되는 환율부터 순서대로 바르게 나열할 수 있습니까?		
04	국민인 경우와 외국인인 경우를 구분하여 거주자와 비거주자를 설명할 수 있습니까?		
05	국민인 거주자가 비거주자로 변경되는 기준기간과 외국인 비거주자가 거주자로 변경되는 기준기간에 대하여 구분·정리하고 있습니까?		
06	거래외국환은행 지정을 통해 송금하여야 하는 거래와 해당하지 않는 송금거래에 대하여 구분하여 설명할 수 있습니까?		
07	당발송금 업무 관련한 업무 절차와 적용환율, 외국환 규정에 대해 설명할 수 있습니까?		
08	당발송금에서 가장 일반적인 전신환과 송금수표 방식을 구분할 수 있습니까?		
09	일반해외경비와 해외체재자 경비, 해외유학생 경비, 해외이주비 지급에 대하여 구분하여 설명할 수 있습니까?		
10	타발송금 업무 관련하여 주의할 사항과 적용환율과 외국환 규정에 대해 설명할 수 있습니까?		
11	거주자로부터 외국환은행의 외국환 매입 시 확인사항(적용환율, 위폐 발견 시, 실명확인 등)에 대하여 설명할 수 있습니까?		
12	비거주자로부터 외국환은행의 외국환 매입 시 확인사항에 대하여 설명할 수 있습니까?		
13	외국환 매각 시 확인해야 할 사항을 거주자와 비거주자로 구분하여 설명할 수 있습니까?		
14	외국인에 대한 재환전 범위에 대하여 설명할 수 있습니까?		
15	여행자수표 매각 시 유의사항과 유효기간에 대하여 설명할 수 있습니까? 또한 holder sign, counter sign 구분하고 있는지? 판매관련 적용 외국환 법령에 대하여 설명 할 수 있습니까?		
16	외화수표의 종류를 구분하고 특징에 대하여 설명할 수 있습니까? 또한 외화수표 유효제시기간을 구분하여 정리하고 있습니까?		
17	외화수표 추심 전 매입과 추심 후 지급에 따른 위험을 이해하고 있습니까?		
18	외화예금 계정에 대하여 구분하여 설명할 수 있습니까?		

자신의 학습성취도를 스스로 진단하세요.

	진단 내용	Yes	No
19	외화예금 종류에 대하여 설명할 수 있습니까?		
20	외환거래(환전, 송금, 외화수표매입)에 대하여 적용되는 환율에 대하여 이해하고 있습니까?		

Yes 개수별 진단결과

- 12개 이하 : 합격예상도는 40% ➔ 기본서로 관련 내용을 다시 한번 꼼꼼하게 학습하세요.
- 13~15개 : 합격예상도는 60% ➔ 핵심 정리를 통해 주요 내용을 다시 한번 체크하세요.
- 16개 이상 : 합격예상도는 80% ➔ 문제를 통해 100% 합격에 도전하세요.

제4장

내국환

출제경향분석 ▼

이 과목은 크게 내국환업무와 어음교환업무에 대하여 다루는 과목으로 수험 준비를 위해 환업무의 특징, 전금과 역환, 타행환공동망제도, 어음교환의 경제적 장점, 법적 장점, 어음교환의 분류, 어음교환의 업무처리방법 등 텔러업무를 함에 있어 객장에서 다루는 내국환업무에 관한 실무적인 사항을 살펴보아야 합니다.

Chapter 04 | 문제로 보는 출제경향

01

내국환업무에 대한 설명 중 틀린 것은?

① 내국환업무 중 현재 은행 내에서 전금, 역환업무를 많이 활용하고 있다.
② 모든 환거래는 본지점계정을 이용하고 있다.
③ 당발환이란 수동적인 거래로 거래 상대방이 우선적으로 환처리 후 발생하는 거래이다.
④ 환거래 당사자는 의뢰인, 당발은행, 타발은행, 수취인의 4자 관계로 구성되어 있다.
⑤ 취결번호는 당발점에서 보내는 취결순서에 따라 타발점 구분 없이 연도별로 일련번호가 부여된다.

해설 타발환은 당발점에서 환이 발생한 후 수동적으로 일어나는 거래이다.

정답 ③

02

전금에 해당하는 업무로 올바르게 분류한 것은?

가. 업무상 자금이체	나. 자금현송과 자금현송금 중 부족금
다. 교환자금, 부도제재금	라. 직원 상호 간 전금
마. 본부가 인정하는 경비와 용도품대	바. 기타 고객이 요청하는 자금이체

① 가, 나, 마   ② 가, 라, 바
③ 나, 다, 마   ④ 나, 라, 마
⑤ 나, 마, 바

해설 전금은 은행 내 본·지점 간 자금의 이전을 위한 내부 환거래이다.
- 업무상의 자금이체
- 직원 상호 간의 송금
- 기타 업무와 관련하여 고객이 요청한 자금이체

정답 ②

03

다음 중 어음교환에 대한 설명으로 옳은 것은?

① 어음 소지인은 은행을 통하여 어음을 교환할 수 없어 추심에 따른 별도의 시간과 노력이 다소 소요된다.
② 참가은행 간 교환된 어음의 지급할 금액과 받을 금액의 차액만 결제할 수는 없다.
③ 어음교환은 지급을 위한 제시와 지급거절을 증명하는 효과가 있다.
④ 어음교환 시 법적 규정장소에서 교환하여 안정성을 도모한다.
⑤ 직접참가와 대리교환은 어음처리 형태에 따라 구분된다.

해설 ① 어음 소지인은 은행을 통하여 어음을 교환할 수 있어 시간과 노력이 절약된다.
② 차액만 결제할 수 있다.
④ 어음교환소에서 교환하여 업무의 효율성을 도모한다.
⑤ 참가방법에 의한 구분이다.

정답 ③

04

ABC은행 신촌지점에 근무하는 김○○ 씨는 고객의 만기해약금 1천만원과 관련하여 고객의 주거래지점인 ABC은행 제주지점으로 환업무 처리하였다. 김○○ 씨의 업무처리와 관련하여 다음의 설명 중 옳지 않은 것은?

① 신촌지점은 당발지로서 당발환 거래가 발생한다.
② 제주지점은 상대방의 환을 수신하는 타발환 거래가 발생한다.
③ 김○○ 씨가 신촌지점에서 제주지점으로 보낸 환을 역환이라 한다.
④ 김○○ 씨가 환거래를 취소하려면 제주지점에서 먼저 환을 취소해야 한다.
⑤ 당발환의 취소는 원칙적으로 환취결 당일에만 가능하다.

해설 김○○ 씨가 신촌지점에서 제주지점으로 보낸 환을 전금이라 한다.
사실 고객간거래는 온라인거래로 주로 이루어지고 있다.

정답 ③

Chapter 04 | 출제예상 문제

중요도에 따라 Self 맞춤형 학습이 가능한 출제예상 문제입니다. 각자의 목표점수에 맞게 문제를 선별하여 풀어보세요!

(중요도= ✿✿✿ 상 / ✿✿ 중 / ✿ 하)

01 ✿✿

다음 중 환의 분류로 적절하지 않은 것은?

① 전금과 역환
② 당발환과 타발환
③ 자행환과 타행환
④ 내국환과 외국환
⑤ 현송환과 현수환

◆ 정답 및 해설

01 [환의 종류]
① 내국환과 외국환
② 전금과 역환 : 내국환 중 많이 활용
③ 자행환과 타행환
④ 당발환과 타발환

정답 01 ⑤

02 ✪✪

내국환업무에 대한 설명으로 옳지 않은 것은?

① 환거래 발생을 기준으로 당발환과 타발환으로 구분한다.
② 현재 은행 내에서는 내국환업무 중 전금·역환업무를 많이 활용한다.
③ 본·지점 계정이란 은행 간 대차결제를 위한 계정으로 항상 동일 금액의 대차관계가 발생된다.
④ 환은 거래가 일단 발생했다면 타발지역에서 먼저 취소를 할 수 있도록 조작을 해야 당발지에서 취소가 가능하다.
⑤ 환의 종류에는 내국환과 외국환, 전금과 역환, 자행환과 타행환, 당발환과 타발환 등이 있다.

정답 및 해설

02 본·지점계정이란 당행 본·지점 간 대차결제를 위한 계정으로 항상 동일 금액의 대차관계가 발생된다.
미결제환 : 자산계정
미지급환 : 부채계정으로 당일 수신된 금액을 지급하지 못한 경우 일시 입금처리

정답 02 ③

03

내국환업무에 대한 설명으로 옳지 않은 것은?

① 미결제환은 자산계정이며 미지급환은 부채계정이다.
② 현재 은행 내에서는 내국환업무 중 전금·역환업무를 많이 활용하고 있다.
③ 전금이란 은행 내부적인 본지점 간의 자금 역청구제도이다.
④ 역환은 사고와 분쟁의 발생 원인이 되기 쉬우므로 취급 시 주의하여야 한다.
⑤ 교환자금과 부도제재금은 역환처리 가능업무이다.

04

다음은 전금과 역환처리 업무의 연결이다. 연결이 잘못된 것은?

① 교환자금과 부도제재금 : 역환업무
② 업무상 자금이체 : 전금업무
③ 직원 상호 간 자금의 이전 : 역환업무
④ 기타 고객이 요청하는 자금이체 : 전금업무
⑤ 자금 현송금 중 부족금 : 역환업무

정답 및 해설

| 03 | 역환은 은행 내부적인 본지점 간의 자금 역청구제도이다. |
| 04 | 직원 상호 간 자금의 이전은 전금업무이다.
[전금 지급 처리 요령]
1. 원칙적으로 대체 지급한다.
2. 부득이하게 현금으로 지급 시에는 지급표 뒷면에 영수 기명날인을 한다. |

정답 03 ③ 04 ③

05 ✿✿✿

전금에 대한 설명이다. 다음 중 틀린 것은?

① 전금은 은행 내 본·지점 간 자금의 이전을 위한 내부환이다.
② 전금의 주요 업무는 업무상의 자금이체, 직원 상호 간의 송금, 기타 업무와 관련하여 고객이 요청한 자금이체 등이다.
③ 전금은 취결 영업점장이 의뢰인이 되고 지급 부점장을 수취인으로 한다.
④ 전금을 지급할 경우 수신받은 지급표(본지점과목)를 대용전표로 하여 상대예금 또는 정리계좌에 대체 처리한다.
⑤ 수신당일 정리가 불가능한 경우에는 미결제환 과목에 대체입금 처리한다.

06 ✿✿

역환처리 가능업무가 아닌 것은?

① 현송금 중 부족금
② 업무상의 자금이체
③ 부도제재금
④ 본부에서 인정한 경비
⑤ 국고지출금

정답 및 해설

05 수신당일 정리가 불가능한 경우에는 미지급환 과목에 대체입금 처리한다.

06 [역환처리 가능업무]
- 자금현송과 자금현송금 중 부족금
- 교환자금, 부도제재금
- 본부에서 인정한 경비와 용도품대
- 대금추심에 관한 전화료 등 기타 업무상 발생한 제비용
- 당행 주식에 대한 배당금
- 국고지출금
- 기타 업무상 필요에 의하여 본부의 지시나 승인을 받은 사항
- 특별한 사정이 있어 국고수표, 당좌수표, 통장예금증서, 예금증서 등을 역환처리하고자 할 때는 은행장의 승인을 받아야 한다.

정답 05 ⑤ 06 ②

07 ✪✪✪

역환에 대한 설명 중 틀린 것은?

① 역환은 전금과 반대되는 것으로 은행 내부적인 본·지점 간의 자금 청구제도이다.
② 역환은 업무상 부득이한 경우에 한하여 취급 허용하고 있으나 업무처리 시 항상 결제 여부에 주의하여야 한다.
③ 특별사정이 있어 국고수표나 통장예금증서를 역환 처리할 때에는 은행장의 승인을 받아야 한다.
④ 역환 대전의 지급 시 타 계정으로 대체 입금하였을 경우 영수배서를 생략하고 증빙서류는 타 발점에 별도 발송한다.
⑤ 역환의 사유가 부당하여 입금정리가 불가능할 때에는 즉시 당발점으로 하여금 취소 처리하도록 한다.

08 ✪✪

전금과 역환에 대한 설명으로 옳지 않은 것은?

① 전금이란 은행 내 본·지점 간 자금의 이전을 위한 내부환을 말한다.
② 업무상의 전금은 입금표 적요란에 반드시 전금사유 또는 내역을 기입하여야 한다.
③ 전금은 수신당일 정리가 불가능한 경우에는 미지급환으로 대체입금 처리한다.
④ 역환은 자금 역청구제도로 부득이한 경우에 한하여 취급을 허용한다.
⑤ 역환의 사유가 부당하여 입금정리가 불가능할 때에는 즉시 타발점으로 취소처리하게 한다.

정답 및 해설

07	역환은 전금과 반대되는 것으로 은행 내부적인 본·지점 간의 자금 역청구제도이다.
08	역환의 사유가 부당하여 입금정리가 불가능할 때에는 즉시 당발점으로 취소처리하게 한다. [미결제환 과목과 미지급환 과목] 수신 당일 정리가 불가능한 본·지점 계정과목은 전금의 경우 미지급환(부채) 과목으로, 역환의 경우 미결제환으로 등록하여 일시 대체 처리한다.

정답 07 ① 08 ⑤

09 ★★

타행환공동망업무에 대한 설명 중 틀린 것은?

① 업무의 종류는 현금송금, 자기앞수표 조회업무가 있다.
② 입금처리 시 고객용 전표는 반드시 고객이 직접 기재해야 한다.
③ 수납 가능한 송금자금은 통화, 자점권 및 타행발행 자기앞수표로 가능하다.
④ 타행환의 입금의 거래대상업무는 요구불예금(저축예금, 보통예금)과 신탁예금, 적금 등이 있다.
⑤ 1회 송금 최고한도는 1억원으로 제한하고 있다.

10 ★★★

다음 중 타행환업무 내용으로 옳은 것은?

① 타행환공동망 업무는 한국은행과 각 은행의 전산센터를 상호 연결하여 처리하는 업무이다.
② 송금자금은 당좌수표로도 수납 가능하다.
③ 타행환 수취예금의 종류에는 당좌예금, 가계당좌예금, 보통예금, 저축예금, 신탁예금 등이 있다.
④ 당일 발생거래 중 고객의 취소요청이 부득이한 경우에는 별도의 확인절차 없이 즉시 취소 처리해야 한다.
⑤ 타행환 자금반환으로 인한 은행간 분쟁이 발생한 경우 수납은행에 그 책임이 귀속된다.

◆ 정답 및 해설

09	1회 송금 최고한도는 과거 1억원에서 5억원으로 상향되어 있다.
10	① 타행환공동망 업무는 금융결제원과 각 은행의 전산센터를 상호 연결하여 처리하는 업무이다. ② 송금자금은 통화, 자기앞수표 등이 수납 가능하며 당좌수표는 수납이 불가능하다. ④ 당일 발생 거래 중 취소 요청이 부득이한 경우에도 계좌관리점에 지급 여부를 확인하고 예금주의 취소 동의를 받아야 한다. ⑤ 타행환 자금반환으로 인한 은행간 분쟁이 발생한 경우 자금청구은행에 그 책임이 귀속된다.

정답 09 ⑤ 10 ③

11

다음 타행환입금불능 처리 및 입금취소 거래 시에 대한 설명으로 옳지 않은 것은?

① 고객에게 입금불능 사실을 통보하고 입금의뢰 확인증을 회수하고 환급한다.
② 송금의뢰인에게 당일 중 연락이 불가능한 경우에는 별단예금에 입금한 후 절차에 따라 처리한다.
③ 취소거래는 당일에 이루어진 것만 할 수 있다.
④ 은행 내부오류에 의해 발생한 거래만 입금의 취소 처리를 할 수 있다.
⑤ 고객의 요청이 부득이하다고 인정되는 경우는 은행의 취소 동의를 받고 입금의뢰 확인증도 회수하여야 한다.

12

타행환 송금 시 상대은행으로부터 입금 불능통지를 수신하였을 경우 송금의뢰고객에게 통보 전 입금처리하는 과목으로 맞는 것은?

① 가지급금
② 미결제환
③ 별단예금
④ 본지점 미지급
⑤ 본지점 미결제

정답 및 해설

11 | 고객의 요청이 부득이하다고 인정되는 경우는 예금주의 취소동의를 받고 입금의뢰 확인증도 회수하여야 한다.

12 | 당발점은 타발점에서 전금된 자금을 별단예금(기타 일시 예수금)으로 대체 입금처리하고 취결의뢰인에게 연락하여 지급한다.

정답 11 ⑤ 12 ③

13 ⭐⭐⭐

자금청구반환에 관한 다음 내용 중 틀린 것은?

① 잘못 송금되거나 전산오류로 은행 간 결제금액에 오류발생 시 거래자금을 실시간으로 청구 및 반환하는 절차이다.
② 자금을 청구한 즉시 반환된다.
③ 송금의뢰은행의 영업점이나 고객센터의 자금반환청구접수는 원거래일 당일부터 가능하다.
④ 타행의 자금반환요청 건에 대한 반환처리는 원거래 발생 익영업일부터 가능하다.
⑤ 자금반환은행은 청구내역 수신일로부터 30일 이내에 반환처리를 완료해야 한다.

14 ⭐⭐

어음교환의 경제적 장점에 대한 설명 중 틀린 것은?

① 수납한 어음은 전부 교환에 회부토록 하여 어음의 원활한 유통을 강제하고 있다.
② 어음 소지인은 은행을 통하여 추심할 수 있어 추심에 따른 별도의 시간과 노력을 절약할 수 있다.
③ 교환소라는 일정한 장소에 모여 일시 교환함으로써 지급, 제시에 따른 시간과 경비를 절약할 수 있다.
④ 참가은행 간 교환된 어음의 지급할 금액과 받을 금액의 차액만 결제함으로써 은행의 지급자금을 대폭적으로 줄일 수 있다.
⑤ 교환 회부되는 어음은 제시은행의 지급보증으로 입금 당일 어음금액을 현금화할 수 있어 자금유통을 원활히 해준다.

◉ 정답 및 해설

| 13 | 정보교환이 실시간으로 이루어질 뿐 자금을 청구한 즉시 반환되는 것은 아니다. |
| 14 | 교환 회부되는 어음은 제시은행의 지급보증이 되지는 않는다. |

정답 13 ② 14 ⑤

15

타점권 처리 방법에 대한 설명으로 올바른 것은?

① 어음 표면 좌측 하단부에 일정한 규격의 특정횡선을 찍어야 한다.
② 위의 경우, 특정횡선의 누락으로 발생하는 사고는 발행은행이 책임을 부담한다.
③ 마이크로필름 촬영이나 스캔이 불가한 경우는 타점권 기입장에 기장하여야 한다.
④ 지시금지문언이 있는 어음은 양도배서된 경우라도 수납 가능하다.
⑤ 타점권 수납 시에는 발행일로부터 11일간 제시하여야 한다.

16

타점권 수납 시 유의사항으로 옳지 않은 것은?

① 특정횡선수표에 피지정은행이 당행인 경우만 수납 가능하다.
② 지시금지라고 표기된 어음이 있을 때 배서 양도가 된 경우에 수납할 수 있다.
③ 국고수표의 제시기간은 발행일로부터 1년 이내이다.
④ 우편환증서의 제시기간은 발행일로부터 6개월이다.
⑤ 선일자수표는 수납이 가능하다.

정답 및 해설

15
① 어음 표면 우측 상단부에 일정한 규격의 특정횡선을 찍어야 한다.
② 위의 경우, 특정횡선의 누락으로 발생하는 사고는 수납은행이 책임을 부담한다.
④ 지시금지문언이 있는 어음은 양도배서된 경우 수납 불가하다.
⑤ 타점권 수납 시에는 발행일로부터 10일간 제시하여야 한다.

16 [타점권 수납 시 유의사항]
㉠ 특정횡선수표는 피지정은행이 당행인 경우에만 수납 가능
㉡ 선일자수표의 수납은 가능
㉢ 지시금지문언 있는 어음은 양도배서가 된 경우 수납 불가
㉣ 제시기간 준수

정답 15 ③　16 ②

17 ⭐⭐

다음 중 어음교환 시 약속어음의 제시기간으로 옳은 것은?

① 만기일 포함 3영업일 이내
② 만기일 이후부터 10영업일 이내
③ 만기일 포함 5영업일 이내
④ 발행일로부터 1개월 이내
⑤ 발행일로부터 10일간

18 ⭐⭐

수표의 제시기간으로 맞는 것은?

① 발행일로부터 3일 이내
② 발행일로부터 3개월 이내
③ 발행일로부터 10일 이내
④ 만기일 포함 3영업일 이내
⑤ 만기일 포함 5영업일 이내

◎ 정답 및 해설

| 18 | 수표의 제시기간은 발행일로부터 10일 이내이다. |

정답 17 ① 18 ③

19 ★★

어음교환소와 어음교환의 분류에 대한 설명이다. 거리가 먼 것은?

① 2010년부터 전국이 동일한 결제권으로 단일화되었다.
② 정보교환으로 송수신된 자료를 서울어음교환소에서 취합한다.
③ 추심의 경우에도 실물의 이동이 빨리 이루어져 하루 만에 결제가 가능하게 되었다.
④ 어음의 교환지역에 따른 분류도 없어져 금융기관의 업무 효율성이 높아졌다.
⑤ 어음교환 참가방법은 직접참가 외에도 대리교환제도를 두고 있다.

20 ★★

다음 중 타점권 처리방법에 대한 설명으로 옳은 것은?

① 우편환증서의 제시기간은 발행일로부터 3개월이다.
② 선일자수표는 수납이 불가능하다.
③ 특정횡선수표는 피지정은행이 타행인 경우에만 가능하다.
④ 발행일로부터 15일 이내인 수표의 수납은 가능하다.
⑤ 지시금지문언이 있는 어음은 양도배서가 된 경우에 수납이 불가능하다.

정답 및 해설

19	추심의 경우에도 실물의 이동 없이 결제가 가능하게 됨에 따라 하루 만에 결제가 가능하게 되었다. 대리교환은 주로 외국은행 국내지점들이 국내은행에 위탁하여 참가하는 경우이다.
20	① 우편환증서의 제시기간은 발행일로부터 6개월이다. ② 선일자수표는 수납이 가능하다. ③ 특정횡선수표는 피지정은행이 당행인 경우에만 가능하다. ④ 발행일로부터 10일 이내인 수표의 수납은 가능하다.

정답 19 ③ 20 ⑤

21 ⭐⭐

다음 중 어음교환 업무처리에 대한 설명으로 옳지 않은 것은?

① 수납한 타점권의 기타 형식상 불비사항을 확인 후 마이크필름 촬영 또는 스캔한다.
② 어음교환 제시은행은 수표수납 후 표면 우측 상단부에 특정횡선을 찍어야 한다.
③ 특정횡선 누락으로 발생하는 사고에 대해서는 수표 지급은행이 그 책임을 부담한다.
④ 텔러와 어음교환담당자 상호 간 실물 확인 후 자기앞수표, 기타 타점권으로 구분하여 등록한다.
⑤ 텔러의 현금보유액란에 타점권 잔액이 발생한 경우 당일 업무 마감이 불가능하다.

22 ⭐⭐

타점권 인수도에 대한 설명 중 틀린 것은?

① 창구수납 타점권은 창구담당자로부터 타점권 인수·인도표에 의거 수도 받는다.
② 자동화기기 타점권 인도는 모출납이 자동화기기 인도·인수등록 후 일괄 인수도등록 처리한다.
③ 모출납 및 텔러의 당일 수납 타점권총액은 어음교환 담당자에게 인도한 타점권 총액과 반드시 일치하여야 한다.
④ 업무마감 시 모출납 및 텔러의 장부상 타점권 보유액과 실물 타점권 총액을 일치시켜야 마감이 가능하다.
⑤ 출납정산표상 마감 전 타점권 지급액은 전영업일 마감 후 타점권 지급액과 반드시 일치하여야 한다.

◎ 정답 및 해설

| 21 | 특정횡선 누락으로 발생하는 사고에 대해서는 수표 지출(제시)은행이 그 책임을 부담한다. |
| 22 | 업무마감 시에 텔러의 타점권 보유액은 항상 0(零)이어야 한다. |

정답 21 ③ 22 ④

23 ⭐⭐

어음교환 업무와 관련하여 실시간 정보교환으로 대금 지급이 가능한 것은?

① 타행발행 100만원 가계수표
② 타행발행 1,000만원 가계수표
③ 타행발행 100만원 자기앞수표
④ 타행발행 1,000만원 자기앞수표
⑤ 타행발행 100만원 약속어음

24 ⭐⭐

실시간 정보교환에 대한 설명으로 거리가 먼 것은?

① 타행발행 자기앞수표 수납 시 현금지급을 요청하는 고객에게 즉시 지급할 수 있는 제도이다.
② 정액 및 일반자기앞수표가 대상수표이다.
③ 지급 승낙 전문 확인 시 고객에게 정상 지급처리한다.
④ 금융결제원 에러 발생 시 수표발행 영업점 앞 유선으로 확인하여 지급을 확정한다.
⑤ 적용수수료는 자기앞수표 교환 전 자금화수수료를 징수기준으로 적용한다.

✓ 정답 및 해설

23	[실시간 정보교환] : 타행발행 정액자기앞수표에 한하여 교환 결제 전에 조회를 통하여 바로 현금화할 수 있는 제도이다. ☞ 정액자기앞수표에 한하여 실시간 정보교환으로 대금 지급이 가능하다. 　정액자기앞수표는 10만원, 50만원, 100만원이 있다. 　일반자기앞수표는 실시간 정보교환 대상이 아니다.
24	일반자기앞수표는 제외된다.

정답 23 ③ 24 ②

Chapter 04 | 자가학습진단표

자신의 학습성취도를 스스로 진단하세요.

	진단 내용	Yes	No
01	환업무의 특징을 간단하게 설명할 수 있습니까?		
02	전금에 대해 이해하고 전금에 대한 지급절차에 대하여 설명할 수 있습니까?		
03	역환 처리 가능업무에 대하여 나열해보고 역환 정리절차에 대하여 설명할 수 있습니까?		
04	역환업무 관련하여 발생하는 미지급과목과 미결제환을 비교 설명할 수 있습니까?		
05	타행환업무 관련하여 주요 업무 규정과 업무에 대하여 이해하고 있습니까?		
06	타행환업무의 입금불능 시 처리방법을 숙지하고 있습니까?		
07	타점권의 부도 시 처리방법을 숙지하고 있습니까?		
08	어음교환의 경제적 장점에 대하여 설명할 수 있습니까?		
09	어음 교환 시 타점권 처리 방법에 대하여 설명할 수 있습니까?		
10	타점권(어음, 수표)에 대한 제시기간에 대하여 이해하고 있습니까?		
11	2011년 단일화된 어음교환의 성격과 내용을 이해하고 있습니까? 또한 어음참가방법을 이해하고 있습니까?		
12	텔러가 마감 시 타점권인도와 관련한 업무에 대하여 이해하고 있습니까?		
13	어음 교환과 관련하여 실시간 정보교환의 개념과 대상 수표에 대하여 이해하고 있습니까?		

Yes 개수별 진단결과

- 6개 이하 : 합격예상도는 40% ➔ 기본서로 관련 내용을 다시 한번 꼼꼼하게 학습하세요.
- 7~9개 : 합격예상도는 60% ➔ 핵심 정리를 통해 주요 내용을 다시 한번 체크하세요.
- 10개 이상 : 합격예상도는 80% ➔ 문제를 통해 100% 합격에 도전하세요.

MEMO

3과목

창구실무 Ⅱ

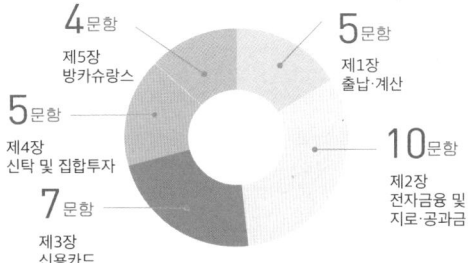

4문항 — 제5장 방카슈랑스
5문항 — 제1장 출납·계산
5문항 — 제4장 신탁 및 집합투자
10문항 — 제2장 전자금융 및 지로·공과금
7문항 — 제3장 신용카드

은행텔러

제1장

출납 · 계산

출제경향분석 ▼

출납업무는 텔러업무와 직결되는 부분이므로 정확한 이해가 필요한 부분입니다. 출납업무에서는 현금범위, 현금보관과 검사, 수납인과 횡선인 관련 사항, 지폐의 정사요령 등이 중요합니다.
계산업무에서는 전표관련과 마감절차 이해, 가수금계정, 가지급금계정을 잘 분류해두시기 바랍니다.

Chapter 01 | 문제로 보는 출제경향

01

다음 중 가수금 출납과잉금 항목에 대한 설명으로 옳지 않은 것은?

① 출납과잉금이 발생하였을 때는 그 원인을 파악하여 당일 내 정당한 고객을 찾아 입금하여야 한다.
② 가수금 처리 후 3개월이 경과하여도 정당한 고객을 찾을 수 없거나 그 내용이 판명되지 않을 때에는 3개월 경과 후 해당월 말일에 전산으로 자동 이익금 처리한다.
③ 과잉금은 가수금 계정에 최장 3년간 구분 보관 가능하다.
④ 가수금은 최소한으로 운영하여 민원의 발생 소지를 줄여야 한다.
⑤ 원인이 규명된 경우 그 고객이 정당한 주인인지를 확인하고 지급한다.

해설 자동화기기 출납 과잉금은 5년간 구분하여 보관 가능하다.

정답 ③

02

수표 수납 시 유의사항으로 가장 거리가 먼 것은?

① 외국인이 발행한 수표 및 여행자 수표 역시 인장이 반드시 필요하다.
② 수표의 금액이 문자와 숫자로 기재된 경우 문자의 금액을 먼저 인정한다.
③ 기명식으로 발행된 수표는 지시인의 기명날인이 있어야 한다.
④ 수표의 지급제시기간은 발행일을 포함하여 11일이다.
⑤ 지급제시기간 경과 후 6개월이 지난 수표는 소멸시효가 완성된다.

해설 ① 날인 제도가 없는 외국인 발행 수표와 여행자 수표는 서명만으로 가능하다.

정답 ①

03

손상화폐의 교환에 대한 설명으로 옳지 않은 것은?

① 남아 있는 면적이 원래 크기의 40%일 경우 반액으로 처리한다.
② 남아 있는 면적이 원래 크기의 80%일 경우 전액으로 처리한다.
③ 남아 있는 면적이 원래 크기의 60%일 경우 반액으로 처리한다.
④ 남아 있는 면적이 원래 크기의 70%일 경우 전액으로 처리한다.
⑤ 남아 있는 면적이 원래 크기의 20%일 경우 무효권으로 처리한다.

해설
• 전액으로 교환 : 남아 있는 면적이 원래 크기의 4분의 3 이상인 경우
• 반액으로 교환 : 남아 있는 면적이 원래 크기의 5분의 2 이상인 경우
• 무효권으로 처리 : 남이 있는 면적이 원래 크기의 5분의 2 미만인 경우

정답 ④

04

전표의 작성원칙에 대한 설명 중 가장 거리가 먼 것은?

① 전표는 계정과목별로 작성함을 원칙으로 한다.
② 대체거래는 현금이 발생하지 않고 지급금액과 입금금액이 발생하는 거래를 말한다.
③ 전표의 금액은 한글 또는 숫자로 기재함이 원칙이다.
④ 적요는 간단명료하게 전표 발생 계정을 기재하는 곳이다.
⑤ 단말기 조작자의 확인인 또는 서명은 전표에 인자된 이름으로 갈음할 수 있다.

해설 ③ 전표의 금액은 한글 또는 한문으로 기재하여야 한다.

정답 ③

Chapter 01 | 출제예상 문제

중요도에 따라 Self 맞춤형 학습이 가능한 출제예상 문제입니다. 각자의 목표점수에 맞게 문제를 선별하여 풀어보세요!

(중요도 = ✿✿✿ 상 / ✿✿ 중 / ✿ 하)

01 ✿

통화, 어음수표의 수납 및 지급업무와 현금의 정리, 보관 등의 업무를 포함한 업무를 무엇이라고 하는가?

① 현송업무
② 출납업무
③ 시재금관리업무
④ 계산업무
⑤ 정사업무

02 ✿✿

다음 중 출납업무의 중요성과 가장 거리가 먼 것은?

① 업무의 상관성
② 정확한 업무처리
③ 적정 규모의 현금 보유
④ 고객과의 분리
⑤ 타 은행업무와의 밀접한 관계

◎ 정답 및 해설

02 　은행업무 중 출납업무는 고객응대의 비중이 가장 큰 업무이고, 고객과의 접촉이 가장 빈번하게 발생하는 업무이다.

정답 01 ② 02 ④

03

현금과 현금의 보관에 관한 설명 중 가장 잘못된 것은?

① 현금보관은 현금을 보관할 수 있는 금고에 보관하여야 한다.
② 각 은행은 제한구역을 설정하여 출입을 통제한다.
③ 금고에는 고객 인출에 대비하여 최대한의 자금을 출고하여 보관한다.
④ 현금의 범위에는 통화 및 자점권을 포함한다.
⑤ 타점권이란 자점권 이외의 어음 수표 및 기타 증표를 의미한다.

04

현금보관과 검사에 대한 설명으로 옳지 않은 것은?

① 현금은 금고에 보관하며, 통화를 권종별로 정리하여 보관한다.
② 출납담당자는 영업시간 중에도 수시로 통화를 인도받아 금고에 보관해야 한다.
③ 한국은행은 영업점별로 적정 통화보유한도를 배정해야 한다.
④ 은행의 금고는 보호구역으로 설정하여 외부인의 출입을 통제하고 있다.
⑤ 직원의 인감과 서명감은 소속 영업점장에게 미리 신고한 후 이용하고 있다.

✓ 정답 및 해설

03 꼭 필요한 최소의 자금만을 출고하여 불필요한 통화를 쌓아놓지 않아야 한다.

04

보관장소	① 현금을 보관할 수 있는 금고 ⇨ 시건장치의 설치와 CCTV 설치 필요 ② 제한구역을 설정하여 소속 직원 외에는 출입을 금지
보유한도	각 은행 자금자부서에서 한도 설정
보관방법	권종별로 통화 보관
업무마감 및 현금검사	① 보유현금을 권종별로 구분 정리 후 지폐와 주화를 각 단위(지폐는 100장, 주화는 소봉함)로 모출납 담당자에게 인도 ⇨ 모출납자는 인도받은 후 권종별로 확인 후 정리 ② 현금검사 : 업무 종료 후 담당책임자별·각 텔러별로 현금보유를 확인

정답 03 ③ 04 ③

05 ✪✪✪

현금검사 과정에서 현금과잉이 발생하였을 경우 처리방법으로 가장 잘못된 것은?

① 즉시 그 원인을 파악하여 당일 내 정당한 고객을 찾아 입금하여야 한다.
② 당일 그 원인을 파악할 수 없는 경우에는 가지급금 출납과잉금 항목으로 입금한다.
③ 자동화 기기에서 발생한 출납과잉금은 5년간 별도로 구분하여 처리한다.
④ 가수금처리 후 3개월이 경과해도 정당한 고객을 찾을 수 없거나 내용판명이 불가한 경우, 3개월 경과 후 해당 월 말일에 전산으로 자동 이익금 처리한다.
⑤ 이익금 처리 후 원인이 규명되어 고객에게 돌려주어야 할 경우 정당한 주인인지를 확인하고 손실금으로 출금하고 고객에게 지급한다.

06 ✪✪✪

다음 중 현금이 부족했을 때의 업무처리 방법으로 가장 잘못된 것은?

① 당일 중 찾는 것이 어려울 경우 가지급금 처리하고 그 원인을 조사하여야 한다.
② 가지급금 처리 후 1개월이 경과하여도 그 내용이 밝혀지지 않을 경우에는 취급자가 즉시 변상 조치하여야 한다.
③ 통상 경위서와 가지급금 승인신청서를 검사관련 부서를 통해 상근감사위원 앞으로 보고한다.
④ 고객의 돈을 철저하게 관리해야 하는 은행원의 책임이 따른다.
⑤ 현금 부족의 원인이 규명되거나 정리가 되면 별도 보고 없이 해당 절차를 종료한다.

정답 및 해설

| 05 | 당일 그 원인을 파악할 수 없는 경우에는 가수금 출납과잉금 항목으로 입금한다. |
| 06 | 현금 부족의 원인이 규명되거나 정리된 후에도 보고하는 것이 원칙이다. |

정답 05 ② 06 ⑤

07 ⭐⭐⭐

수납절차에 관한 설명 중 가장 잘못된 것은?

① 수납액 확인은 직원의 확인으로 금액이 확정된다.
② 통화 이외의 수표를 수납할 경우에는 배서를 받는다.
③ 타점권을 수납할 때에는 즉시 특정횡선을 찍어야 한다.
④ 현저하게 변조의 의심이 있는 경우 수납할 수 없다.
⑤ 자점권의 경우 현금화 또는 대체 거래화한 후 입금처리한다.

08 ⭐⭐

다음 중 원칙적인 수납 업무의 절차와 가장 거리가 먼 것은?

① 횡선인은 고객에게 수납금액을 수령했음을 확인해 주는 영수증과 같은 의미의 도장이다.
② 횡선인은 수표의 도난 및 분실 시에 부정소지인이나 무권리자에게 지급될 위험을 방지하기 위한 것이다.
③ 수납인, 횡선인 관리대장은 폐기일로부터 5년간 보관해야 한다.
④ 수납인과 횡성인을 새로 조제하여 사용하는 경우 관리대장에 등재하여 영업점장 결재 후 사용하고, 미사용 또는 폐기대상 수납인은 모출납이 관리한다.
⑤ 모출납담당자는 업무마감 후 마감현금과 함께 현금보관장소에 보관한다.

◉ 정답 및 해설

| 07 | 수납액 확인은 고객 입회하에 면전에서 대조 확인 후 수납한다. |
| 08 | 수납인은 고객에게 수령했음을 확인해 주는 영수증과 같은 의미의 도장이다. 횡선인은 제시은행을 나타내며 사실상 부정행위 취득을 방지하기 위한 제도이다. |

정답 07 ① 08 ①

09

위조지폐 발견 시 행동요령으로 가장 잘못된 것은?

① 관할 경찰서에 신고 및 위조지폐를 송부하고 한국은행 앞으로 통보한다.
② 금융기관 직원은 위조지폐를 강제 회수할 수 있는 권한은 없다.
③ 위조지폐는 복사하여 원본과 함께 봉투에 넣어 보관한다.
④ 위조지폐를 손으로 만지지 말고 집게나 장갑을 사용한다.
⑤ 관할 경찰서 앞으로 실물과 함께 발견 내역 등을 작성하여 신고한다.

10

수납인과 횡선인의 관리에 대한 설명 중 가장 잘못된 것은?

① 횡선인은 고객에게 돈을 받고 이를 확인해 주는 영수인이라 볼 수 있다.
② 수표에 횡선을 긋는 이유는 부정 취득 방지에 있다.
③ 새로 조제할 경우 관리대장에 등재하여 영업점장 결재 후 사용한다.
④ 현금보관 장소 내의 현금금고에 보관하여야 한다.
⑤ 관리대장은 폐기일로부터 5년간 보관하도록 한다.

정답 및 해설

09	위조지폐는 가능한 한 봉투에 넣어 보관하며, 복사기로 복사를 하여서는 안 된다. 복사를 하면 지문 채취가 어려워지기 때문이다.
10	수납인에 대한 설명이다.

정답 09 ③ 10 ①

11 ★★

다음 중 어음수납 시 유의사항이 아닌 것은?

① 어음요건의 구비 여부
② 위·변조 여부
③ 어음의 제시기간 경과 여부
④ 발행인의 당행 거래 여부
⑤ 지시금지어음 여부

◎ 정답 및 해설

11 　[어음수납 시 구비해야 할 형식적 요건]
1. 어음요건의 구비 여부
2. 어음의 제시기간 경과 여부
3. 배서의 연속 유무
4. 위·변조 여부
5. 지시금지어음 여부
6. 은행에서 교부받은 약속어음 용지인지 여부

[수표수납 시 유의사항]
1. 기명날인(지급인의 성명기입 후 인장 찍기) 및 서명(사인을 하는 것)
2. 금액 : 수표상 금액의 문자와 숫자가 상이할 경우 - 문자로 기재된 금액 우선
3. 기명식수표 : 지시식수표라고도 하며 지시인의 기명날인 필요
4. 횡선수표
　• 자점권인횡선수표 : 창구 직접수납보다는 교환에 회부하도록 유도
　• 특정횡선수표 : 지점이 지정된 경우만 수납 가능
5. 지급제시기간 : 발행일을 포함하여 11일

정답 11 ④

12 ✪✪

다음 중 옳지 않은 것은?

① 타점권은 오른쪽 상단에 특정횡선을 날인한다.
② 수납업무는 현금계정에 수입하는 업무를 말한다.
③ 전표작성과 관련된 업무는 계산업무이다.
④ 현금부족의 원인이 밝혀지지 않은 경우에는 가지급금으로 처리한다.
⑤ 영업점의 통화보유한도 배정은 출납담당책임자가 배정한다.

13 ✪✪

다음 중 지급업무의 개념으로 옳지 않은 것은?

① 고객에게 지급하는 업무로서 수납업무의 반대이다.
② 채권의 발생, 채무의 소멸이 일어난다.
③ 은행업무 중 기본이 되는 거래의 하나이다.
④ 정당한 지급 권한이 있는지는 은행원의 판단 영역이 아니다.
⑤ 지급준비금에 대한 규정은 존재하는 것이 일반적이다.

◆ **정답 및 해설**

12	각 은행의 자금부서에서 배정한다.
13	지급 권한에 대한 판단은 지급거래를 시행하는 직원과 책임자의 몫이다.

정답 12 ⑤ 13 ④

14 ★★

다음 중 지급업무와 관련하여 옳지 않은 것은?

① 현금의 지급은 지급전표에 의하여 지급한다.
② 지급불능사유가 있는지 확인하고 처리한다.
③ 전결권자의 결재를 받아 지급한다.
④ 전표의 인감과 통장의 인감을 확인한다.
⑤ 서명계좌의 경우 서명이 일치함을 확인 후 지급한다.

15 ★★★

다음 중 수표수납 시 유의사항과 관련하여 옳은 것은?

① 외국인이 발행한 수표 및 여행자수표 역시 수납할 경우 기명날인이 필요하다.
② 문자와 숫자로 기재된 수표의 금액에 차이가 있을 경우 숫자로 기재된 금액을 기준으로 한다.
③ 문자와 숫자로 기재된 수표의 금액에 차이가 있을 경우 큰 금액을 기준으로 한다.
④ 일반횡선수표는 은행 또는 거래처에 한하여 수납할 수 있다.
⑤ 특정횡선수표는 지점이 발행은행으로 지정된 경우에만 수납할 수 있다.

◆ **정답 및 해설**

14	서명계좌는 실명(본인) 확인이 필요하다.
15	① 외국인이 발행한 수표 및 여행자수표의 경우 기명날인 없이 서명만으로 가능하다. ② 문자와 숫자로 기재된 수표의 금액에 차이가 있을 경우 문자로 기재된 금액을 기준으로 한다. ③ 문자와 숫자로 기재된 수표의 금액에 차이가 있을 경우 적은 금액을 기준으로 한다. ⑤ 특정횡선수표는 지점이 당행으로 지정된 경우에만 수납할 수 있다.

정답 14 ⑤ 15 ④

16 ✪✪✪

지급절차에 대한 설명 중 가장 잘못된 것은?

① 청구서, 수표 등을 고객으로부터 접수하여 이상유무를 확인한다.
② 지급하기 전에 수령인에게 금액을 물어 전표와 일치 여부를 확인한다.
③ 지급전표에 출납인과 출납원의 취급인을 날인한다.
④ 자동화기기 등을 이용할 경우 출납인 날인 생략이 가능하다.
⑤ 지급 거래는 신속성 확보를 위해 창구직원 전결로 처리한다.

17 ✪

자금의 현수송에 대한 설명으로 옳지 않은 것은?

① 영업점이 여유자금의 관리를 위하여 현금을 운송하는 행위를 자금의 현송이라고 한다.
② 현수점에서는 현송자금이 도착하면 자금현송명세서와 현송자금 일치 여부를 확인해야 한다.
③ 동일은행 간의 현수송에는 사용인감신고서는 사용하지 않는다.
④ 자금의 현수송은 안전을 위하여 직원에 의하게 함이 원칙이다.
⑤ 현수점 직원이 현수할 경우에는 현수점의 현송책임자에게 인계해야 한다.

정답 및 해설

16	금융기관 직원이 강제로 회수할 권한은 없고, 신고하여야 하는 의무를 부담할 뿐이다.
17	④ 자금의 현수송은 현금운송 시의 피탈을 방지하고 은행 직원들이 본연의 은행 업무를 충실히 수행하도록 하기 위해 전문 현송회사를 통해서 위탁운송하고 있다.

정답 16 ⑤ 17 ④

18 ⚐⚐

다음 중 출납업무와 가장 관련이 없는 업무는?

① 현금수납
② 현금지급
③ 자금 현수송
④ 어음교환
⑤ 일일감사 점검

19 ⚐

지폐의 소속단위와 주화의 소봉함 단위로 맞게 짝지어진 것은?

① 지폐 – 100장 단위, 주화 – 50개 단위
② 지폐 – 200장 단위, 주화 – 50개 단위
③ 지폐 – 50장 단위, 주화 – 50개 단위
④ 지폐 – 100장 단위, 주화 – 100개 단위
⑤ 지폐 – 300장 단위, 주화 – 100개 단위

정답 및 해설

18 | 일일감사 점검은 백오피스와 관련되어 있다.

정답 18 ⑤ 19 ①

20 ✪✪✪

손상화폐의 교환기준에 대한 설명으로 잘못된 것은?

① 손상권의 남아 있는 면적이 원래 크기의 4분의 3 이상인 경우 전액으로 교환한다.
② 손상권의 남아 있는 면적이 원래 크기의 5분의 2 이상인 경우 반액으로 교환한다.
③ 손상권의 남아 있는 면적이 원래 크기의 5분의 2 미만인 경우 무효권으로 처리한다.
④ 불에 탄 화폐(소손권)의 재가 원형이 유지된 경우 전액 교환이 가능하다.
⑤ 불에 탄 화폐(소손권)의 재가 모두 흩어진 경우 반액 교환이 가능하다.

21 ✪✪

다음 중 현금정사업무에 해당하지 않는 것은?

① 장수와 금액의 확인 후 결속
② 사용권과 손상권의 구분정리
③ 위변조화폐의 색출
④ 전액권과 반액권의 판정
⑤ 출납인과 취급자인의 날인

◎ 정답 및 해설

| 20 | ⑤ 불에 탄 화폐(소손권)의 재가 모두 흩어진 경우 교환이 불가능하다. |
| 21 | ⑤는 지급업무 처리절차에 해당한다. |

정답 20 ⑤ 21 ⑤

22 ✪✪✪

지폐의 정사요령에 대한 설명 중 옳지 않은 것은?

① 사용권의 경우에는 앞·뒷면 구분은 생략하되, 첫 장은 앞면이 위치하도록 끝장은 뒷면이 위치하도록 정리해야 한다.
② 손상권의 경우에는 부분적으로 파손된 것은 뒷면을 백색용지로 덧붙이고 권면면적이 부족하거나 파손이 심하여 부분적으로 덧붙이기 곤란한 것은 권면크기의 구멍 뚫린 백색용지를 뒷면에 해야 한다.
③ 손상화폐가 남아있는 면적이 원래 크기의 2/3 이상인 경우에는 전액으로 교환한다.
④ 주화의 경우에는 사용주화와 손상주화로 구분하여 정사한다.
⑤ 손상권의 작은 묶음은 매 소속별 100장 단위로 정리한다.

◉ 정답 및 해설

22	남아 있는 면적이 원래 크기의 3/4 이상이어야 전액으로 교환한다.

[사용권의 정사요령]

작은 묶음	• 매 소속별 100장 단위로 정리 • 소속결속용 띠지로 첫 장 앞면을 기준으로 권면의 왼쪽 끝에서 1/3 되는 선에 띠지의 중앙이 일치되도록 세로로 묶음
큰 묶음	각 소속을 동일한 방향으로 하여 가로세로의 중앙을 십자형으로 묶음

[손상화폐의 교환 : 한국은행 기준]
① 전액으로 교환 : 남아 있는 면적이 원래 크기의 3/4 이상인 경우
② 반액으로 교환 : 남아 있는 면적이 원래 크기의 2/5 이상인 경우
③ 무효권으로 처리 : 남아 있는 면적이 원래 크기의 2/5 미만인 경우

정답 22 ③

23 ✪✪✪

불에 탄 화폐(소손권) 교환기준에 대한 설명으로 옳지 않은 것은?

① 일부가 탄 소손권의 경우 불에 탄 부분의 재가 흩어지지 않고 원형을 유지할 경우에는 전액교환이 가능하다.
② 일부가 탄 소손권의 경우 불에 탄 부분의 재가 일부 흩어진 경우에는 타지 않은 부분을 포함한 남은 면적을 기준으로 교환한다.
③ 완전히 탄 소손권의 재가 모두 흩어졌을 경우에는 재를 모은 후 모은 재를 기준으로 교환한다.
④ 완전히 탄 소손권의 형태를 육안으로 알아볼 수 있고 재가 흩어지지 않고 원상을 그대로 유지하고 있다면 전액 교환이 가능하다.
⑤ 완전히 탄 소손권의 형태를 육안으로 알아볼 수 있고 불에 탄 재가 일부만 원형을 유지고 있다면 원형을 유지하는 부분을 기준으로 교환한다.

◆ 정답 및 해설

23 | ③ 완전히 탄 소손권의 재가 모두 흩어졌을 경우에는 교환이 불가하다.

정답 23 ③

24 ★

같은 종류, 같은 성질의 자산·부채·자본 및 수익·비용의 변동을 명백하게 하기 위하여 설정하는 계산상의 구분을 무엇이라고 하는가?

① 계좌
② 항목
③ 전표
④ 계정과목
⑤ 계정

25 ★★

다음 문장의 괄호 안에 들어갈 단어로 옳은 것은?

| 고객이 대출을 받기 위해 은행을 방문하여 대출을 받은 경우 은행의 입장에서는 (　　) 계정이 증가하게 된다. |

① 부채
② 자산
③ 자본
⑤ 자본잉여금
⑤ 자기자본

◆ 정답 및 해설

24 [용어정리]
1) 계정 : 같은 종류, 같은 성질의 자산·부채·자본 및 수익·비용의 변동을 명백하게 하기 위하여 설정하는 계산상의 구분
2) 계좌 : 계정을 설정하는 계산 장소
3) 계정과목 : 계정계좌의 명칭으로, 재무상태표(B/S) 및 손익계산서(I/S) 계정과목으로 구분하며 종류와 배열순서는 은행의 업무규정으로 따로 정함

25 은행에서 대출을 할 경우 나중에 돌려받아야 할 부분으로 회계적으로는 "자산"으로 인식하고, 은행에서 예금을 받으면 나중에 돌려줘야 할 부분으로 회계적으로는 "부채"로 인식한다.

정답 24 ⑤ 25 ②

26 ★★

전표에 대한 설명 중 올바른 것은?

① 전표는 거래내용을 간단명료하게 기재한 자료이다.
② 전표에는 전출전표, 송금전표, 특이전표가 있다.
③ 대체거래는 현금발생이 수반하는 거래를 의미한다.
④ 전표는 조작자별로 작성함이 원칙이다.
⑤ 입금 및 지급 건수가 과다하여도 무조건 건별로 작성해야 한다.

27 ★★

다음 중 전표거래 및 연동거래에 대한 설명 중 옳지 않은 것은?

① 창구직원의 전결금액 이내의 창구 입금거래는 무전표 처리한다.
② 정상거래의 취소, 정정거래는 무전표 처리 대상에서 제외된다.
③ 연동거래 성사 시 반드시 지급업무가 선행되어야 한다.
④ 연동거래 취소, 정정 시 지급업무부터 취소, 정정되어야 한다.
⑤ 연동거래는 전액 대체거래로 처리한다.

정답 및 해설

26	② 전표에는 입금전표, 지급전표, 입출금 공용전표가 있다. ③ 대체거래는 현금거래가 수반하지 않는다. ④ 전표는 계정과목별로 작성한다. ⑤ 건수가 과다할 경우 총괄전표 작성이 가능하다.
27	연동거래 취소, 정정 시 거래 역순에 따라 입금업무부터 취소, 정정되어야 한다.

정답 26 ① 27 ④

28 ✪✪

다음 중 무전표거래에 해당하는 것은?

① 창구직원 전결금액을 초과하는 입출금거래
② 고객의 의뢰에 의한 연동거래
③ 송금수수료 발생거래
④ 취소 및 정정거래
⑤ Center - Cut 전산 일괄처리 업무

29 ✪✪

전표작성에 대한 설명으로 옳지 않은 것은?

① 전표는 일자별로 작성해야 한다.
② 연동거래로 인한 전산처리의 경우 계정과목별 작성원칙의 예외에 해당한다.
③ 입금건수가 과다한 경우 총괄전표를 이용할 수 있다.
④ 전표금액이 외국통화인 경우 외국화폐단위를 먼저 쓰고 금액을 쓴다.
⑤ 전표발생 계정을 간단하게 기재하는 곳을 적요란이라고 한다.

◉ 정답 및 해설

28	[무전표거래제에서 제외되는 경우] ① 창구직원 전결금액 초과거래 ② 고객의 의뢰에 의한 연동거래 ③ 송금수수료 발생거래 ④ 취소 및 정정거래 ⑤ 무통장입금거래 ⑥ 마감 후 입금거래
29	계정과목별로 작성해야 한다. [전표 작성원칙] 원칙적으로는 계정과목별로 작성하나 예외적으로 입금 및 지급건수가 과다하거나 기타 전산처리상 필요한 경우에는 총괄전표의 작성이 가능하다. ☞ 원칙은 1거래당 1전표이지만 여러 거래를 1전표에 작성하는 경우도 있다.

정답 28 ⑤ 29 ①

30

전표의 취소 및 정정에 대한 설명으로 거리가 먼 것은?

① 정표 정정 시 조작자는 계정과목에 관계없이 일련번호순으로 정정한다.
② 정표 정정 시 취소전표도 일반전표의 거래순서에 포함하여 처리한다.
③ 전표의 금액은 정정이 불가능하다.
④ 전표작성이 잘못된 경우 잘못된 금액은 정당금액 차액만을 정정해서는 안 되며 전액을 정정한다.
⑤ 취소 및 정정사유가 발생한 경우에 전표에 파란 글씨로 사유를 기재한다.

31

전표의 보관 및 관리방법에 대한 설명으로 옳지 않은 것은?

① 전표매수가 적은 회계단위에서는 정리된 수일분(최장 7영업일 이내)의 전표를 일자순으로 합하여 제본할 수 있다.
② 전표철의 대여 및 열람 시에는 전표관리대장에 의해 수를 명확하게 해야 한다.
③ 매일분의 전표는 1권으로 제본하지만, 전표수가 많으면 분할하여 제본할 수 있다.
④ 전표는 순서대로 정리하여 2~3일 이내에 제본해야 한다.
⑤ 전표의 총매수는 전표집계표의 총매수와 일치해야 한다.

정답 및 해설

| 30 | 붉은 글씨로 기재한다. |
| 31 | 수일분은 최장 6영업일 이내를 의미한다. |

정답 30 ⑤ 31 ①

32

일일계산 마감절차에 대한 설명으로 옳지 않은 것은?

① 조작자별로 실시하며 조작자별 처리전표는 전표 일련번호 순으로 정리한다.
② 회계별로 별도의 전표일련번호가 부여되는 경우에는 각 회계별 순으로 정리한다.
③ 어음·수표류의 경우에는 최종처리 전표 앞에 전표번호 순으로 정리한다.
④ 조작자는 전표집계표를 출력하여 처리전표매수와의 일치 여부 및 전표의 불비사항 여부를 확인한 후 담당책임자의 결재를 받아 계산담당자에게 인도한다.
⑤ 당일마감전표는 담당책임자의 결재 후 계산담당자에게 인도한다.

33

다음 중 연동거래에 대한 업무처리 중 가장 잘못된 것은?

① 전액 대체거래 처리한다.
② 모든 연동거래는 지급처리한 후 입금처리한다.
③ 연동거래 취소 시 개별 건별로 취소한다.
④ 연동거래 취소 시 출금부터 취소한다.
⑤ 출금업무 미실시 후 입금거래함을 무자원거래라고 한다.

정답 및 해설

32	어음·수표류의 경우에는 최종처리 전표 다음에 전표번호 순으로 정리한다.
33	연동거래 취소 시 입금업무부터 취소한다.

정답 32 ③ 33 ④

34

다음 중 가지급금계정에 해당하지 않는 것은?

① 법적 절차 비용
② 담보물건에 대한 화재보험료
③ 업무상 소송에 필요한 일체의 비용
④ 출납과잉금
⑤ 경비로 지급될 자금에 대한 일시적 추산자금

정답 및 해설

34	가수금계정에 포함된다.

[계정분류]

구분	내용
가수금 계정	① 출납과잉금 ② 대출금 가지급금 등의 원리금내입금 ③ 교환 회부할 매입 내국신용장 어음의 결제대금 영수증 수납액 ④ 일시적 가수금 ⑤ 기타
가지급금 계정	① 출납부족금 등 사고수습을 위한 일시적 지급자금 ② 법적 절차 비용 ③ 업무상 소송에 필요한 일체의 비용 ④ 신주청약증거금, 업무용 고정자산 취득관계자금 ⑤ 기타

정답 34 ④

35 ⭐⭐

마감 후 거래에 대한 설명 중 옳은 것은?

① 마감 후 거래 시 전표, 장부, 통장 등의 일자는 거래 익일로 한다.
② 텔레뱅킹의 휴일거래는 익영업일에 포함하며 이자기산도 익영업일로 처리한다.
③ 당일 마감전표는 담당책임자 결재 후 계산담당자에게 인도한다.
④ 마감 후 전표는 출납담당책임자가 현금시재와 함께 서랍에 보관했다가 익영업일에 조작자에게 인계하면 조작자가 금고에 보관한다.
⑤ 마감 후 거래는 부득이한 경우 승인 없이도 가능하다.

36 ⭐⭐

마감 후 거래에 대한 설명으로 옳지 않은 것은?

① 마감 후 거래의 이자는 마감 후 거래일자로 기산한다.
② 전표와 장부에 마감 후라고 기재한다.
③ 마감 후 전표는 모출납이 보관한다.
④ 마감 후 계수 및 전표 묶음은 다음 영업일에 포함된다.
⑤ 전자금융에 있어 휴일거래는 다음 영업일에 포함된다.

◎ 정답 및 해설

35	① 거래 당일로 한다. ② 이자기산일은 거래 당일로 처리한다. ④ 현금시재와 함께 금고에 보관한다. ⑤ 승인을 받아야 취급할 수 있다.
36	담당책임자가 보관한다.

정답 35 ③ 36 ③

37

다음 중 가수금계정에 해당하지 않는 것은?

① 동산, 부동산 등의 처분내입금
② 출납부족금
③ 대출금의 원리금내입금
④ 손익계정 수입금
⑤ 손익계정 경비환입

38

가수금 및 가지급금계정 처리 원칙으로 잘못된 것은?

① 가수금 지급은 원칙적으로 현금 처리하여야 한다.
② 가수금은 자동화기기에서 발생한 경우를 제외하고 원칙적으로 3개월 이상을 보유할 수 없다.
③ 가지급금은 화재보험료 및 법적 절차비를 제외하고 원칙적으로 3개월 이상을 보유할 수 없다.
④ 가지급금 처리는 전결권자의 승인을 얻은 후에 업무 처리하여야 한다.
⑤ 정해진 기간 내에 정당 내용이 판명되지 않을 경우 가수금은 이익금 항목으로, 가지급금은 손실금 항목으로 처리한다.

정답 및 해설

37	출납과잉금이 가수금계정이며, 출납부족금은 가지급금계정으로 처리한다.
38	가수금 지급은 원칙적으로 대체 처리하여야 한다.

정답 37 ② 38 ①

Chapter 01 | 자가학습진단표

자신의 학습성취도를 스스로 진단하세요.

	진단 내용	Yes	No
01	현금 범위에 대하여 나열할 수 있습니까?		
02	현금과부족 시 처리방법을 숙지하고 있습니까? 현금부족 시 가지급금 처리과정에 대한 이해와 현금과잉 시 가수금 처리와 이익금 처리에 대하여 상세한 이해를 하고 있습니까?		
03	수납업무와 관련하여 유의할 사항에 대하여 설명할 수 있습니까?		
04	수납인과 횡선인의 의미와 관리요령에 대하여 설명할 수 있습니까? 또한 폐기된 경우 관리요령을 이해하고 있습니까?		
05	손상권 정사요령에 대하여 설명할 수 있습니까? 또한 손상화폐의 교환 기준에 대해서 알고 있습니까?		
06	자금의 현수송 시 유의점을 숙지하고 있습니까?		
07	계정, 계정과목이란 용어를 정리하고 있습니까?		
08	전표의 종류와 대용전표에 대하여 구분하여 설명할 수 있습니까?		
09	전표의 작성원칙에 대하여 숙지되어 있습니까?		
10	전표의 취소와 정정에 대해 알고 있습니까? 특히 취소 순서에 대하여 인지하고 있습니까?		
11	연동거래 시 업무 처리의 주의점에 대하여 인지하고 있습니까?		
12	전표의 제본방법에 대하여 설명할 수 있습니까?		
13	일일계산마감과 마감 후 거래에 대해 알고 있습니까?		
14	가수금과 가지급금계정을 구분하여 설명할 수 있습니까?		

Yes 개수별 진단결과

- 7개 이하 : 합격예상도는 40% ➔ 기본서로 관련 내용을 다시 한번 꼼꼼하게 학습하세요.
- 8~10개 : 합격예상도는 60% ➔ 핵심 정리를 통해 주요 내용을 다시 한번 체크하세요.
- 11개 이상 : 합격예상도는 80% ➔ 문제를 통해 100% 합격에 도전하세요.

제2장

전자금융 및 지로·공과금

출제경향분석 ▼

전자금융은 은행창구에서 이루어지는 금융서비스를 컴퓨터와 정보통신 기술을 사용하여 자동화 및 전자화를 시키는 과정으로 전자적 수단을 통해 은행업무, 증권업무, 보험업무, 지급결제업무 등이 이루어집니다. 주요내용을 살펴보면 전자금융의 특징, 텔레뱅킹의 이용대상, OTP발생기, 인터넷뱅킹의 특징, 공동인증서, 금융결제원 CMS공동망업무, 펌뱅킹의 특징, 스쿨뱅킹의 특징, 모바일뱅킹의 특징 등이 있습니다.

지로업무는 장표지로업무, 인터넷지로업무, 자동이체업무, 대량지급업무, 납부자 자동이체업무가 있는데, 각 업무에 대한 의의와 특징을 살펴보고 정리를 해 둘 필요가 있습니다. 실무를 경험하지 않은 경우 매우 생소하게 여길 수 있는 과목으로 중요부분을 집중 대비하는 전략이 필요한 과목입니다.

Chapter 02 | 문제로 보는 출제경향

01

다음 중 전자금융의 특징이 아닌 것은?

① 저렴한 비용으로 무한한 효용 등의 장점이 있다.
② 텔러의 도움 없이 24시간 은행거래가 가능하다.
③ 일방향의 거래로 인해 고객만족의 극대화가 어렵다.
④ 보안 리스크를 증대시킬 우려가 있다.
⑤ 국가 간 신용평가의 어려움 등이 발생할 수 있다.

해설 쌍방향 거래가 가능하다.

정답 ③

02

다음 중 텔레뱅킹 신청 시 가장 잘못된 업무처리는?

① 개인고객이 신청 시 실명확인증표를 통해 본인확인만 거치면 된다.
② 미성년자는 법정대리인의 관계를 확인할 수 있는 서류를 받는다.
③ 개인기업은 대리신청이 불가하다.
④ 법인고객은 본인확인서류와 위임관계 서류 확인 시에만 대리신청이 가능하다.
⑤ 이체비밀번호는 고객이 전화 등을 이용해 등록한다.

해설 개인고객은 실명확인증표와 통장, 거래인감을 확인한다.

정답 ①

03

다음 중 인터넷뱅킹의 특징과 가장 거리가 먼 것은?

① 은행의 업무처리 비용이 크게 감소한다.
② 은행의 경쟁력은 제고할 수 있으나 고객 편의성과는 거리가 멀다.
③ 철저한 보안장치 구축이 필요하다.
④ 고객중심의 보다 신속하고 편리한 서비스를 제공한다.
⑤ 지역적, 시간적 제약을 뛰어 넘어 금융거래를 할 수 있다.

해설 은행의 경쟁력과 고객 편의성을 동시에 제고 가능하다.

정답 ②

04

다음 지문의 괄호 안에 들어갈 단어로 옳은 것은?

> (   )(이)라 함은 수취인의 전자적 장치를 통한 지급지시에 따라 은행이 지급인의 출금계좌에서 자금을 출금하여 같은 은행 또는 다른 은행의 계좌에 입금하는 것을 말한다.

① 추심이체
② 계좌송금
③ 계좌이체
④ 지연이체
⑤ 출금이체

해설 지문은 추심이체에 대한 설명이다.

정답 ①

Chapter 02 | 출제예상 문제

중요도에 따라 Self 맞춤형 학습이 가능한 출제예상 문제입니다. 각자의 목표점수에 맞게 문제를 선별하여 풀어보세요!

(중요도 = ✪✪✪ 상 / ✪✪ 중 / ✪ 하)

01 ✪✪

전자금융의 개요에 대한 설명으로 옳지 않은 것은?

① 인터넷 또는 전자매체를 통해 금융서비스를 제공한다.
② 협의로는 금융기관의 기계화 및 컴퓨터화를 구현하는 것이다.
③ 광의로는 금융기관이 새로운 금융상품과 금융경로를 제공한다.
④ 다이얼식 전화기의 사용으로 폰뱅킹 서비스를 활성화한다.
⑤ 전자금융거래 수단으로는 ATM, 전화기, 컴퓨터, 직불카드 단말기, 휴대폰이 있다.

02 ✪✪

전자금융의 특징과 가장 거리가 먼 것은?

① 금융거래의 효율성과 편리성을 제고하는 데 크게 기여하고 있다.
② 금융사고 발생의 잠재적 가능성이 커지는 측면도 있다.
③ 저렴한 비용으로 무한한 효용 등의 강점이 있다.
④ 인적 물적 비용의 증가로 수익성이 약화되는 측면이 있다.
⑤ 새로운 상품의 개발, 지급결제시스템의 효율성 제고 등이 기대된다.

◆ 정답 및 해설

01	다이얼식이 아니라 버튼식 보급으로 폰뱅킹서비스가 활성화되었다. [전자금융] 텔레뱅킹, 인터넷뱅킹, 펌뱅킹, 모바일뱅킹 등을 말한다.
02	인적 물적 비용이 절감되어 고부가가치 산업으로 이행되는 호기를 맞고 있다.

정답 01 ④ 02 ④

03 ⭐

다음 중 금융기관별로 OTP발생기를 각각 구입해서 이용하는 데 따른 비용 부담과 불편해소를 목적으로 설립한 기구의 이름은 무엇인가?

① OTP통합인증센터 ② OTP감독원
③ OTP발생기 ④ OTP인증원
⑤ OTP수련원

04 ⭐⭐

다음 중 전자금융 업무 및 용어에 대한 설명으로 옳지 않은 것은?

① 전자적 장치라 함은 현금자동지급기, 컴퓨터, 그 밖에 전자적 방법으로 전자금융거래정보를 전송하거나 처리하는 데 이용되는 장치를 말한다.
② 영업일이라 함은 통상 은행이 점포에서 정상적인 영업을 하는 날을 말한다.
③ 수취인이란 자금이 입금되는 계좌의 명의인을 말한다.
④ 지연이체란 이용자가 계좌이체 거래지시를 한 시점으로부터 일정 시간이 경과한 후에 은행이 이를 처리하는 것을 말한다.
⑤ 지급인이란 자금이 출금되는 계좌에서 지급처리를 담당하는 은행을 말한다.

✅ 정답 및 해설

| 03 | OTP통합인증센터에 대한 설명이다. |
| 04 | 지급인이란 자금이 출금되는 계좌의 명의인을 말한다. |

정답 03 ① 04 ⑤

은행텔러

05 ⭐⭐⭐

다음 중 텔레뱅킹의 이용신청 및 업무처리절차에 대한 설명으로 옳지 않은 것은?

① 지급(출금)계좌 등록 시에는 고객이 지시한 계좌에 한하여 등록한다.
② 개인의 경우 실명확인증표에 의해 본인확인하고 통장과 인감 등을 확인하여야 한다.
③ 가입신청서는 고객이 자필로 기재하여야 한다.
④ 법인의 경우 대리인이 법인대표 개인의 인감증명서를 통해 위임관계를 확인한다.
⑤ 보안등급과 보안매체에 따라 이체 한도가 달라질 수 있다.

06 ⭐⭐⭐

보안카드(시크리트카드)에 대한 설명으로 옳지 않은 것은?

① 계좌이체 시 기존의 비밀번호의 대용으로 사용한다.
② 재발급은 영업점에 방문하여 발급받아야 한다.
③ 사고를 예방을 위해 이체 시마다 무작위로 임의의 코드번호에 해당하는 비밀번호를 요구한다.
④ 전자금융서비스의 가입자 모두가 가입 대상이다.
⑤ 30개 또는 50개의 코드번호와 해당 비밀번호가 수록되어 있다.

◎ 정답 및 해설

| 05 | 법인의 경우 법인인감증명서 등을 통해 본인 확인 및 위임관계를 확인한다. |
| 06 | 시크리트카드는 계좌이체 시 기존의 비밀번호 외에 보완용 비밀번호를 추가로 사용하기 위한 카드이다. |

정답 05 ④ 06 ①

07 ㅇㅇ

텔레뱅킹의 이용신청 및 업무처리절차에 대한 설명으로 옳지 않은 것은?

① 미성년자가 서비스를 이용하고자 할 때에는 본인 외에 법정대리인이 대신 신청을 할 수 있다.
② 법인고객이 서비스를 신청하는 경우에는 대표자의 실명확인증표와 사업자등록증 등을 받는다.
③ 지급계좌 등록 시에는 고객이 지시하여 확인한 계좌만 입력한다.
④ 가입신청 후 3영업일 이내에 이체비밀번호를 등록하지 못할 경우 이용 정지됨을 안내한다.
⑤ OTP발생기는 일회용 비밀번호 생성보완 매체로서 연속 5번 비밀번호 오류 시 은행을 방문하여 잠금 해제를 요청하여야 한다.

08 ㅇㅇㅇ

다음 OTP발생기에 대한 설명 중 옳지 않은 것은?

① OTP발생기는 One Time Password의 약자로 4자리의 숫자 비밀번호를 생성하여 보여주는 보안매체를 말한다.
② 전자금융을 이용하고 있는 개인고객 중 1일 이체한도가 5천만원을 초과하거나 1회 이체한도가 1천만원을 초과하는 고객은 OTP발생기를 필수적으로 사용해야 한다.
③ 고객이 보유하고 있는 OTP발생기 1개로 OTP통합인증센터에 참가하고 있는 금융기관의 전자금융서비스 이용이 가능하다.
④ OTP발생기를 다른 금융기관에서 사용하기 위해서는 고객이 신분증을 지참하고 해당 금융기관을 방문하여 OTP사용신청을 하면 된다.
⑤ 시크리트(보안)카드보다 OTP발생기가 더 안전한 보안수단이다.

◎ 정답 및 해설

| 07 | OTP발생기는 연속 10번 비밀번호 오류 시 은행을 방문하여 잠금 해제를 요청하여야 한다. |
| 08 | OTP발생기는 6자리의 숫자 비밀번호를 생성하는 보안매체이다. |

정답 07 ⑤ 08 ①

09 ✪✪

다음 지문의 ( ) 안에 들어갈 숫자로 옳은 것은?

> 본인확인을 위한 정보로 스마트보안카드 인증번호는 연속 ( )회 불일치할 때 자동정지되고, OTP발생기는 전 금융기관을 통합하여 연속 ( )회 불일치할 때 자동정지된다.

① 3, 5
② 5, 5
③ 3, 10
④ 5, 10
⑤ 10, 10

10 ✪✪✪

다음 중 법인인 고객의 대표가 직접 텔레뱅킹을 신청할 때 징구하는 서류가 아닌 것은?

① 거래통장 또는 현금카드
② 대표자 실명확인증표
③ 법인 인감
④ 법인등기부등본
⑤ 위임장

◉ 정답 및 해설

09	본인확인을 위한 정보가 아래와 같이 불일치할 때 자동정지된다. • 계좌비밀번호, 보안(씨크리트)카드 비밀번호 : 연속 3회 • PIN, 스마트보안카드 인증번호, 바이오공인인증 정보 : 연속 5회 • OTP발생기 : 전 금융기관 통합 연속 10회.
10	위임장은 대리인 신청 시 필요하다.

정답 09 ④ 10 ⑤

11 ☆☆☆

전자금융에 관해 고객에게 안내사항에 대한 설명 중 가장 잘못된 것은?

① 통장비밀번호, 이체비밀번호 등 개인금융정보의 관리에 철저히 기하도록 안내한다.
② 휴대폰번호, 이메일 등 주요 거래정보 통지수단은 정확히 작성하도록 하고 변경될 경우에는 신속히 은행에 통보하도록 한다.
③ 은행 직원들이 고객에게 비밀번호 정보 등을 요구할 때 신속히 응답한다.
④ 전자금융을 이용한 신종 사기사건에 현혹되지 않도록 적극 홍보한다.
⑤ 통장 입출금 거래내역의 SMS 통지서비스를 적극 안내한다.

12 ☆☆

인터넷뱅킹의 특징과 가장 거리가 먼 것은?

① 업무처리 비용이 크게 감소한다.
② 은행의 경쟁력이 제고되고 고객의 이용편의성이 크게 증대된다.
③ 인터넷 자체 보안장치로 별도의 보안장치 구축이 필요 없다.
④ 전 세계를 대상으로 24시간 서비스 제공이 가능하다.
⑤ 고객중심의 보다 신속하고 편리한 서비스를 제공하고 있다.

◉ 정답 및 해설

11	은행직원들은 개인의 비밀번호, 씨크리트카드번호 등을 절대 요구하지 않음
12	해킹방지 등을 위한 암호화 등 철저한 보안장치 구축이 필요하다.

정답 11 ③ 12 ③

13

공동인증서의 종류에 대한 설명 중 가장 잘못된 것은?

① 은행 보험용 개인인증서는 발급이 무료이다.
② 개인인증서는 개인과 개인사업자를 대상으로 한다.
③ 은행 보험용 기업인증서는 발급이 무료이다.
④ 기업인증서 전자금융 범용은 11만원이 발급비용이다.
⑤ 개인인증서 전자거래 범용 발급 시 수수료가 부과된다.

14

인터넷뱅킹 이용에 관한 설명으로 바르지 않은 것은?

① 발급순서는 약관동의 → 사용자 본인확인 → 출금계좌번호 및 시크리트카드 입력 → 고객세부정보 입력 → 인증서 암호 및 저장위치 선정 → 인증서 발급완료이다.
② 안전카드 분실신고 등록된 계좌는 계좌이체가 불가능하다.
③ 공동인증서 비밀번호(통장비밀번호 아님)는 철저히 관리하며, 수시로 변경 사용토록 안내한다.
④ 최종 이체일로부터 6개월 이내 이체실적이 없는 경우에는 거래가 정지된다.
⑤ 신규 가입일로부터 3영업일 이내 이체비밀번호 미등록 시 거래가 정지된다.

정답 및 해설

| 13 | 은행 보험용 기업인증서는 4,400원의 수수료가 발생한다. |
| 14 | 12개월(일부은행은 신규 후 3개월 이내) |

정답 13 ③ 14 ④

15

다음 중 텔레뱅킹 업무 처리 시 유의사항으로 가장 거리가 먼 것은?

① 타점권은 추심이 완료된 때에 이체가능하다.
② 통장분실 사고신고 계좌는 계좌이체가 제한될 수 있다.
③ 전자금융을 이용하여 고객이 직접 처리한 계좌이체는 원칙적으로 취소가 불가하다.
④ 이체지정일에 복수의 의뢰가 있을 경우 은행이 접수받은 순서에 따른다.
⑤ 공동명의 예금도 전자금융거래를 이용할 수 있다.

16

공동인증서 발급에 대한 설명으로 옳지 않은 것은?

① 최종 이체일로부터 12개월 이내 이체실적이 없는 경우 거래가 정지된다.
② 은행권은 금융결제원의 공동인증서를 사용하고 있으며, 공동인증서 1개로 다른 은행의 인터넷뱅킹을 사용할 수 있다.
③ 이체비밀번호는 영업점 핀패드를 통하여 등록이 불가하다.
④ 통장분실 또는 인감분실로 사고신고 등록된 계좌는 전자금융을 통한 계좌이체가 제한될 수 있다.
⑤ 비밀번호는 철저히 관리하며 수시로 변경 사용하도록 안내한다.

◎ 정답 및 해설

15	공동명의 예금은 불가하다.
16	이체비밀번호는 영업점 핀패드를 통하여 등록이 가능하다.

정답 15 ⑤ 16 ③

17

다음 중 은행이 정한 인증서에 대한 설명으로 옳지 않은 것은?

① 은행이 정한 인증서란 이용자 본인 확인을 위해 인증기관으로부터 발급받은 전자적 정보이다.
② 은행이 정한 인증서에는 대표적으로 공동인증서와 금융인증서가 있다.
③ 개인의 경우에는 전자거래 범용으로 공동인증서를 발급할 경우에는 무료이다.
④ 법인의 경우에는 전자거래 범용으로 공동인증서를 발급할 경우 수수료는 110,000원(부가세 포함)이다.
⑤ 공동인증서는 인터넷에서 일어나는 각종 계약, 신청 등에 사용할 수 있다.

18

다음 중 펌뱅킹 서비스 내용과 가장 거리가 먼 것은?

① 자금집금 관리업무
② 자동계좌 이체업무
③ 자금지급 이체업무
④ 실시간 자금관리업무
⑤ 교통범칙금 납부업무

정답 및 해설

17 | 개인의 경우에는 은행, 보험용 개인인증서는 무료이지만, 전자거래 범용으로 공동인증서를 발급할 경우에는 연간 4,400원을 수수료로 내야 한다.
[공동인증서 종류]

구분		대상자	수수료(부가세포함)
기업 인증서	은행, 보험용	법인, 개인사업자	4,400원 / 년
	전자거래 범용		110,000원 / 년
개인 인증서	은행, 보험용	개인, 개인사업자	무료
	전자거래 범용		4,400원 / 년

18 | 범칙금 납부업무는 세부사항으로 큰 범위로 인정하기는 어렵다.

정답 17 ③ 18 ⑤

19 ★★

다음 중 펌뱅킹 이용 대상 고객과 가장 거리가 먼 것은?

① 스타트업 기업 ② 경비회사
③ 보험사 ④ 정부기관
⑤ 학교

20 ★★

펌뱅킹과 스쿨뱅킹에 대한 이점으로 옳지 않은 것은?

① 펌뱅킹업무는 이용업체 입장에서는 자금관리를 위한 시간, 인력, 비용이 절감된다.
② 펌뱅킹업무는 은행입장에서는 자금관리시스템 연계로 거래고객의 이탈이 감소한다.
③ 펌뱅킹업무는 은행입장에서는 창구업무량이 늘어나지만 수수료 수입은 증대한다.
④ 스쿨뱅킹업무의 학교입장에서는 교사들의 수납업무 부담이 해소되고 미납자관리가 용이하다.
⑤ 스쿨뱅킹업무의 은행입장에서는 저원가성 자금이 증대하고, 신규고객 및 기타 부수거래 유치가 가능하다.

21 ★★

은행과 이용업체 간 펌뱅킹 거래 시 은행 측면의 이점이 아닌 것은?

① 펌뱅킹업무 이용에 따른 수수료 수입이 증대된다.
② 창구업무량이 경감된다.
③ 자금관리시스템 연계로 거래이전의 제약효과 및 기여도가 제고된다.
④ 자금관리를 위한 인력이 절감된다.
⑤ 자금수납 및 지급업무를 위한 저원가성 계좌(모계좌)를 유치할 수 있다.

◐ 정답 및 해설

19	펌뱅킹은 주로 중대형 기업체, 직원이 많은 기업, 정부기관, 공공기관 등에서 많이 활용되고 있다.
20	은행입장에서는 창구업무량이 감소한다.
21	이용업체 이점에 대한 설명이다.

정답 19 ① 20 ③ 21 ④

22

회사와 회사 거래고객 간의 경제거래에서 필연적으로 발생하는 자금의 수납 또는 지급을 당·타행의 계좌 간 자금이체방식으로 일괄 처리할 수 있도록 금융권이 공동 주관하고 금융결제원이 운영하는 일괄 자금이체시스템을 무엇이라고 하는가?

① 펌뱅킹
② 인터넷뱅킹
③ 텔레뱅킹
④ CMS공동망
⑤ B2P서비스

23

금융결제원 CMS에 관한 설명으로 옳지 않은 것은?

① 입금이체 시 지급계좌에서 자금을 인출하여 각기 상이한 은행에 계좌를 가진 다수의 수취인에게 자금을 지급한다.
② 출금이체 시 다수의 납부자 예금계좌에서 출금하여 이용기관의 수납계좌에 입금시킨다.
③ 금융결제원의 CMS를 사용하면 거래비용을 절감할 수 있다.
④ 금융결제원의 CMS를 사용하는 경우에는 효율적으로 관리가 가능하다.
⑤ 펌뱅킹이 당행 계좌 간의 이체라면 금융결제원의 CMS공동망을 이용하여 당행 계좌에 한정하여 출금 및 입금할 수 있다.

◎ 정답 및 해설

22	CMS공동망에 대한 설명이다. CMS공동망(Cash Management Service) : 금융결제원과 공동망 참가은행의 전산을 이용하여 납부자의 자금이체, 지급 등을 하는 서비스로 타행계좌에도 가능 ☞ 출금이체(수납업무), 입금이체(지급업무), 실시간 계좌조회 및 계좌등록
23	펌뱅킹이 당행 계좌 간의 이체라면 금융결제원의 CMS공동망을 이용하여 당행뿐만 아니라 타행계좌에도 출금 및 입금할 수 있다.

정답 22 ④ 23 ⑤

24 ★★

금융결제원 CMS 공동망업무에 대한 설명으로 거리가 먼 것은?

① 당행뿐만 아니라 타행계좌에도 출금 및 입금을 할 수 있는 서비스이다.
② 출금이체(수납업무)란 다수의 납부자 예금계좌에서 출금하여 이용기관의 수납계좌에 입금시키는 업무이다.
③ 입금이체(지급업무)란 이용기관의 지급계좌에서 자금을 인출하여 다수의 수취인에게 자금을 지급하는 업무이다.
④ 전자금융거래로 인력, 시간, 비용을 절감할 수 있다.
⑤ 실시간으로 계좌등록이나 실명조회는 할 수 없다.

25 ★

IC칩(Integrated Circuit chip) 기반 모바일뱅킹 서비스에 대한 설명으로 잘못된 것은?

① 이용대상자는 인터넷뱅킹 가입고객 중 IC칩이 장착된 전용 휴대폰을 보유한 개인 및 개인사업자이다.
② 현금카드나 통장이 없어도 자동화기기 간 적외선 통신에 의해 입출금이 가능하다.
③ 수시로 고객인증번호(PIN) 변경이 가능하여 사고예방에 대비할 수 있다.
④ 서비스이용 중 콜센터로 연결되어 상담원과 직접 통화가 가능하다.
⑤ 신용카드 기능이 부여되어 물품구입 시 신용카드로 사용이 가능하다.

정답 및 해설

24	실시간으로 계좌등록이나 실명조회를 할 수 있다.
25	IC칩 기반 모바일뱅킹 서비스에는 신용카드 기능은 없다.

정답 24 ⑤ 25 ⑤

26

모바일뱅킹에 대한 설명으로 옳지 않은 것은?

① IC칩 기반 모바일뱅킹이란 고객의 금융정보를 수록하여 발급한 IC칩을 전용 휴대폰에 장착한 후 금융정보를 불러 각종 조회, 자금이체, 현금출금 서비스 등의 은행업무를 간편하게 이용할 수 있는 모바일뱅킹 서비스이다.
② IC칩 기반 모바일 뱅킹은 인터넷뱅킹서비스 가입고객 중 IC칩 장착이 가능한 전용 휴대폰을 보유한 개인 또는 개인사업자이다.
③ VM모바일뱅킹은 휴대폰에 모바일뱅킹 서비스를 이용할 수 있는 전용프로그램을 다운로드 받아 서비스를 이용하는 방식으로 무료로 사용할 수 있다.
④ 3G모바일 뱅킹은 3세대휴대폰 서비스를 사용고객이 이용하는 모바일뱅킹이다.
⑤ 휴대폰에서 바로 무선인터넷에 접속하여 조회·이체 등 간단한 은행업무를 이용할 수 있는 서비스이다.

27

다음 중 스마트폰 안전수칙과 가장 거리가 먼 것은?

① 발신인이 불명확한 메시지나 메일은 삭제하기
② 블루투스 등 무선인터페이스는 사용 시에만 켜놓기
③ 신뢰할 수 없는 사이트 방문하지 않기
④ 비밀번호 설정 기능은 이용하고 주기적으로 변경하기
⑤ 백신 프로그램은 개통 시 버전 계속 유지하기

정답 및 해설

26	VM(Virtual Machine)모바일뱅킹은 휴대폰에 모바일뱅킹 서비스를 이용할 수 있는 전용프로그램을 다운로드 받아 서비스를 이용하는 방식으로 이용요금은 이통사가 정하며(통상 1,000원 내외) 휴대폰에 포함하여 징구한다.
27	⑤ 백신 프로그램은 주기적으로 버전을 업데이트 한다.

정답 26 ③ 27 ⑤

28 ⭐

전자화폐(IC카드)의 기능이 아닌 것은?

① 공동인증서 보관 기능
② PC보안 기능
③ 주민등록 기능
④ 전자통장 기능
⑤ 신용카드·직불카드·교통카드 기능

29 ⭐

지로제도(GIRO)와 관련된 설명 중 맞지 않은 것은?

① 지급결제제도는 이용자 측면에서 당사자 간 직접 만나야 하는 불편함을 해소하고 경제적인 낭비를 줄이는 등 국민대중의 경제생활을 편리하고 안전하게 한다.
② 최근에는 컴퓨터 및 통신기술을 이용한 전자자금 이체제도로 신속하고 정확한 대금결제가 가능하게 되었다.
③ 오늘날 지급결제제도 중 지로제도는 미국을 중심으로, 수표제도는 유럽 각국에서 주로 사용되고 있다.
④ 지로라는 말은 희랍어로 원래 원(Ring, Circle) 또는 회전(Circulation, Revolution)을 의미한다.
⑤ 우리나라의 지로제도는 1977년 2월 서울지역의 전기요금 수납이체업무에 처음 적용시킨 때부터 시작하였다.

정답 및 해설

28	전자화폐(IC카드)는 주민등록 기능이 없다. [전자화폐의 종류] 1. K-CASH : 국내은행 공동으로 발행하는 전자화폐 2. A-CASH : 신용카드가 주관하여 발행하는 전자화폐 3. Visa CASH : Visa사 주관하에 한미·하나은행에서 발행하는 전자화폐
29	수표제도는 영국에서 시작되었으나 오늘날 북아메리카 대륙의 주된 지급결제 수단이다.

정답 28 ③ 29 ③

30

지로제도의 특성으로 잘못된 것은?

① 신속하게 처리할 수 있다는 특성이 있다.
② 저렴하게 처리할 수 있다는 특성이 있다.
③ 편리하게 처리할 수 있다는 특성이 있다.
④ 안전하게 처리할 수 있다는 특성이 있다.
⑤ 지역에 제한 없이 처리할 수 있다는 특성이 있다.

31

지로제도에 대한 일반적인 설명 중 틀린 것은?

① 지로제도는 납부매체를 중심으로 구분할 경우 장표지로업무와 자동계좌이체업무로 구분할 수 있다.
② 지로수수료 및 고객수수료는 금융결제원이 결정한다.
③ 지로업무규약은 지로업무 실시에 필요한 제반사항을 참가은행 합의로 정한 지로업무 최상위 규범이다.
④ 지로제도의 결제방식은 전금에 의한 결제구조를 가지고 있어 부도가 발생하지 않는다.
⑤ 지로제도에 참가할 수 있는 기관은 금융결제원의 사원 및 준사원과 결제원 총회에서 특별참가를 승인받은 기관이다.

정답 및 해설

30	지로제도의 특성은 안전성, 편리성, 저렴성이지만 신속성은 결여되어 있다. 저렴성 : 대량처리를 적은 비용으로 가능 안전성 : 수표소지에 따른 분실 위험 경감 편리성 : 거래은행과 지역의 관계없이 누구나 이용 가능
31	지로수수료 및 고객수수료는 참가은행이 자율적으로 결정한다. 장표지로업무 : 금융결제원으로부터 지로번호 승인 후 지로장표로 고객으로부터 대금 수납

정답 30 ① 31 ②

32 ★★

다음 중 전자지로 업무로만 연결된 것은?

> ㉠ 자동계좌이체업무　　㉡ 지방세수납이체업무
> ㉢ 인터넷지로업무　　㉣ 대량지급업무
> ㉤ 일반계좌이체업무

① ㉠ - ㉡ - ㉢　　② ㉠ - ㉢ - ㉣
③ ㉠ - ㉢ - ㉤　　④ ㉠ - ㉡ - ㉤
⑤ ㉢ - ㉣ - ㉤

33 ★★

지로번호에 관한 설명으로 옳은 것은?

① 지로번호는 6자리로 영문자와 아라비아 숫자를 혼합해 사용한다.
② 지로번호는 모든 지로업무의 이용기관에 부여된다.
③ 지로번호는 이용기관이 거래 금융기관이나 계좌번호를 바꾸면 변경된다.
④ 지로번호는 1개 업체에 대해 복수로 부여하는 경우는 없다.
⑤ 지로번호는 금융결제원이 이용기관에 부여한다.

◆ 정답 및 해설

| 32 | 일반계좌이체업무, 지방세수납이체업무는 전자지로 업무가 아니다. |
| 33 | ① 지로번호는 7자리의 숫자이고, 업종분류 2자리, 업종별 일련번호 4자리, 검증번호 1자리로 구성되어 있다.
② 지로번호는 장표지로업무, 인터넷지로업무 및 자동이체업무를 이용하는 기관에만 부여된다.
③ 지로번호는 이용기관이 거래 금융기관이나 계좌번호를 바꾸더라도 변경되지 않는다.
④ 지로번호는 필요한 경우 복수로 부여하기도 한다. |

정답　32 ②　33 ⑤

34

다음 빈칸에 알맞은 지로장표의 종류를 순서대로 나열한 것은?

> - 수납할 금액이 일정치 않고 매월 이용건수가 대량인 업체에서 사용하는 장표로 모든 처리 과정이 전산으로 이뤄지는 장표는 (가)이다.
> - A4 등의 임의규격 용지에 지로번호와 전자납부번호, 납부자, 납부금액 등을 인쇄하여 고객이 전자수납매체에서 조회납부할 수 있도록 발행하는 고지서는 (나)이다.
> - 수납할 금액이 일정치 않은 경우나 기부금 등과 같이 고객이 금액을 직접 기재하여 납부하는 경우 사용하는 장표는 (다)이다.

	(가)	(나)	(다)
①	전자납부전용전표	표준 OCR장표	MICR장표
②	정액 OCR장표	MICR장표	전자납부전용전표
③	MICR장표	정액 OCR장표	전자납부전용전표
④	표준 OCR장표	OCR장표	정액 OCR장표
⑤	OCR장표	전자납부전용전표	MICR장표

정답 및 해설

34 [지로장표]
- OCR장표 : 수납할 금액이 일정치 않고, 수납건수가 대량인 경우 사용하는 장표 ☞ 지로번호, 고객조회번호, 금액, 장표코드가 OCR문자로 인자, 2매 1조 구성
- 정액 OCR장표 : 정액 수납 금액이 있는 기관에서 사용하는 장표 ☞ 지로번호, 금액, 장표코드가 OCR문자로 인자되어 있으며, 납부자내역은 납부자 또는 이용기관이 수기로 기재 가능, 2매 1조 구성
- MICR장표 : 납부자가 금액 및 내역을 수기로 직접 기재하여 납부 가능한 장표 ☞ 지로번호와 장표코드만 MICR문자로 인자, 2매 1조 구성
- 전자납부전용장표 : A4 등의 임의규격 용지에 지로번호, 전자납부번호, 납부자, 납부금액 등을 인쇄하여 발행하는 고지서 ☞ 1매 1조 구성

정답 34 ⑤

35

다음에 해당하는 장표는?

- 지로번호가 존재하지 않으며 분류코드로 기관을 확인한다.
- 전자처리부분이 2줄이다.
- 대형이용기관으로는 KT, 한국전력공사, 국민건강보험공단 등이 이용을 하고 있다.

① A장표
② 정액 OCR장표
③ OCR장표
④ 표준 OCR장표
⑤ MICR장표

36

다음 중 장표지로 수납 정보가 이용기관에 이미지 형태로 제공되는 것끼리 바르게 묶은 것은?

| 가. OCR장표 | 나. 정액OCR |
| 다. 표준OCR | 라. MICR장표 |

① 가, 나
② 가, 다
③ 나, 다
④ 나, 라
⑤ 다, 라

● 정답 및 해설

| 35 | 표준 OCR장표에 대한 설명이다. |
| 36 | 정액OCR과 MICR장표는 이미지 형태로 제공된다. |

정답 35 ④ 36 ④

37

지로장표에 대한 다음 설명 중 옳은 것은?

① 지로장표는 가로배열로 구분된다.
② 이용기관은 거래 금융기관이 정한 장표구비요건을 갖추어야 한다.
③ 전자납부 전용장표는 2매 1조로 구성된다.
④ 지로장표의 인쇄는 회사가 거래하는 인쇄업체에서 조제하여도 무방하다.
⑤ 표준 OCR장표는 지로번호가 없고 분류코드로 기관을 식별한다.

38

지로장표 수납 시 유의사항으로 가장 잘못된 설명은?

① 지로장표의 통지서와 영수증의 기재내용 일치여부를 확인한다.
② 표준 OCR장표는 납기일 경과여부를 보고 금액을 수납해야 한다.
③ 규정된 지로용 수납인과 청색 스탬프 잉크를 사용하여 정확히 날인한다.
④ 통지서 우측의 절취 부분을 정확하게 절취한다.
⑤ 온라인 창구수납분은 영업시간 이후 일괄 단말 입금처리 한다.

◆ 정답 및 해설

37	① 지로장표는 배열방식에 따라 가로배열 및 세로배열로 구분된다. ② 이용기관은 금융결제원이 정하는 장표구비요건을 갖추어야 한다. ③ 전자납부 전용장표는 1매 1조로 구성된다. ④ 지로장표는 반드시 지로장표 적격인쇄업체에서 조제하여야 한다.
38	고객이 납부 즉시 단말에서 입력하여 수납처리 한다.

정답 37 ⑤ 38 ⑤

39 ★

KT, 한국전력공사, 국민건강보험공단, 국민연금공단이 사용하는 전산처리용 장표는?

① MICR장표
② 정액 OCR장표
③ 전자납부전용전표
④ 표준 OCR장표
⑤ OCR장표

40 ★★

금융결제원은 일정한 경우 지로이용기관에 대한 지로번호 승인을 취소할 수 있다. 다음 중 이와 같은 지로번호 취소사유에 해당하지 않는 것은?

① 금융결제원의 승인 없이 지로번호와 지로장표를 지로거래 이외의 목적으로 사용한 경우
② 승인내용을 준수하지 않거나 약관을 위반하여 지로업무처리에 지장을 초래한 경우
③ 업무처리상 필요에 의해 정당하게 금융결제원이 지로장표의 변경을 요구하였으나 합리적 이유 없이 이행하지 않은 경우
④ 납부자의 이의제기로 발생한 분쟁을 신속하게 처리하지 않은 경우
⑤ 이용실적이 전혀 없는 날이 1개월 중 3일 이상인 경우

정답 및 해설

39	표준 OCR장표는 전기요금, KT전화요금, 건강보험료, 국민연금보험료의 4대 공과금용 장표이다.
40	최초 승인일로부터 6개월간 또는 최근 1년 동안 이용실적이 없는 경우에 지로번호를 취소할 수 있다.

정답 39 ④ 40 ⑤

41

인터넷 지로 수납에 대한 설명으로 틀린 것은?

① 국세 납부의 경우에는 신용카드로 납부할 수 있다.
② 납부서비스는 365일 24시간 연중무휴로 가능하다.
③ 이용기관은 금융결제원으로부터 승인을 받은 모든 기관이다.
④ 은행 간 수수료는 건당 80원이다.
⑤ 이용매체는 인터넷지로 www.giro.or.kr 또는 은행 인터넷뱅킹 사이트이다.

42

지로대금의 수취인이 금융결제원으로부터 지로번호를 부여받아야 하는 지로업무는?

① 대량지급업무
② 납부자 자동이체업무
③ 자동계좌이체업무
④ 지방세수납이체업무
⑤ 정답 없음

정답 및 해설

41 인터넷 지로 업무는 고객이 각종 지로·공과금, 국고금 및 지방세입금 등을 인터넷 지로 사이트 및 인터넷뱅킹에서 납부할 수 있도록 결제원과 금융기관이 공동으로 제공하고 있는 업무이다. 인터넷지로 납부 시에는 계좌이체나 신용카드로 납부가 가능하며, 신용카드는 국세 및 일부 지로요금의 납부에만 이용할 수 있다.
② 인터넷 지로 납부는 연중무휴로서 00:30부터 22:00까지(매월 두 번째 토요일은 07:00~22:00) 인터넷으로 대금을 납부할 수 있으며, 각종 조회서비스는 연중무휴 24시간 이용이 가능하다.

42 자동계좌이체업무는 지로대금의 수취인이 금융결제원으로부터 지로번호를 부여받아야 한다.
• 대량지급업무 : 지급자가 다수의 수취인에게 계좌이체 시 사용(예 월급, 연금 이체 등)
• 납부자 자동이체 : 개인이 정기적으로 출금하여 다른 계좌로 이체, 1일 소요(예 적금 납입, 생활비 이체)
• 자동이체업무 : 지속 납부해야 할 공과금 등을 지정계좌에서 출금하여 이체(예 전화요금, 공과금 납부 등)

정답 41 ② 42 ③

43 ⭐

일시에 많은 사람에게 돈을 지급하고자 할 때 거래은행을 통하여 수취인의 예금계좌로 자금을 이체해 주는 업무로 주로 급여, 연금, 배당금, 장학금 등 지급에 많이 이용되고 있는 지로업무는?

① 자동이체 계좌업무　　　　　② 대량지급업무
③ 납부자 자동이체업무　　　　④ 지방세 수납 이체업무
⑤ CD / ATM 자동수납업무

44 ⭐

다음 경우에 창구직원이 추천할 수 있는 서비스는?

> A회사의 출장비를 다수의 직원들에게 개인별 이체를 하는 것이 매우 번거로울 경우 어떠한 서비스를 이용하는 것이 편리한가?

① 장부납부　　　　　　　　　　② 자동이체
③ 대량지급　　　　　　　　　　④ 인터넷이체
⑤ 납세자자금이체

◎ 정답 및 해설

43	대량지급업무에 대한 설명이다.
44	대량지급업무는 지급인이 각종 대금을 다수의 수취인에게 지급하고자 할 때 금융기관이 지급인의 계좌에서 출금하여 여러 금융기관에 등록되어 있는 수취인의 계좌로 이체해 주는 업무이다.

정답　43 ②　44 ③

45 ⚪⚪

대량지급업무의 처리흐름을 순서대로 나열한 것은?

가. 대량지급 자금의 출금	나. 입금처리 및 자금 정산
다. 지급인의 입금의뢰내역 작성	라. 수취인계좌에 입금의뢰

① 다→가→라→나 ② 다→가→나→라
③ 다→나→가→라 ④ 나→다→라→가
⑤ 라→다→나→가

46 ⚪⚪

지로업무 중 자동계좌이체업무의 처리절차로 가장 적절한 것은?

가. 납부자계좌에서의 출금 및 출금결과 통지
나. 이용기관의 출금 청구내역 작성 및 출금 요청
다. 출금대금 입금 및 자금정산
라. 고객의 자동이체 신청 접수 및 처리(단, 금융결제원의 처리절차는 생략함)

① 라→나→다→가 ② 라→가→나→다
③ 라→다→나→가 ④ 라→나→가→다
⑤ 라→가→다→나

● 정답 및 해설

45	대량지급의 월급 지급이나 연금지급 등 대량지급하는 경우 사용하고 있는 방식
46	[자동계좌이체업무 처리절차] ① 고객의 자동이체 신청 접수 및 처리 ② 이용기관의 출금 청구내역 작성 및 출금 요청 ③ 납부자계좌에서의 출금 및 출금결과 통지 ④ 출금대금 입금 및 자금정산

정답 45 ① 46 ④

47 ✪✪

다음 중 자동이체에 관한 설명으로 잘못된 것은?

① 금융기관은 자동이체 신청내역을 결제원으로 전송한다.
② 모든 자동이체 업무는 실시간으로 처리가 가능하다.
③ 납부자는 편리하게 납부할 수 있고 연체의 위험을 줄일 수 있다.
④ 금융기관은 효율적으로 수납업무를 처리할 수 있다.
⑤ 출금 우선순서는 수납 금융기관이 지정한 순서에 따른다.

48 ✪

자동계좌이체에 관한 설명으로 옳지 않은 것은?

① 금융결제원으로부터 거래승인을 받은 이용기관이 일시에 많은 사람에게 돈을 지급할 때 이용하는 업무로서 급여, 연금, 배당금에 주로 적용한다.
② 납부자는 자동납부신청서를 거래은행 또는 직접 접수기관에 제출하여야 한다.
③ 납부자는 거래은행 홈페이지를 통하여 전자적인 방법으로 자동납부 신청을 할 수 있다.
④ 참가은행본부는 금융결제원이 송부한 출금지시 명세자료에 의하여 해당 납기일 영업 마감 시각을 기준으로 출금한다.
⑤ 자동계좌이체 승인신청이 있으면 금융결제원은 해당 이용기관의 전산처리능력, 월이용건수 등을 심사하여 승인 여부를 결정한다.

◎ 정답 및 해설

47	자동이체 업무는 실시간 처리가 가능한 기관도 있다. 현재 금융기관은 지방자치단체(지방세), KT, 한국전력공사, 국민건강보험공단 등과 자동이체 신청업무를 실시간으로 처리하고 있다.
48	대량지급업무는 금융결제원으로부터 거래승인을 받은 이용기관이 일시에 많은 사람에게 돈을 지급할 때 이용하는 업무로서 급여, 연금, 배당금에 주로 적용한다.

정답 47 ② 48 ①

Chapter 02 | 자가학습진단표

	진단 내용	Yes	No
01	전자금융의 특징을 설명할 수 있습니까?		
02	전자금융 관련 용어에 대하여 정의할 수 있습니까?(특히 지급인, 수취인, 계좌이체, 계좌송금, 영업일을 중심으로)		
03	텔레뱅킹의 이용대상을 알고 있습니까?		
04	비밀번호 오류 및 해제에 관련한 내용을 이해하고 있습니까?		
05	OTP발생기의 의무화를 설명할 수 있습니까?		
06	거래이용 수단별 보안등급에 대하여 이해하고 있습니까?		
07	인터넷뱅킹으로 가능한 업무 서비스에 대하여 설명할 수 있습니까?		
08	공동인증서의 종류를 구분하고 이용수수료에 대하여 설명할 수 있습니까?		
09	인터넷 공과금 납부 가능한 종류에 대하여 숙지하고 있습니까?		
10	펌뱅킹의 은행과 이용업체의 이점을 숙지하고 있습니까?		
11	금융결제원 CMS 공동망업무를 설명할 수 있습니까?		
12	모바일뱅킹서비스를 이해하고 서비스내용을 설명할 수 있습니까?		
13	전자화폐에 대하여 구분하여 설명할 수 있습니까?		
14	지로제도의 특성에 대해 이해하고 있습니까?		
15	장표지로의 종류를 구분하고 비교하여 설명할 수 있습니까? 또한 업무 처리별로 적절한 장표를 연결하여 설명할 수 있습니까?(정액OCR장표, MICR, 표준OCR장표 중심으로)		
16	인터넷청구서 납부(EBPP)에 대하여 설명할 수 있습니까?		
17	표준OCR 사용기관에 대해 알고 있습니까?		
18	지로이용수수료의 결정에 대하여 이해하고 있습니까?		
19	인터넷지로업무의 개요와 납부절차를 이해하고 있습니까?		
20	자동이체업무의 개요와 업무처리절차를 이해하고 있습니까? 또한 주로 이용되는 사례를 이해하고 있습니까?		
21	대량지급업무의 개요와 업무처리절차를 이해하고 있습니까?		

자신의 학습성취도를 스스로 진단하세요.

	진단 내용	Yes	No
22	납부자 자동이체업무의 개요와 업무처리절차를 이해하고 있습니까? 또한 주로 이용되는 사례를 이해하고 있습니까?		
23	납부자 자동이체 신청 접수 시 유의할 사항에 대하여 설명할 수 있습니까?		

> **Yes 개수별 진단결과**

- 13개 이하 : 합격예상도는 40% ➜ 기본서로 관련 내용을 다시 한번 꼼꼼하게 학습하세요.
- 14~19개 : 합격예상도는 60% ➜ 핵심 정리를 통해 주요 내용을 다시 한번 체크하세요.
- 20개 이상 : 합격예상도는 80% ➜ 문제를 통해 100% 합격에 도전하세요.

제3장

신용카드

출제경향분석 ▼

이 과목은 텔러가 은행업무 수행 시 직접적으로 맡는 과목은 아니지만 창구업무에서 고객과 신용카드와 관련한 상담이 있을 수 있으므로 전반적인 내용을 이해하도록 요구하고 있습니다. 시험도 이에 맞추어 기본적으로 반드시 숙지하여 할 내용 위주로 출제되고 있는데, 신용카드 기능 및 종류 이해, 발급 자격기준 이해, 개인회원 구분, 재발급과 추가발급, 카드번호 체계, 카드이용 한도, 리볼빙 제도 등을 다루고 있습니다.

Chapter 03 | 문제로 보는 출제경향

01

다음 용어 중에서 '결제일과 이용기간의 차이'를 의미하는 단어는?

① 신용공여기간
② 이용한도
③ 연회비
④ 마그네틱
⑤ 청구일

해설 신용공여기간을 의미한다.

정답 ①

02

다음 중 부모, 배우자 등을 대상으로 본인회원이 모든 책임을 지고 승낙하여 발급된 카드를 의미하는 것은?

① 기업카드
② 기업개별카드
③ 본인회원카드
④ 가족회원카드
⑤ 구매전용카드

해설 신용카드 개인회원은 본인회원과 가족회원으로 나뉘는데, 가족회원이 발급하는 가족회원카드에 대한 설명이다.

정답 ④

03

신용카드 교부방법으로 가장 거리가 먼 것은?

① 은행영업점 교부
② 계약제휴업체 교부
③ 인편 교부
④ 우편을 이용한 교부
⑤ 지정 가맹점을 통한 교부

해설 지정 가맹점을 통한 교부는 불가하다.

정답 ⑤

04

다음 중 할부거래에 대한 설명으로 틀린 것은?

① 회원 총한도 이내에서 사용 가능
② 할부기간동안 할부수수료와 함께 청구
③ 이용금액은 건당 5만원 이상의 매출
④ 수수료는 기본수수료와 가산수수료로 구성된다.
⑤ 2개월 이상 분납 시 할부거래에 대한 법률이 적용된다.

해설 ⑤ 2개월 분납 시에는 미적용된다.

정답 ⑤

Chapter 03 | 출제예상 문제

중요도에 따라 Self 맞춤형 학습이 가능한 출제예상 문제입니다. 각자의 목표점수에 맞게 문제를 선별하여 풀어보세요!

(중요도 = ❂❂❂ 상 / ❂❂ 중 / ❂ 하)

01 ❂

다음 중 신용카드 발급기준, 부대업무, 회원 및 가맹점 책임 등과 관련된 법규는?

① 여신전문금융업법
② 은행감독규정
③ 약관규제에 관한 법률
④ 신용정보의 이용 및 보호에 관한 법률
⑤ 할부거래에 관한 법률

02 ❂❂

신용카드의 기능으로 볼 수 없는 것은?

① 대금지불 기능
② 소비자신용 기능
③ 신분확인 기능
④ 간접적 금액할인 혜택
⑤ 외상 매출 증대로 인한 가계부채 증가

◉ 정답 및 해설

| 01 | 여신전문금융업법에 관한 설명이다. |
| 02 | 가계부채 증가는 부정적 측면이다. |

정답 01 ① 02 ⑤

03 ★★

가맹점의 입장 및 측면에서의 신용카드 역할과 가장 거리가 먼 것은?

① 외상 매출로 인한 위험 최소화
② 부가가치세 및 소득세 세액공제 혜택
③ 대금지급수단의 간편화
④ 타 가맹점, 카드사와의 공동마케팅을 통한 고객 확대
⑤ 효율적인 판매와 재고관리 기능

04 ★★★

체크카드와 선불카드에 대한 설명으로 옳지 않은 것은?

① 체크카드는 개인회원을 대상으로 하며, 기업회원은 발급이 불가하다.
② 체크카드에 신용한도는 부여되지 않는다.
③ 체크카드 이용한도는 1회, 1일, 월간으로 나누어 정해져 있다.
④ 선불카드는 이용에 있어서 회원가입계약 등은 필요하지 않다.
⑤ 기명식 선불카드는 권면금액 최고액이 500만원이고, 무기명식 선불카드는 권면금액 최고액이 50만원이다.

◎ 정답 및 해설

| 03 | 대금지급수단의 간편화는 회원의 측면에서 본 역할이다. |
| 04 | 체크카드는 개인 및 기업회원을 대상으로 발급 가능하다. |

정답 03 ③ 04 ①

05 ✪✪✪

다음 중 체크카드와 직불카드, 선불카드에 대한 설명으로 틀린 것은?

① 체크카드는 모든 신용카드 가맹점에서 사용 가능하다
② 체크카드는 예금 잔액 범위 및 이용한도 범위 내에서 사용 가능하다.
③ 직불카드는 모든 신용카드 가맹점에서 사용 가능하다.
④ 기명식 선불카드는 소득공제가 가능하다.
⑤ 선불카드의 유효기간은 발행일로부터 5년이다.

06 ✪

다음 중 체크, 신용결제 방식이 혼합된 겸용카드를 의미하는 단어는?

① 기업카드
② 체크카드
③ 선불카드
④ 하이브리드 카드
⑤ 직불카드

◉ 정답 및 해설

| 05 | 직불카드는 체크카드와 달리 직불카드 회원과 직불 가맹점간에 이체 방식으로 결제가 이루어지는데 신용카드업자가 발행한 증표이다. |
| 06 | 하이브리드카드에 대한 설명으로 체크카드 기반 상품과 신용카드 기반 상품으로 구분된다. |

정답 05 ③ 06 ④

07 ★★
신용카드의 회원에 관련 설명 중 옳지 않은 것은?

① 회원은 개인회원과 기업회원으로 구분한다.
② 가족회원은 카드이용에 관한 책임을 본인회원이 부담한다.
③ 가족카드는 본인회원과 별개로 가족회원의 별도 등급 카드가 발급된다.
④ 기업공용카드 사용 시 매출전표에는 사용자 개인의 서명을 기재해야 한다.
⑤ 기업개별카드의 앞면에는 사용자의 영문명이 기재되어 있다.

08 ★★
신용카드 회원에 대한 설명으로 잘못된 것은?

① 기업회원 개별카드의 1차 결제책임은 사용자 개인에 있다.
② 기업회원의 개별카드는 기업에서 지정된 특정 개인에게 사용할 수 있는 권리가 부여된다.
③ 가족회원의 신용카드 발급 요건은 발급신청일 현재 민법상 성인인 자이다.
④ 본인회원은 본인 및 가족회원의 카드에 관한 모든 행위 및 발생된 채무 전액에 대하여 책임을 진다.
⑤ 가족회원 이용분의 카드사 마일리지는 본인회원에게 적립할 수 있다.

◎ 정답 및 해설

07	가족카드는 통상 본인회원과 동일한 제휴카드 및 동일 등급의 카드로 발급된다.
08	• 기업회원 개별카드 : 기명식 법인카드, 임직원명의 법인카드라고도 하며, 기업에서 실제 사용할 임직원을 지정하여 발급받는 카드이다. 이 경우 기업에서 1차적으로 결제 책임을 진다. • 개인형 법인카드 : 개인계좌로 결제하고 기업에 청구하는 방식의 카드로, 카드 사용자인 개인이 1차적으로 결제 책임을 진다.

정답 07 ③ 08 ①

09 ★★★

다음 신용카드 모집 및 발급 관련 업무에 대한 설명 중 가장 잘못된 것은?

① 기업공용카드는 법인의 임직원이면 누구나 사용할 수 있다.
② 개인회원은 발급심사 기준 민법상 성년 이상이어야 한다.
③ 법인카드는 종류에 따라 대표자 또는 사용자의 은행계좌를 연결하여 사용할 수 있다.
④ 방문 모집 시 신분증 정보를 기재하고 권유자가 본인확인을 한다.
⑤ 최근 길거리 모집이 활성화되고 있다.

10 ★★★

다음 중 신용카드 모집 시 제한되는 행위가 아닌 것은?

① 다단계판매 방식을 활용한 모집
② 친인척, 지인을 통한 모집
③ 이동 가능한 부스를 활용한 모집
④ 야외 공원과 같은 외부 공간을 활용한 모집
⑤ 사무실 방문을 통한 모집

정답 및 해설

09	길거리 모집은 금지되어 있다.
10	방문을 통한 회원모집은 원칙적으로 금지된다. 단, 사전 동의를 받은 후 방문하거나, 사업장을 방문하는 경우는 가능하다. 사업장 방문이란 사무실, 공장과 오피스텔 및 주상복합건물의 업무용 시설 등을 방문하는 것을 의미한다.

정답 09 ⑤ 10 ⑤

11 ✦✦

신용카드의 재발급 사유가 아닌 것은?

① 기존카드의 도난, 분실, 훼손, 교체된 경우
② 카드회원의 직장 및 주소가 변경된 경우
③ 기존카드의 유효기간이 만료된 경우
④ 기존카드 등급이 변경되는 경우
⑤ 기존카드 기능을 변경하는 경우

12 ✦✦

다음 중 신용카드 발급을 위한 본인확인증표에 해당하지 않는 것은?

① 주민등록증
② 임시 주민등록증
③ 운전면허증
④ 국내발행여권
⑤ 아파트 입주민확인서

◎ 정답 및 해설

11	직장주소 변경은 재발급없이 회원정보 변경으로 가능하다. [신용카드 발급] 신규발급, 재발급, 추가발급, 갱신발급(카드사별 차등 운영)
12	일반인의 경우 주민등록증, 운전면허증, 국내발행여권으로 본인확인이 가능하다. 또 청소년의 경우 청소년증, 노인(장애인) 복지카드도 가능하다. 이 중에서 현재 분실 중이나 재발급 중인 경우 임시증(발급확인신청서)으로도 본인확인이 가능하다.

정답 11 ② 12 ⑤

13 ⭐⭐

발급된 신용카드의 교부 방법과 가장 거리가 먼 것은?

① 영업점 교부
② 인편 교부
③ 우편 교부
④ VAN사 교부
⑤ 특송업체를 통한 교부

14 ⭐⭐⭐

신용카드 연회비에 관한 설명이다. 거리가 먼 것은?

① 회원의 최초년도 연회비는 면제되지 않는다.
② 1년 이상 사용하지 않은 카드에 대해서는 연회비를 청구하지 않는다.
③ 신용카드 한도가 0원인 경우에는 연회비를 청구하지 않는다.
④ 신용카드 해지 시 잔여기간에 대한 연회비는 반환하지 않는다.
⑤ 신용카드 연회비는 1년 단위로 청구한다.

정답 및 해설

13	VAN사를 통한 교부는 불가능하다.
14	신용카드 해지 시 잔여기간에 대한 연회비는 일할 계산하여 반환한다.

정답 13 ④ 14 ④

15 ✪✪✪

신용카드 유효기간에 관한 설명으로 잘못된 것은?

① 2022년 11월 15일 최초로 입회한 경우 유효기간은 2027년 10월까지이다.
② 유효기간 만료일이 2022년 5월(유효기간 5년)인 카드를 갱신 발급한 경우 갱신카드의 유효기간은 2027년 5월이다.
③ 유효기간 만료일이 2024년 5월(유효기간 5년)인 카드가 훼손되어 2022년 5월에 재발급한 경우에 유효기한은 2027년 4월이다.
④ 가족회원 카드 추가발급 시에는 본인회원 카드 유효기간과 동일하게 결정된다.
⑤ 회원이 별도로 단기 유효기간을 요청하는 경우에는 1년 단위의 유효기한으로 발급이 가능하다.

16 ✪✪

신용판매에 대한 설명으로 맞지 않은 것은?

① 회원은 신용판매를 통한 물품 또는 용역의 구매 시 일시불 또는 할부결제 중 선택할 수 있다.
② 2개월 할부 구매 시에는 할부의 철회권 및 항변권이 적용되지 않는다.
③ 할부기간은 1개월에서 18개월까지 선택이 가능하다.
④ 해외에서 신용판매를 이용할 경우에는 반드시 국외카드사와 제휴된 국내외 겸용 신용카드를 발급받아야 한다.
⑤ 국외에서의 신용판매 이용은 별도의 수수료가 징구되지 않지만, 결제금액에는 국외카드사의 국제거래 처리수수료가 포함되어 청구된다.

✔ 정답 및 해설

15 유효기간 만료일이 2024년 5월(유효기간 5년)인 카드가 훼손되어 2022년 5월에 재발급한 경우 유효기한은 원래 카드 유효기한인 2024년 5월이다.
16 할부기간은 2개월에서 18개월까지 선택이 가능하다.

정답 15 ③ 16 ③

은행텔러

17 ⭐

다음 중 신용카드 거래승인 원칙에 대한 설명으로 옳지 않은 것은?

① 거래승인 요청 금액이 회원의 이용한도 범위 내여야 한다.
② 카드의 유효기간이 경과하지 않아야 한다.
③ 분실, 도난, 연체 등의 사유로 거래정지가 되어 있지 않아야 한다.
④ 거래승인은 특별한 문제가 있는 경우를 제외하고는 연중무휴 24시간이 원칙이다.
⑤ 할부거래의 최저금액은 일반적으로 제한이 없다.

18 ⭐⭐

신용카드 이용대금의 결제에 대한 설명 중 틀린 것은?

① 회원결제제도는 개인회원을 대상으로 운영한다.
② 회원이 이용한 카드대금은 이용기간별로 마감하여 해당 결제일별로 청구한다.
③ 할부철회는 회원의 총구매금액의 20만원을 초과하는 경우에 가능하다.
④ 이용대금을 2회 분납제도로 이용한 경우에는 할부철회를 할 수 없다.
⑤ 할부 선결제 등으로 인하여 이미 할부기간이 만료되었더라도 할부항변은 인정할 수 있다.

◎ 정답 및 해설

| 17 | 할부거래의 최저 금액은 5만원 이상으로 제한이 있다. |
| 18 | 할부 선결제 등으로 인하여 이미 할부기간이 만료되었더라도 할부항변은 인정할 수 없다. |

정답 17 ⑤ 18 ⑤

19 ★★

리볼빙 결제에 대한 설명 중 옳지 않은 것은?

① 현금서비스는 리볼빙 대상에서 제외된다.
② 이용 매출은 일시불, 할부, 현금서비스이다.
③ 청구금액은 리볼빙 원금 + 리볼빙 수수료 + 할부 및 각종 수수료가 청구된다.
④ 결제는 정률식, 정액식으로 구분한다.
⑤ 국내일시불과 현금서비스의 구분 없이 미리 정한 최저금액 이상을 결제하면 잔여분에 대해서 상환이 연기된다.

20 ★★★

리볼빙에 대한 다음 설명 중 옳지 않은 것은?

① 리볼빙 결제서비스는 개인회원만 가입할 수 있다.
② 리볼빙 결제서비스 이용 시 월별 결제금액의 편차가 커질 수 있다는 특징이 있다.
③ 결제일 잔고가 최소결제금액 이하로 남아있는 경우에는 연체 처리가 된다.
④ 리볼빙 결제 서비스 이용한도는 통합한도 내에서 운용한다.
⑤ 정률식과 정액식 리볼빙 결제방식 중 국내에서는 정률식이 일반적이다.

◉ 정답 및 해설

19	[리볼빙 결제] • 회원별 이용한도 범위 내에서 일정금액만 결제하면 잔액의 상환이 연기되고 잔여 이용한도 범위 내에서 이용할 수 있는 결제방식 • 리볼빙 결제의 청구 및 결제 : 리볼빙 약정 대상회원은 BSS등급, 외부 신용평가회사 등급 등을 기초로 카드사가 자체적으로 정한다. • 기업회원은 불가 • 할부매출은 제외 • 잔고가 최소결제금액 이상이면 리볼빙 결제가 되고, 미만이면 연체가 된다. : 회원이 정한 최소결제비율 • 우리나라의 경우 정률법 : 통상 만원단위
20	리볼빙 결제제도 이용 시 월별 결제금액이 평준화되는 장점이 있다.

정답 19 ② 20 ②

은행텔러

21 ★★

장기카드대출에 대한 설명으로 가장 잘못된 것은?

① 회원이 카드론 이용에 동의한 경우에 한하여 이용가능하다.
② 서면이나, 인터넷 등을 통해 신청가능하다.
③ 원리금균등상환, 만기일시상환 등 카드사가 정한 기준에서 회원이 선택한다.
④ 대출금은 통상 현금지급된다.
⑤ 이용대금명세서와는 별도로 대출안내장이 발송된다.

22 ★★

이용대금의 회원청구에 대하여 옳은 것은?

① 카드사는 이용대금명세서를 우편으로 발송하는 방법 이외에 e - mail을 통해서 송부를 할 수 없다.
② 현금서비스 수수료와 취급수수료, 선납수수료를 선납일까지만 지급하면 된다.
③ 회원이 서면으로 신용카드의 이용금액에 대하여 이의를 제기할 경우에는 지정일에 지급을 하고 조사를 마친 후에 환급을 받는다.
④ 할부수수료는 카드사의 자금부담 등에 따른 수수료로 할부기간에 따라 차등 적용되지 않는다.
⑤ 할부판매 이용대금의 선납하는 방법은 부분선납만 적용된다.

◎ 정답 및 해설

21 | 본인의 결제계좌로 입금된다.
22 | ① 카드사는 이용대금명세서를 우편으로 발송하는 방법 이외에 e - mail을 통해서 송부를 할 수 있다.
③ 회원이 서면으로 신용카드의 이용금액에 대하여 이의를 제기할 경우에는 이에 대한 조사를 완료할 때까지 회원으로부터 해당 금액을 지급받을 수 없다.
④ 할부수수료는 카드사의 자금부담 등에 따른 수수료로 할부기간에 따라 차등 적용된다.
⑤ 할부판매 이용대금의 선납하는 방법은 할부 선완납과 부분선납이 있다.

정답 21 ④ 22 ②

23 ★★

카드이용대금의 청구 업무에 대한 다음 설명 중 옳지 않은 것은?

① 카드대금은 이용기간별로 마감한다.
② 가족회원의 경우 분리청구가 가능한 경우도 있다.
③ 일정금액 이상의 국내 일시불 거래를 할부거래로 전환할 수 있다.
④ 현금서비스 할부결제제도란 해외에서 이용한 현금서비스를 연단위로 나누어 계산하는 제도이다.
⑤ 개인채무 회생자는 이용대금명세서 발송대상에서 제외할 수 있다.

24 ★★

신용카드 이용한도에 대한 설명으로 옳지 않은 것은?

① 이용한도는 결제능력 심사기준과 자격기준에 가중치를 두어 책정한다.
② 현금서비스의 한도는 총이용한도의 40% 이내에서 부여한다.
③ 가족회원의 한도는 본인 회원한도와 별도로 부여된다.
④ 이용한도 증액은 회원의 요청이 있어야 가능하다.
⑤ 입회서류를 허위로 작성한 경우 회원에게 사전 통지를 해야 한다.

◎ 정답 및 해설

23 현금서비스 할부결제제도란 해외에서 이용한 현금서비스를 개월수로 나누어 계산하는 제도이다.
 • 국내일시불 할부결제제도
 • 해외일시불 할부결제제도
 • 할부개월수 변경제도 : 이 경우 무이자 혜택이 없어짐
24 가족회원의 한도는 본인 회원한도에 포함하여 합산 관리한다.

정답 23 ④ 24 ③

25 ★★

다음 중 신용카드 이용에 대한 설명으로 옳지 않은 것은?

① 신용판매는 일시불과 할부로 구분할 수 있다.
② 일시불의 경우 회원 총한도 범위 내에서 이용 가능하며 회원에게 별도의 수수료 또는 이자가 청구되지 않는다.
③ 할부가능 이용금액은 건당 5만원 이상의 매출에 한한다.
④ 할부이용 수수료는 할부이용 개월 수에 상관없이 동일하다.
⑤ 할부기간은 통상 2~18개월이나 카드사마다 다르다.

26 ★★

가맹점 업무에 대한 설명으로 바르지 않은 것은?

① 가맹점 계약은 쌍방이 해지의사가 없으면 1년씩 자동 연장된다.
② 가맹점은 사업자등록증을 소지하고 신청일 현재 정상 영업 중이어야 한다.
③ 가맹점 수수료율은 가맹점 업종별 수익률, 영업성, 신용카드업자에 대한 기여도 등을 종합적으로 판단하되, 신용카드업자별로 매출실적에 따라 차등 적용한다.
④ 가맹점 신규가입 시 신용판매대금 지급결제용 예금계좌를 개설한다.
⑤ 일반적으로 체크카드와 신용카드의 가맹점 수수료율은 동일하다.

◎ 정답 및 해설

25	할부수수료는 할부이용 개월 수에 따라 차등 적용하고 있다.
26	체크카드 수수료율이 신용카드 수수료율보다 낮다. [가맹점 가입조건] • 사업자 등록증을 소지 • 신청일 현재 영업 중 • 신용카드 조회용 단말기 설치

정답 25 ④ 26 ⑤

27

신용카드 가맹점에 대한 설명으로 옳지 않은 것은?

① 가맹점은 가맹점수수료를 신용카드회원 등으로 하여금 부담하게 하여서는 아니 된다.
② 가맹점은 신용카드에 의한 거래를 이유로 물품의 판매를 거절할 수 없다.
③ 가맹점 구매대금 결제 시 실제 매출금액을 초과한 신용카드거래 행위를 하여서는 아니 된다.
④ 카드사는 신용카드 가맹점의 수수료율을 사업자등록증의 업종을 기준으로 적용한다.
⑤ 신용카드 거래에 의하여 발생한 매출채권은 누구에게나 양도할 수 있다.

28

가맹점에 대한 설명으로 바르지 않은 것은?

① 가맹점 수수료율은 가맹점 매출실적에 따라 차등 적용하기도 한다.
② 가맹점계약은 3년으로 하되 계약만료 3개월 전까지 해지신청이 없는 경우에는 만료일로부터 1년씩 자동 연장된다.
③ 개인사업체의 경우 가맹점 결제용 계좌의 예금주는 대표자 명의로 하는 것을 원칙으로 하지만 특별한 경우 예외를 인정할 수 있다.
④ 가맹점 대표자가 신용불량자로 등재된 경우에는 가맹점 가입에 제한을 받을 수 있다.
⑤ 카드사는 실사대상 가맹점에 대하여 현장방문을 통해 실제 운영내용이 신청내용과 일치하는지 여부 및 가맹점 가입적격 여부를 확인할 수 있다.

◎ 정답 및 해설

27	신용카드 거래에 의하여 발생한 매출채권은 누구에게나 양도할 수 없다.
28	가맹점계약은 1년으로 하되 계약만료 1개월 전까지 해지신청이 없는 경우에는 만료일로부터 1년씩 자동 연장된다.

정답 27 ⑤ 28 ②

29

가맹점으로부터 접수한 매출표 중 불량매출표에 해당되지 않는 것은?

① 카드 사고코드 등록일의 익일부터 취급한 매출표
② 카드번호의 식별이 불가능한 매출표
③ 카드 유효기간 내 작성되었으나, 유효기간 경과 후 접수된 매출표
④ 할부불가 가맹점에서 취급한 할부매출표
⑤ 가맹점 해지 또는 점포 폐쇄 일자 이후에 취급한 매출표

30

즉시출금 제도에 관한 설명 중 틀린 것은?

① 통상 콜센터, 카드사 홈페이지 등을 통해 신청 가능하다.
② 공휴일에도 이용이 가능하다.
③ 연체금액, 선결제, 매출구분별 완제 시 가능하다.
④ 가상계좌의 경우 이용이 불가하다.
⑤ 이중출금의 문제가 발행할 수 있다.

정답 및 해설

29	카드 유효기간 내 작성되었으나, 유효기간 경과 후 접수된 매출표는 불량매출표가 아니다.
30	즉시출금 제도는 토, 일, 공휴일은 이용이 불가하다.

정답 29 ③ 30 ②

31 ✿✿✿

매출전표 심사에 대한 설명으로 거리가 먼 것은?

① 유효기간이 경과한 카드에 대한 매출 여부를 심사한다.
② 입력이 완료된 매출전표는 매출 접수일로부터 5년간 보관한다.
③ 특약을 체결한 가맹점은 전자자료(EDC, EDI 등)로 매출표를 접수할 수 있다.
④ 내용이 상이한 매출표는 재접수 또는 해당 가맹점으로 반송처리 한다.
⑤ 매출표 심사는 부정매출 발생을 사전에 방지하기 위한 업무이다.

32 ✿✿

회원의 서명 없이 가맹점에서 수기로 작성된 매출표가 인정되는 가맹점 유형이 아닌 것은?

① 정기간행물 등을 판매하는 경우
② 전화 또는 우편 주문에 의해 물품을 판매하는 경우
③ PC통신 또는 인터넷을 통해 물품을 판매하는 경우
④ 대형 백화점(현대, 롯데, 신세계 등) 내에서 판매하는 경우
⑤ 호텔회원제, 예약제 관련이나 학술회의 경비 관련 비용을 징구하는 경우

● 정답 및 해설

| 31 | 입력이 완료된 매출전표는 매출 발생일로부터 5년간 보관한다. |
| 32 | 대형 백화점(현대, 롯데, 신세계 등) 내에서 판매하는 경우는 EDI특약이다. |

정답 31 ② 32 ④

33 ⭐⭐

가맹점 수수료의 구성요소와 가장 거리가 먼 것은?

① 자금조달비용
② 위험관리비용
③ 리볼빙 관리 비용
④ 마케팅비용
⑤ 일반관리비용

34 ⭐

매출전표 접수 시 심사사항으로 옳지 않은 것은?

① 카드사가 지정한 매출전표 양식 여부
② 유효기간이 지난 카드매출 여부
③ 회원서명 명부
④ 거래승인 번호 기재 여부
⑤ 거래일로부터 3개월 이내에 제시되었는지 여부

◎ 정답 및 해설

33	자금조달비용, 위험관리비용, 일반관리비용, 거래승인, 마케팅비용이 포함된다.
34	거래일로부터 30일 이내에 제시되었는지 여부

정답 33 ③ 34 ⑤

Chapter 03 | 자가학습진단표

자신의 학습성취도를 스스로 진단하세요.

	진단 내용	Yes	No
01	신용카드의 역할(회원 측면, 가맹점 측면, 신용카드업자 측면, 국민경제 측면)에 대해 알고 있습니까?		
02	신용카드, 체크카드, 직불카드, 선불카드 발급기준에 대하여 비교 설명할 수 있습니까?		
03	체크카드와 직불카드에 대하여 수수료, 이용한도 관리기간, 사용가능 가맹점 등에 대하여 비교하여 설명할 수 있습니까?		
04	신용카드 당사자에 대하여 설명할 수 있습니까?		
05	개인회원을 본인과 가족회원에 대하여 발급기준을 구분하여 설명할 수 있습니까?		
06	기업회원의 이용자에 따른 분류에 대하여 설명할 수 있습니까?		
07	신용카드 유치 시 유의할 사항에 대하여 이해하고 있습니까?		
08	재발급과 추가발급 시 유효기간 등을 비교 설명할 수 있습니까?		
09	카드번호 체계(16자리)를 이해하고 있습니까?		
10	신용카드 발급 시 교부방법에 대하여 설명할 수 있습니까?		
11	신용카드 이용한도와 한도변경에 대하여 이해하고 있습니까?		
12	신용카드 이용 시 할부 기준에 대하여 이해하고 있습니까?		
13	이용대금 결제조건 변경에 대하여 구분하여 설명할 수 있습니까?		
14	리볼빙제도를 설명할 수 있습니까?(특히 대상회원에 대하여)		
15	신용카드 거래승인 원칙에 대하여 설명할 수 있습니까?		
16	가맹점의 가입요건 및 준수사항을 숙지하고 있습니까?		
17	매출전표 매입과 심사를 설명할 수 있습니까?		

Yes 개수별 진단결과

- 10개 이하 : 합격예상도는 40% ➔ 기본서로 관련 내용을 다시 한번 꼼꼼하게 학습하세요.
- 11~13개 : 합격예상도는 60% ➔ 핵심 정리를 통해 주요 내용을 다시 한번 체크하세요.
- 14개 이상 : 합격예상도는 80% ➔ 문제를 통해 100% 합격에 도전하세요.

제4장

신탁 및 집합투자

출제경향분석 ▼

이 과목은 은행신탁과 판매 중인 펀드에 관한 내용을 다루는 과목입니다. 신탁의 기본원칙, 신탁분류, 신탁종류를 구분하고, 신연금신탁상품 위주로 정리가 필요하며 집합투자에서는 거래당사자 이해, 집합투자기구 법적분류와 운용자산에 따른 분류가 중요한 부분이며 특수형태의 집합투자기구 이해가 필요합니다. 또한 펀드의 비용으로 수수료와 보수를 구분 정리해야 하며, 환매절차 이해가 요구되며, ELS, ELW, DLS 상품에 대한 이해가 필요합니다.

Chapter 04 | 문제로 보는 출제경향

01

신탁의 기본원칙에 해당하지 않는 것은?

① 대수의 원칙
② 분별관리의 원칙
③ 선관의무의 원칙
④ 평등비례배당의 원칙
⑤ 실적배당의 원칙

해설 대수의 원칙은 해당되지 않는다.

정답 ①

02

다음이 설명하는 신탁관련 용어는?

> 합동운영하는 신탁의 이익계산 또는 판매 및 환매를 원활히 하기 위하여 신탁재산의 순자산 가치를 나타내는 지수

① 신탁보수
② 중도해지수수료
③ 고유계정대
④ 수익권좌수
⑤ 기준가격

해설 기준가격에 관한 설명이다.

정답 ⑤

03

다음 중 운용자산에 따른 집합투자기구의 분류에 해당하지 않는 것은?

① 파생상품집합투자기구
② 증권집합투자기구
③ 부동산집합투자기구
④ 혼합자산집합투자기구
⑤ 특별자산집합투자기구

해설 파생상품펀드 역시 증권형 펀드로 구분된다.

정답 ①

04

다음 중 Umbrella Fund라고도 불리는 집합투자기구는?

① 모자형 집합투자기구
② 전환형 집합투자기구
③ 상장지수 집합투자기구
④ 역외펀드
⑤ 환매금지형 집합투자기구

해설 펀드의 종류를 전환할 수 있는 전환형 펀드에 대한 설명이다.

정답 ②

Chapter 04 | 출제예상 문제

중요도에 따라 Self 맞춤형 학습이 가능한 출제예상 문제입니다. 각자의 목표점수에 맞게 문제를 선별하여 풀어보세요!

(중요도= ✪✪✪ 상 / ✪✪ 중 / ✪ 하)

01 ✪

다음 중 신탁에 대한 설명으로 옳지 않은 것은?

① 신탁재산의 관리 운용에 따라 발생하는 모든 손익은 신탁재산에 귀속시켜 배당한다는 원칙을 평등비례의 원칙이라 한다.
② 위탁자가 신탁재산의 운용대상 및 운용방법 등을 지시하는 것을 특정신탁이라 한다.
③ 신탁계약 건별로 신탁재산을 별도 구분하여 관리, 운용하는 신탁을 단독운용신탁이라 한다.
④ 취득 당시의 매입수익률로 평가하는 방법을 장부가평가라고 한다.
⑤ 위탁자와 수익자가 동일하면 자익신탁, 다르면 타익신탁이라 한다.

✪ 정답 및 해설

01 신탁재산의 관리, 운용에 따라 발생하는 모든 손익은 신탁재산에 귀속시켜 배당한다는 원칙을 실적배당의 원칙이라 한다.
[신탁이해]
신탁설정자(위탁자)와 신탁을 인수하는 자(수탁자)와의 특별한 신임관계에 기하여 위탁자가 특정의 재산권을 수탁자에게 이전하거나 처분을 하고 수탁자로 하여금 수익자의 이익을 위하여 또는 특정의 목적을 위하여 그 재산권을 관리, 처분하게 하는 법률관계

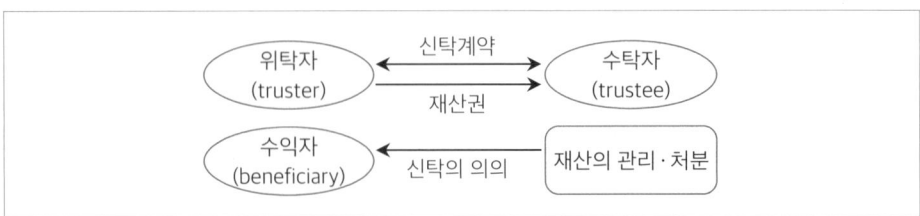

정답 01 ①

02 ★★

다음 중 신탁의 기본원칙이 아닌 것은?

① 분별관리원칙
② 실적배당원칙
③ 평등비례배당원칙
④ 무배당투자원칙
⑤ 선관의무원칙

정답 및 해설

02

구분	내용
분별관리원칙	고유재산과 신탁재산의 구분관리 및 신탁재산 간에 구분 관리
실적배당원칙	관리 운용에 따라 발생하는 모든 손익은 신탁재산에 귀속하여 배당하여야 한다는 원칙
평등비례배당원칙	실적배당 시 신탁금과 기간에 의한 총적수에 따라 평등하고 균등하게 배당하여야 한다는 원칙
선관의무원칙	선량한 관리자의 주의로써 신탁재산의 관리 처분한다는 원칙

정답 02 ④

03

다음 신탁의 구분 중에서 위탁자의 지시의 존재여부에 따른 분류에 해당하는 것은?

① 개별신탁 – 합동신탁
② 불특정신탁 – 특정신탁
③ 자익신탁 – 타익신탁
④ 금전신탁 – 재산신탁
⑤ 자유신탁 – 제한신탁

정답 및 해설

03 [신탁 상품 구분]
(1) 금전신탁과 재산신탁

금전신탁	금전을 신탁재산으로 인수하는 신탁형태로 신탁종료 시 금전으로 교부하는 신탁
재산신탁	신탁의 인수 시 신탁재산으로 금전 이외의 재산 등을 수탁하여 신탁종료 후 신탁재산을 현상 그대로 수익자에게 교부하는 신탁

(2) 자익신탁과 타익신탁

자익신탁	위탁자와 수익자가 동일한 신탁
타익신탁	위탁자 이외의 자가 수익자가 되는 신탁

(3) 불특정금전신탁과 특정금전신탁

불특정금전신탁	위탁자가 신탁재산인 금전의 운용방법을 정하지 않고 수탁자에게 위임하는 신탁
특정금전신탁	신탁계약 또는 위탁자의 지시에 따라 신탁재산의 운용방법을 정하는 신탁

(4) 개별신탁과 합동신탁

개별신탁	위탁자 개별로 신탁계약이 체결되어 각각의 신탁재산으로 구별 관리되는 신탁
합동신탁	신탁재산을 합동으로 운용·관리하는 신탁

정답 03 ②

04 ✦✦

신탁에 대한 설명으로 옳지 않은 것은?

① 위탁자와 수익자가 같은 경우를 자익신탁이라고 한다.
② 신탁자의 고유재산과 신탁재산을 구분 관리해야 한다는 것은 분별관리의 원칙을 의미한다.
③ 불특정신탁은 신탁의 대상이 특정되지 않았음을 의미하므로, 금전 이외 재산으로 신탁을 설정하였을 경우 불특정신탁이라고 할 수 있다.
④ 특정금전신탁은 단독운용함이 원칙이다.
⑤ 장부가평가상품은 원칙적으로 실적배당원칙에 반한다.

05 ✦

신탁용어에 관한 설명으로 잘못된 것은?

① 수탁자가 위탁자로부터 받는 수수료를 신탁보수라고 한다.
② 투자신탁에서 중도해지수수료를 환매수수료라고 한다.
③ 신탁재산의 순자산가치를 나타내는 지수를 기준가격이라고 한다.
④ 고객이 신탁한 금액을 기준가격으로 나눈 것을 수익권좌수라고 한다.
⑤ 원본보전이란 신탁가입 시 위탁자와 만기 시 지급할 이자를 약정하는 것을 말한다.

◎ 정답 및 해설

04	특정신탁과 불특정신탁의 구별문제는, 위탁자가 신탁재산에 대한 운용방법 등의 지시를 할 수 있는지에 대한 것이다.
05	• 원본보전 : 수탁자가 신탁자금을 운용하던 중 원금에 손실을 초래한 경우에는 수탁자가 원금을 보장해 주는 것을 말한다. • 이익보전 : 신탁가입 시 위탁자와 만기 시 지급할 이자를 약정하는 것을 말한다.

정답 04 ③ 05 ⑤

06 ⭐⭐

다음 중 집합투자의 당사자와 가장 거리가 먼 것은?

① 보증인
② 투자자
③ 판매회사
④ 수탁회사
⑤ 자산 운용회사

07 ⭐⭐

다음 중 상법에 의한 주식회사 형태의 집합투자 기구는?

① 투자신탁
② 투자합자조합
③ 투자익명조합
④ 투자회사
⑤ 투자합자신탁

● 정답 및 해설

| 06 | 집합투자의 당사자로는 투자자, 판매회사, 수탁회사, 자산운용회사 등이 있다. |
| 07 | 투자회사가 주식회사 형태의 집합투자 기구이다. |

정답 06 ① 07 ④

08

다음 중 2012년까지 판매된 연금신탁 상품에 대한 설명으로 옳지 않은 것은?

① 연금 수령 시 과세 상품이다.
② 중도해지 시 기타소득세는 16.5%로 원천징수한다.
③ 신탁기간 중 중도해지 또는 일부인출이 가능한 상품이다.
④ 중도해지 시 지방소득세는 비과세되는 상품이다.
⑤ 가입자의 사망 등 특별 사유로 인한 중도해지 시에도 원천징수는 한다.

09

특정금전신탁의 특징에 해당하지 않는 것은?

① 위탁자별 단독운용 및 맞춤형 투자
② 신탁기간에 제한이 없음
③ 기간에 따른 중도해지수수료 적용
④ 소득원천별 실질과세
⑤ 은행의 승낙을 받은 경우 양도 및 담보제고 가능

정답 및 해설

08	④ 중도해지 시 기타소득세 16.5%에는 지방소득세가 포함되어 있다. ⑤ 가입자의 사망 등 특별사유로 인한 중도해지 시에도 연령에 따라 연금소득세는 3.3~5.5%로 원천징수한다.
09	1일 이상 예치 시 중도해지수수료 없이 실적배당

정답 08 ④ 09 ③

10 ✪✪

특정금전신탁에 대한 설명으로 옳지 않은 것은?

① 타익신탁이 가능하다.
② 수탁건별로 각각 구분하여 운용한다.
③ 추가신탁이 불가하다.
④ 원본과 신탁이익 모두 약정할 수 없다.
⑤ 투자자산의 종류별로 과세한다.

11 ✪✪

다음은 투자신탁에 대한 설명이다. 옳지 않은 것은?

① 투자신탁에서 투자자는 수익자에 해당한다.
② 투자신탁에서 발행되는 증권은 수익증권에 해당한다.
③ 신탁계약에 의하여 설립된다.
④ 중도환매가 어렵다는 단점이 있다.
⑤ 사전인가를 받은 투자신탁회사만이 설립할 수 있다.

◎ 정답 및 해설

| 10 | 추가신탁이 가능하다. 추가신탁 시에는 기존 신탁금과 합산 또는 분리하여 운용할 것인지 여부를 결정하여야 한다. |
| 11 | 중도환매가 비교적 자유롭지만 중도환매수수료를 부담해야 한다. |

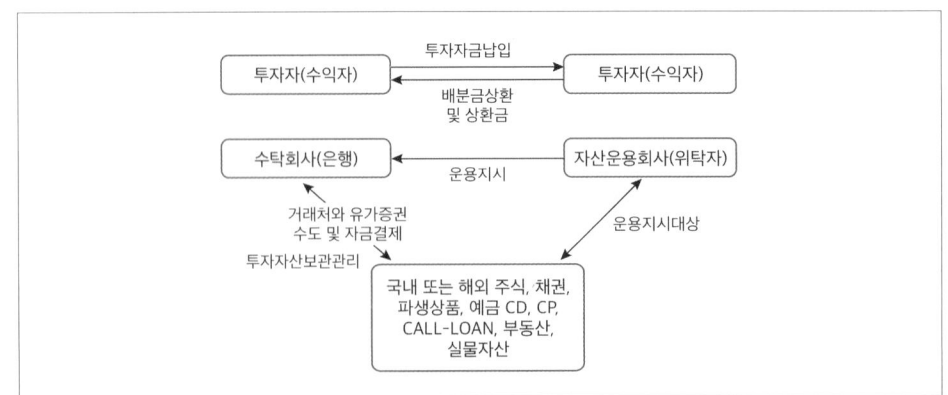

정답 10 ③ 11 ④

12 ⭐⭐

투자신탁(수익증권)의 구조에 대한 설명으로 거리가 먼 것은?

① 집합투자업자(자산운용회사)는 조성된 펀드를 운용하는 자이다.
② 판매회사는 위탁회사와의 계약에 의하여 수익증권을 판매하는 자이다.
③ 수익자는 신탁계약에 의해 균등하게 분할된 수익증권을 보유하는 자이다.
④ 수탁회사(신탁업자)는 위탁회사의 지시에 따라 증권의 보관관리를 담당하는 자이다.
⑤ 수탁회사(신탁업자)는 수익증권을 발행하여 판매회사를 통하여 수익자에게 교부한다.

13 ⭐⭐

투자신탁에 대한 설명으로 옳지 않은 것은?

① 투자자금이 직접투자는 소액의 개인투자, 간접투자는 공동투자이다.
② 포트폴리오가 직접투자는 소수종목 집중투자, 간접투자는 다수종목 분산투자이다.
③ 위험관리는 직접투자는 상대적으로 취약하나 간접투자는 체계적 위험관리가 된다.
④ 자산운용주체는 직접투자는 투자자 본인이고, 간접투자는 펀드매니저이다.
⑤ 투자결과에 대한 책임은 직접투자는 투자자 본인이고, 간접투자는 자산운용사이다.

정답 및 해설

12	위탁사(자산운용사)는 수익증권을 발행하여 판매회사를 통하여 수익자에게 교부한다.

[투자신탁(수익증권)의 구조(집합투자기구)]

수익자	투자자로 펀드를 매입하는 자
판매회사	• 집합투자업자(자산운용사)와의 계약에 의하여 수익증권을 판매하는 자 • 은행, 증권사, 보험사 등
집합투자업자	불특정다수의 고객으로부터 자금을 모아 조성된 펀드를 고객을 대신하여 증권 등에 투자 운용하는 자
신탁업자	집합투자업자의 지시에 따라 증권 매매에 따른 대금 및 증권의 결제 및 증권의 보관과 관리를 담당하는 자

13	간접투자도 투자결과는 투자자 책임이다.

정답 12 ⑤ 13 ⑤

14 ★★

다음 종류형 집합투자기구 중에서 선취판매수수료를 징구하는 형태는?

① 클라스B
② 클라스D
③ 클라스C
④ 클라스A
⑤ 클라스H

15 ★★★

다음 중 「자본시장법」상의 투자대상에 따른 집합투자기구가 아닌 것은?

① 증권집합투자기구
② 부동산집합투자기구
③ 특별자산집합투자기구
④ 혼합집합투자기구
⑤ 파생상품집합투자기구

◆ 정답 및 해설

14	클라스 A : 선취 판매수수료 징구
	클라스 B : 후취 판매수수료 징구
	클라스 D : 선/후취 판매수수료 모두 징구

정답 14 ④ 15 ⑤

16 ★★

다음 중 투자신탁의 상품 분류방법으로 옳지 않은 것은?

① 특별자산펀드는 환매가능형 펀드로 설정이 불가능하다.
② 주식형펀드는 주식투자의무비율이 60% 이상이다.
③ 환매금지형 공모펀드는 거래소에 상장이 된다.
④ 채권형펀드는 주식투자비율이 50% 이하이어야 한다.
⑤ 주식혼합형펀드는 채권에 투자할 수 있다.

정답 및 해설

16 채권형펀드는 주식에 투자가 불가능하다.

분류	형태	주요내용
법적성격	투자신탁	투자신탁약관에 의해 위탁자와 수탁자가 신탁계약을 체결하고 '수익증권'을 발행하여 수익자가 취득
	투자회사	증권투자를 목적으로 하는 회사를 설립하여 투자자가 그 주식에 투자
중도환매	개방형	환매 가능
	폐쇄형	환매 불가능 → 환매금지형집합투자기구
판매방식	매출형	판매사의 자금으로 일시에 펀드를 설정하고 고객에게 분할 매각하는 형태
	모집형	고객의 입금분에 대해서만 펀드를 설정하고 매각하는 형태
추가설정	추가형	펀드의 추가적인 매각이 자유롭고 투자자의 증가에 따라 펀드의 규모가 증가
	단위형	일정기간 모집에 의해 펀드를 설정하고 추가적으로는 펀드의 규모를 증가시키지 않음
투자대상	채권형	신탁재산 총액의 60% 이상을 채권에 투자
	주식형	신탁재산 총액의 60% 이상을 주식에 투자
	혼합형	주식혼합형(주식 50%~60%), 채권혼합형(주식 50% 이내)
상장여부	상장형	환금성을 보완하기 위해 수익증권 또는 주권을 거래소에 상장하는 것(주로 폐쇄형)
	비상장형	수익증권 또는 주권을 증권거래소에 상장하지 않는 것(주로 개방형)

정답 16 ④

17

다음 중 옳지 않은 것은?

① 수익증권의 매입 또는 환매 시 금액산정의 기준이 되는 가격으로 수익증권의 거래 단위(좌)당 순자산가치를 기준가격이라고 한다.
② 특정금전신탁에서 이익계산은 신탁계산으로 정한다.
③ 실적배당 시 신탁금과 기간에 의한 총적수에 따라 평등하고 균등하게 배당해야 한다는 신탁의 원칙을 평등비례배당원칙이라고 한다.
④ 은행신탁은 중도해지가 어렵다는 단점이 있다.
⑤ 판매수수료는 판매회사가 고객에게서 징구하는 펀드비용에 해당한다.

18

다음 중 단기금융집합투자기구가 투자할 수 없는 금융상품은?

① 만기가 9개월인 양도성예금증서
② 만기가 1년 이내인 지방채
③ 만기가 5년 이내인 국채증권
④ 만기가 6개월 이내인 금융기관 예금
⑤ 전자단기사채

정답 및 해설

17	은행신탁의 경우 과거 단위형금전신탁을 제외하고는 원칙적으로 중도해지가 가능하다.
18	단기금융집합투자기구[MMF(Money Market Fund)]가 투자할 수 있는 금융상품 (1) 남은 만기가 6개월 이내인 양도성예금증서 (2) 남은 만기가 5년 이내인 국채증권, 1년 이내 지방채, 특수채 등 (3) 금융기관이 발행, 할인, 매매, 중개, 인수 또는 보증하는 남은 만기 1년 이내의 어음의 매매 (4) 금융기관에 대한 30일 이내의 단기대출 (5) 만기가 6개월 이내의 금융기관 예치 (6) 다른 단기금융집합투자기구의 집합투자증권 (7) 전자단기사채 등

정답 17 ④ 18 ①

19 ⚫⚫

다음 펀드 중 환매가능형 집합투자기구로 설립이 가능한 경우는?

① 특별자산집합투자기구
② 부동산집합투자기구
③ 혼합자산집합투자기구
④ 20% 초과하여 금융위가 정하는 시장성 없는 자산에 투자하는 집합투자기구
⑤ 채권형집합투자기구

20 ⚫⚫

다음 중 법적 형태에 따른 펀드의 구분이 아닌 것은?

① 투자신탁
② 투자회사
③ 선박회사
④ 투자합자조합
⑤ 투자익명조합

◆ 정답 및 해설

| 19 | 증권집합투자기구(주식형, 채권형, 혼합형)는 환매가능형, 환매금지형 모두 가능하다. |
| 20 | 선박회사는 해당사항이 없다. |

정답 19 ⑤ 20 ③

21 ⚜⚜

고객이 인덱스펀드를 가입하려고 한다. A은행에서 설명해준 내용으로 옳지 않은 것은?

① 인덱스 펀드는 매수매도가 상대적으로 빈번히 일어나지 않는다.
② 환매 시 환매수수료가 발생한다.
③ 약세장이라면 손실이 발생할 수 있다.
④ 수수료 비용이 액티브펀드에 비하여 상대적으로 저렴하다.
⑤ 수익률이 시장수익률과 차이가 크다.

22 ⚜⚜⚜

펀드자산의 50% 이상을 다시 펀드에 투자하는 펀드로, 여러 펀드에 분산투자하여 안정성을 높이고 추가수익을 추구하는 펀드를 무엇이라고 하는가?

① 재간접펀드　　　　　　　　② ELS
③ ELF　　　　　　　　　　　④ ELD
⑤ 주식형펀드

● 정답 및 해설

| 21 | 수익률이 시장수익률과 차이가 작다. |

정답　21 ⑤　22 ①

23 ★★

2013년 자본시장법 개정으로 주가지수에 연계한 상품이며 원금이 보장되는 상품으로 증권사 등에서 발행되는 채무증권을 무엇이라고 하는가?

① ETF
② ELD
③ ELW
④ ELB
⑤ DLS

24 ★★

특정 주가지수를 추적하는 집합투자기구(펀드)로 거래소에 상장이 되어 마치 주식처럼 매매되는 상품은?

① ETF
② ELS
③ ELW
④ ELD
⑤ DLS

정답 및 해설

23 ELB는 원금보장형으로 채무증권에 해당한다.

24 [상장지수펀드(ETF)]
- 인덱스펀드이지만 거래소에 상장하여 거래하기 때문에 인덱스펀드의 단점을 제거한 펀드
- HTS를 통해 주식처럼 매매 가능

[상장지수펀드와 투자신탁의 비교]

구분	상장지수펀드	투자신탁
장중매매가능성	가능	환매를 통한 매매
환매가격 결정	투자자 판단으로 즉시 결정 가능	환매신청일 이후 기준가격으로 환매금액이 결정되므로 투자자가 사전에 알기 어려움.
공매도와 신용거래	가능	불가능
보수	ETF의 보수는 인덱스펀드의 특징으로 보수가 낮은 편임. 매매 시에는 매매수수료 부담	일반적인 투자신탁의 경우 운용대상, 상품별로 보수가 차등, 상장지수펀드에 비해 높음.

정답 23 ④ 24 ①

25

집합투자에 대한 설명으로 옳지 않은 것은?

① 집합투자는 간접투자에 속하며, 실적배당함이 원칙이다.
② 투자신탁과 투자회사는 법인격이 없다는 측면에서는 동일하다.
③ 자산운용회사를 「자본시장법」에서는 집합투자업자라고 한다.
④ 집합투자나 직접투자나 투자에 대한 최종적 책임은 투자자가 진다.
⑤ 국내펀드의 경우 주식매매차익에 대해서는 비과세한다.

정답 및 해설

25 투자신탁은 법인격이 없지만, 투자회사는 주식회사의 형태를 띠므로 법인격이 있다.
[투자신탁과 투자회사 비교]

구분	투자신탁(계약형)	투자회사(회사형)
환금성	중도환매가 비교적 자유로움 (단, 중도환매수수료 부담)	환금성이 취약한 면이 있지만, 시장에 상장되어 매매
설립형태	신탁계약	펀드 자체가 주식회사
발행증권	수익증권	주식
투자자 지위	수익자(수익자 총회)	주주(주주총회)
운용방법 결정	약관	정관
중도환매방법	추가형 : 중도환매가능 단위형 : 불가능	개방형 : 가능 폐쇄형 : 불가능(상장 시 주식매각을 통해 현금화 가능)
관련법규	자본시장법, 신탁법	자본시장법, 상법

정답 25 ②

26

다음 중 펀드의 종류를 잘못 설명한 것은?

① 주식형펀드는 주식이나 주식을 기초자산으로 한 파생상품에 50% 이상을 투자한다.
② 재간접형펀드는 자산총액의 50% 이상을 집합투자증권에 투자한다.
③ 모자형펀드의 자펀드는 모펀드 외에는 투자할 수 없다.
④ 전환형펀드를 엄블렐러펀드라고 한다.
⑤ 중도환매가 자유로운지에 따라 개방형과 폐쇄형으로 분류할 수 있다.

27

다음은 무엇에 대한 설명인가?

- 하나의 펀드 안에서 투자자 그룹(클래스)별로 서로 다른 판매보수와 수수료 체계를 적용하는 상품
- 펀드에 부과되는 보수와 수수료의 차이로 클래스별 기준가격은 다르게 산출되지만 각 클래스는 하나의 펀드로 간주돼 통합운용되므로 자산운용 및 평가방법은 동일

① 모자형펀드
② 상장지수펀드(ETF)
③ 종류형펀드(멀티클래스펀드)
④ 전환형펀드
⑤ 목표달성형펀드

◎ 정답 및 해설

26 | 주식형펀드는 주식관련에 60% 이상을 투자한다.

정답 26 ① 27 ③

28 ★★

종류형 집합투자기구 중 후취 판매수수료를 징구하는 펀드는?

① 클래스 A ② 클래스 B
③ 클래스 C ④ 클래스 D
⑤ 클래스 E

> **정답 및 해설**

28 | 클래스 A : 선취 판매수수료 징구
   | 클래스 B : 후취 판매수수료 징구
   | 클래스 D : 선/후취 판매수수료 모두 징구

정답 28 ②

29 ✪✪✪

다음 중 펀드의 판매보수와 선취 판매수수료에 관한 설명으로 옳지 않은 것은?

① 판매회사가 펀드투자자에게 판매 후 지속적으로 제공하는 서비스에 대한 대가로서 집합투자기구로부터 받는 것은 판매보수이다.
② 판매보수는 NAV(순자산가치)에서 매일 차감하나 기준가격에는 영향이 없다.
③ 선취 판매수수료는 집합투자증권을 취득하는 투자자로부터 순투자금액을 기준으로 수취한다.
④ 판매보수와 선취 판매수수료는 함께 취득할 수 있다.
⑤ 장기투자 시에는 판매수수료를 후취로 부담하는 것보다 선취로 부담하는 것이 고객에게 유리하다.

정답 및 해설

29 [펀드 비용]

구분	판매보수, 운용보수, 수탁보수	판매수수료(선취, 후취)
근거	지속적으로 제공하는 서비스에 대한 대가	판매행위에 대한 대가
부담	집합투자기구로부터 매일 취득	투자자 취득
한도	집합투자재산의 연평균가액의 5% 한도	선취수수료 : 납입금액의 5% 한도 후취수수료 : 납입금액 또는 환매금액의 5% 한도
기준가격에 영향	영향을 미침	영향을 미치지 않음
비용예상	사전적으로 불확정	사전적으로 확정
장점	판매회사는 마케팅에 유리 고객 입장에서 단기투자 시 유리	장기투자 유동효과 다양한 유형 상품 도입효과
단점	장기투자 시 부담 증가	펀드회전율 증가로 비효율적

정답 29 ②

30

주가지수연동 금융상품에 대한 설명으로 가장 거리가 먼 것은?

① 주가지수연계증권(ELS)은 수익이 사전에 제시되는 점이 펀드상품과 다르다.
② 주가가 큰 폭으로 상승할 때 ELD는 사전에 약정된 이율을 지급받는다.
③ ELF는 중도환매가 가능하나 일정기간 이내 환매 시 환매수수료를 부담하여야 한다.
④ ELS는 중도환매가 가능하지만 증권매매를 통한 현금화는 불가능하다.
⑤ 주가지수연동예금(ELD)은 예금보호상품이다.

정답 및 해설

30 ELS는 중도환매가 불가능하나 증권매매를 통한 현금화는 가능하다.
ELD, ELS, ELF 비교

구분	ELD	ELS	ELF
발행기관	은행	증권사	자산운용회사
상품성격	정기예금	파생결합증권	수익증권
만기수익	기초자산의 지수에 사전에 제시한 수익 확정	좌동	운용성과에 따라 실적
원금보장여부	원금보장	비보존형	비보장
중도해지	가능 (원금 손실 가능)	불가능 (거래소 상장 매매 가능)	가능 (원금 손실 가능)
장점	은행이 원금보장 제시수익률 보장	제시수익률 보장 다양한 상품설계	실적배당 펀드운용성과에 따른 추가수익 기대
단점	중도해지 시 원금손실가능 추가수익 없음	중도수익률 확정 가능성	수익률 변동가능성
특징	예금보호	발행사 신용 중요	운용사 운용능력 중요
투자자유형	위험 적극 회피형	위험 회피형	위험 중립형/선호형

정답 30 ④

31

다음에 해당하는 상품으로 가장 적절한 것은?

> 특정지수 및 금, 채권, 원유와 같은 특정자산가격의 움직임에 수익률이 연동되도록 설계된 상품으로 거래소에 상장되어 주식처럼 거래되는 펀드

① ELS(Equity Linked Securities)
② ELT(Equity Linked Trust)
③ ELW(Equity Linked Warrant)
④ DLS(Derivative Linked Securities)
⑤ ETF(Exchange Traded Fund)

32

다음 중 집합투자상품의 판매단계를 바르게 나열한 것은?

> 가. 투자자 유형 분류
> 나. 투자자정보 파악
> 다. 사후 관리
> 라. 투자자 의사 확인
> 마. 투자자에게 적합한 펀드 선정
> 바. 펀드에 대한 설명

① 가 → 나 → 다 → 라 → 마 → 바
② 나 → 가 → 마 → 바 → 라 → 다
③ 다 → 가 → 나 → 바 → 마 → 라
④ 바 → 나 → 가 → 다 → 마 → 라
⑤ 바 → 가 → 마 → 나 → 다 → 라

정답 및 해설

31
① ELS(주가연계증권) : 개별 주식의 가격이나 주가지수에 연계하여 사전에 정해진 수익구조에 따라 손익이 결정되며 상환금액의 지급을 발행사에서 보장하는 금융상품
② ELT(주식연계신탁) : 개별 주식의 가격이나 주가지수에 연계하여 손익이 결정되는 신탁계약으로 원금이 보장되지 않음
③ ELW(주식워런트증권) : 사전에 정한 미래의 시기에 기초자산을 사거나 팔 수 있는 권리를 갖는 증권
④ DLS(파생결합상품) : 주식 및 주가지수를 제외한 기초자산의 변동과 연계하여 사전에 정하여진 수익구조에 따라 손익이 결정되는 금융상품

정답 31 ⑤ 32 ②

33 ⭐

펀드 판매 시 금지 행위에 해당하지 않는 것은?

① 일반투자자와 같은 대우를 받겠다는 전문투자자의 요구에 동의하지 않는 행위
② 과도한 규모의 매매행위를 권유하는 행위
③ 일반투자자의 재산상황 등을 고려하여 권유하는 행위
④ 투자권유대행인이 아닌 자에게 투자권유를 하게 하는 행위
⑤ 탈세의 수단으로 하는 행위라는 사실을 알면서도 이를 알선하는 행위

34 ⭐⭐

ABC은행에 근무하는 은행직원이 고객에 대하여 집합투자상품 판매업무와 관련하여 직원이 유의할 사항에 대한 설명이다. 거리가 먼 것은?

① 제1단계로 투자자정보를 파악하여야 하며, 투자자가 일반투자자인지 전문투자자인지를 확인하여야 한다.
② "위험선호 투자성향"에 따라 유형을 분류하고, 나온 결과 중 위험도가 높은 것으로 투자유형을 분류한다.
③ 투자설명서, 예비투자설명서, 간이투자설명서 이외의 자료를 이용하여 투자권유 행위를 해서는 안 된다.
④ 투자자로부터 포괄적 위임을 받아 임의의 상품에 가입하는 행위는 금지된다.
⑤ 일반투자자를 대상으로 투자경험 등을 고려하지 않고 빈번한 집합투자증권의 매매거래 또는 과도한 규모의 집합투자증권의 매매거래 권유행위를 해서는 안 된다.

◎ 정답 및 해설

33	투자목적, 재산상의 상황 등을 고려하여 펀드 판매를 하여야 한다.
34	"위험선호 투자성향"에 따라 유형을 분류하고, 그 나온 결과 중 위험도가 낮은 것으로 투자유형을 분류한다.

정답 33 ③ 34 ②

35 ✿✿

집합투자상품의 매입 시 기준가 적용일자 처리일자에 대한 설명으로 옳지 않은 것은?

① 판매자금을 납입한 후 익일 기준가로 적용된다.
② 인출 불가한 수익증권 계좌로 입금하여 매입 예약을 한다.
③ 주식형의 경우 기준시간은 15시이다.
④ 주식형 이외의 경우 17시가 기준시간이다.
⑤ 기준시간 이후에는 신규예약을 취소할 수 없다.

정답 및 해설

| 35 | 투자자는 매입대금에 해당하는 금액을 본인의 요구불통장에 입금하여 두고 매입 예약을 하면, 은행은 당일 요구불계좌에서 인출하여 투자예탁금으로 예치하고, 익영업일에 수익증권 매입좌수를 확정하게 된다. |

정답 35 ②

36

집합투자상품의 환매제도에 대한 설명이다. 가장 일반적인 환매일에 대하여 거리가 먼 것은? (단, 장마감 전에 환매요청)

① 개인용MMF 당일환매제
② 법인용MMF 익일환매제
③ 채권형펀드 3일환매제
④ 주식형펀드 5일환매제
⑤ 해외펀드 7일환매제

정답 및 해설

36 주식형펀드 4일환매제
[환매대금 지급일]

구분		당일(T)	T + 1일 (2일차)	T + 2일 (3일차)	T + 3일 (4일차)	T + 4일 (5일차)	종전대비
주식 50% 이상	3시 이전	환매청구	적용기준가		환매금지급		지급일 판매사 선택
	3시 이후		환매청구	적용기준가	(지급일)	(지급일)	
주식 50% 미만	5시 이전	환매청구		적용기준가	환매금지급		동일
	5시 이후		환매청구		적용기준가	환매금지급	1일 지연
채권형	5시 이전	환매청구		적용기준가 환매금지급			동일
	5시 이후		환매청구		적용기준가 환매금지급		1일 지연
MMF	5시 이전	환매청구	적용기준가 환매금지급				
	5시 이후		환매청구	적용기준가 환매금지급			1일 지연

정답 36 ④

Chapter 04 | 자가학습진단표

자신의 학습성취도를 스스로 진단하세요.

	진단 내용	Yes	No
01	신탁의 기본원칙 내용을 인지하고 있습니까?		
02	자익신탁과 타익신탁을 구분설명하고, 특정신탁과 불특정신탁을 구분하여 설명할 수 있습니까?		
03	신탁의 종류를 알고 있습니까?		
04	연금저축과 개인연금저축을 비교할 수 있습니까?		
05	신연금신탁에 대하여 가입자격, 한도 등 상품 특징을 이해하고 있습니까?		
06	특정금전신탁 상품의 특징에 대하여 설명할 수 있습니까?		
07	집합투자기구의 거래당사자에 대하여 설명할 수 있습니까?		
08	집합투자상품에 대하여 법적형태, 판매형태, 환매가능여부 등에 따른 분류를 구분하여 설명할 수 있습니까?		
09	집합투자상품에 대하여 운용대상자산에 따른 분류(5가지)를 구분하여 설명할 수 있습니까?		
10	환매금지형으로만 설정되어야 하는 집합투자기구에는 어떤 것들이 있는지 설명할 수 있습니까?		
11	판매보수와 수수료의 차이를 알고 있습니까?		
12	펀드를 운용자산에 따라 분류가 가능한데 이를 이해하고 있습니까?(주식형, 채권형, 혼합형 구분)		
13	상장지수집합투자기구(ETF)의 특징을 설명할 수 있습니까?		
14	종류형집합투자기구(멀티클래스펀드)의 특징을 설명하고 수수료 징구별 펀드의 종류를 구분할 수 있습니까?		
15	펀드별에 환매기간에 대하여 이해하고 있습니까?		
16	지수연동형상품(ELD, ELS, ELF)을 구분하여 설명할 수 있습니까?		
17	DLS(파생결합증권)의 특징과 수익 결정에 대하여 설명할 수 있습니까?		
18	투자신탁의 판매업무 6단계를 나열할 수 있습니까?		
19	투자상품 선택 시 확인사항은 무엇인지 알고 있습니까?		
20	펀드판매 시 판매과정을 순서대로 설명할 수 있습니까? 또한 위험성향 분류에 대하여 이해와 금지되는 행위는 어떤 것이 있는지 인지하고 있습니까?		

Yes 개수별 진단결과

- 11개 이하 : 합격예상도는 40% ➔ 기본서로 관련 내용을 다시 한번 꼼꼼하게 학습하세요.
- 12~15개 : 합격예상도는 60% ➔ 핵심 정리를 통해 주요 내용을 다시 한번 체크하세요.
- 16개 이상 : 합격예상도는 80% ➔ 문제를 통해 100% 합격에 도전하세요.

제5장

방카슈랑스

출제경향분석 ▼

은행에서 겸영하고 있는 보험대리점업과 관련한 내용을 다루는 부분으로 텔러로서 숙지해야 할 기본적 보험에 관한 사항을 정리하여야 합니다. 중요내용을 살펴보면 방카슈랑스 형태, 보험의 기본적 특성, 보험의 기본원리 이해(수지상등의 원칙, 급부 반대급부 균등의 원칙, 이익취득 금지원칙), 보험계약, 보험업무의 프로세스, 생명보험 분류, 보험료 결정 기초율, 일반손해보험의 종류 등을 정리·대비하여야 합니다.

Chapter 05 | 문제로 보는 출제경향

01

다음 중 은행권의 단기적인 방카슈랑스 전략에 해당하지 않는 것은?

① 업무제휴를 통한 보험시장 진출
② 보험업에 대한 직접 겸업
③ 은행업무와 밀접한 상품 중심의 판매
④ 다양한 판매방식을 활용하는 마케팅 전략
⑤ 공동출자를 통한 판매자회사 설립

해설 직접 겸업은 장기적인 전략에 해당된다.

정답 ②

02

다음 중 은행의 보험 마케팅 전략이 아닌 것은?

① 보험판매에 대한 문화형성
② 보험상품의 비교에 의한 우월적 마케팅
③ 선택과 집중에 의한 마케팅
④ 직관에 기초한 마케팅
⑤ 인간관계 형성을 통한 마케팅

해설 직관이 아니라 Data Base에 기초한 마케팅 전략이다.

정답 ④

03

다음 중 보험의 기본적 특성과 위험의 대상이 아닌 것은?

① 우연한 사고에 대해 지급한다.
② 위험의 이전이다.
③ 충분이 많은 이질적 위험이 있어야 한다.
④ 손실의 발생은 우연적이어야 한다.
⑤ 보험료는 경제적으로 적합해야 한다.

해설 동질적 위험이어야 한다.

정답 ③

04

다음 중 장기손해보험의 특성이 아닌 것은?

① 3년 이상의 보험기간을 갖는다.
② 보장과 저축을 겸한다.
③ 자동복원제도가 있다.
④ 납입유예기간을 운영한다.
⑤ 장기운영의 특성상 약관대출제도는 운영할 수 없다.

해설 약관대출제도를 운영한다.

정답 ⑤

Chapter 05 | 출제예상 문제

중요도에 따라 Self 맞춤형 학습이 가능한 출제예상 문제입니다. 각자의 목표점수에 맞게 문제를 선별하여 풀어보세요!

(중요도 = ⭕⭕⭕ 상 / ⭕⭕ 중 / ⭕ 하)

01 ⭐

방카슈랑스에 대한 설명 중 옳지 않은 것은?

① 방카슈랑스는 우리나라에서 2003년부터 시작했다.
② 방카슈랑스는 금융겸업을 의미한다.
③ 방카슈랑스 도입으로 보험사 중심의 종합금융화가 이루어졌다.
④ 은행 등 타 금융기관이 보험업에 진출했다.
⑤ 우리나라의 경우 은행, 증권사, 상호저축은행에서 방카슈랑스 업무를 한다.

02 ⭐

다음에서 설명하는 방카슈랑스는?

> 가. 문화적 갈등이 미미하다.
> 나. 맞춤형 진입전략의 채택이 가능하다.
> 다. 보험에 대한 경험과 노하우가 부족하다.

① 은행의 보험자회사 설립
② 보험회사의 은행자회사 설립
③ 은행과 보험회사의 조인트 벤처 설립
④ 보험회사의 은행 인수 합병
⑤ 은행의 보험회사 인수 합병

✅ 정답 및 해설

01	방카슈랑스 도입으로 은행 중심의 종합금융화가 이루어졌다.
02	은행의 보험자회사 설립에 대한 내용이다.

정답 01 ③ 02 ①

03

방카슈랑스 형태에 대한 설명 중 옳은 것은?

> 가. 은행의 판매우위와 보험의 생산우위 결합하여 시너지가 극대화될 수 있다.
> 나. 방카슈랑스는 은행과 보험회사의 고객에 대해 통합적인 마케팅 캠페인이 수행 가능하다.
> 다. 보험사 기존판매채널 결함으로 인해 성공가능성이 낮아질 수 있다.

① 은행의 보험자회사 설립형태
② 보험회사의 은행자회사 설립형태
③ 은행과 보험회사 조인트벤처
④ 은행의 보험회사 인수합병
⑤ 보험회사의 은행 인수합병

04

은행의 보험 마케팅에 관한 설명이다. 적절하지 않은 것은?

① 보험판매에 대한 문화형성을 통한 은행원의 동기 부여
② 보험상품의 비교에 의한 우월적 마케팅
③ 데이터베이스에 기초한 마케팅
④ 대출과 연계된 마케팅
⑤ 기타 고객을 향한 관심유도전략

정답 및 해설

03 　 은행이 보험회사를 인수합병할 경우의 내용이다.
04 　 대출과 연계한 보험마케팅은 엄격히 규제하고 있다.

정답 03 ④　04 ④

05

보험의 대상이 되는 위험에 대한 설명으로 잘못된 것은?

① 충분히 많은 동질적 위험이 있어야 한다.
② 손실의 발생은 필연적이어야 한다.
③ 손실은 확정적이고 측정 가능해야 한다.
④ 손실 발생 확률은 계산이 가능해야 한다.
⑤ 손실은 거대위험이 아니어야 한다.

06

보험의 사회적 기능에 대한 설명으로 옳지 않은 것은?

① 신용의 감소
② 두려움과 위험의 경감
③ 투자자금의 조성화
④ 안정적인 경제활동 가능
⑤ 손실방지의 조직화

07

다음 중 보험의 기본원리에 해당하는 것은?

① 소수의 법칙
② 수지상등의 원칙
③ 요물계약의 원칙
④ 계약자 차별의 원칙
⑤ 영리추구의 원칙

◎ 정답 및 해설

05	손실의 발생은 우연적이고 고의성이 없어야 한다.
06	보험은 신용을 증진시켜 주는 기능을 갖고 있다.
07	[보험의 기본원리] : 대수의 법칙, 수지상등의 원칙, 급부 반대급부의 원칙

정답 05 ② 06 ① 07 ②

08 ✪✪✪

보험계약에 관한 설명 중 옳지 않은 것은?

① 보험회사의 책임개시일은 보험계약서에 서명한 시점을 기준으로 한다.
② 보험계약자나 피보험자는 가입 시 고지의무를 가진다.
③ 1회 보험료를 납입한 날로부터 15일 이내에 한해 청약을 철회할 수 있다.
④ 제2회 이후의 보험료를 납입기일까지 납입하지 아니한 때에는 납입기일 다음 날로부터 납입기일이 속하는 달의 다음 달 말일까지를 납입 최고기간으로 하여 고지한다.
⑤ 보험료 미납으로 실효된 보험에 대하여 해지일로부터 3년 이내에 부활을 청구할 수 있다.

09 ✪✪✪

다음 중 보험설계사를 통하여 보험 가입 시 보험회사의 책임개시일과 가입자의 청약철회가능일로 적절한 것은?

> 보험가입자는 2022년 9월 1일 청약서를 작성하고, 9월 2일 제1회 보험료를 납입(보험증권 교부일 동일)하였다. 이후 보험회사는 승낙여부에 대한 별도의 통지를 하지 않았다.

① 책임개시일 : 9월 1일, 청약철회가능일 : 9월 15일
② 책임개시일 : 9월 1일, 청약철회가능일 : 9월 30일
③ 책임개시일 : 9월 2일, 청약철회가능일 : 9월 16일
④ 책임개시일 : 9월 2일, 청약철회가능일 : 9월 30일
⑤ 책임개시일 : 9월 1일, 청약철회가능일 : 9월 16일

◉ 정답 및 해설

08	• **보험계약의 성립** : 보험계약자가 청약서를 작성하고 1회 보험료를 납부하여 청약을 하고, 보험자는 계약자 또는 피보험자가 관련 질병 등이 현 상태에서 없는 것을 확인하고 청약을 승낙함으로써 계약이 성립 • **청약철회제도** : 보험증권을 받은 날로부터 15일 이내에 한해 청약철회 가능(단, 홈쇼핑을 통한 경우 30일 이내 철회 가능)
09	보험회사의 책임개시일은 1회 보험료를 납입 받은 시점이고, 보험증권을 교부받은 날로부터 15일 이내에 청약철회가 가능하다.

정답 08 ① 09 ③

10

다음 괄호 안에 들어갈 숫자는?

> 만일 제( )회 이후의 보험료를 납일기일까지 납입하지 아니하는 때에는 납입기일 다음 날로부터 납입기일이 속하는 달의 다음 달 말일까지를 납입최고기간으로 하여 보험납입을 최고하여 준다.

① 1
② 2
③ 3
④ 4
⑤ 5

11

다음에서 설명하는 보험의 기본원리는?

> 똑같은 업무의 보험금을 받기 위해 은행직원보다 원양어선의 선원이 보험료를 더 많이 부담하는 것이 공평하다.

① 대수의 법칙
② 부담의 법칙
③ 경제성의 법칙
④ 수지상등의 법칙
⑤ 급부 반대급부 균등의 법칙

정답 및 해설

10	2회 이후 납입최고기간을 운영한다.
11	급부 반대급부 균등의 법칙에 대한 설명이다.

정답 10 ② 11 ⑤

12

다음 중 생명보험의 보험료 계산기초가 되는 예정기초율 요소로 바르게 짝지은 것은?

가. 예정위험률	나. 예정이율
다. 예정사업비율	라. 예정보상률
마. 예정가입률	

① 가, 나, 다
② 가, 다, 라
③ 나, 다, 라
④ 나, 라, 마
⑤ 다, 라, 마

정답 및 해설

12   생명보험료 계산기초율은 예정위험률, 예정이율, 예정사업비율이다.

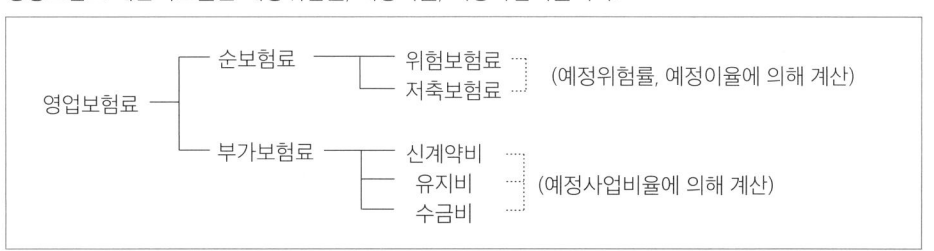

정답 12 ①

13 ★★

보험료에 대한 설명이다. 적절하지 않은 것은?

① 영업보험료는 순보험료와 부가보험료로 이루어진다.
② 순보험료의 결정은 예정위험률, 예정이율에 따라 결정된다.
③ 부가보험료는 예정사업비율에 의해 결정된다.
④ 영업보험료에서 순보험료가 차지하는 비중이 매우 높다.
⑤ 순보험료는 신계약비, 유지비, 수금비로 구성되어 있다.

14 ★★

다음 중 보험업무 프로세스를 단계별로 올바르게 연결한 것은?

가. 청약서 작성 및 입력	나. 보험에 대한 관심유도
다. 고객정보 수집	라. 계약심사
마. 고객의 재무설계와 상품설계	

① 가 - 다 - 나 - 마 - 라
② 가 - 다 - 마 - 나 - 라
③ 나 - 가 - 다 - 마 - 라
④ 나 - 다 - 마 - 가 - 라
⑤ 나 - 마 - 다 - 가 - 라

정답 및 해설

| 13 | 부가보험료란 신계약비, 유지비, 수금비로 구성되어 있는 사업비를 말한다. |
| 14 | 1) 보험에 대한 관심유도
2) 고객정보 수집
3) 고객의 재무설계
4) 청약서 작성
5) 계약심사 |

정답 13 ⑤ 14 ④

15 ☨☨

다음 중 순보험료식 책임준비금에서 해약공제액을 차감한 금액을 의미하는 용어는?

① 해약환급금
② 평준 보험료
③ 자연 보험료
④ 일시납 보험료
⑤ 저축 보험료

16 ☨

보험 판매 시 고객 업무프로세스 단계별 설명을 옳게 나열한 것은?

가. 고객의 재무설계와 상품설계	나. 보험에 대한 관심유도
다. 청약서 작성 및 입력	라. 고객정보수집
마. 계약심사	

① 나 - 라 - 가 - 마 - 다
② 나 - 라 - 가 - 다 - 마
③ 나 - 가 - 라 - 다 - 마
④ 라 - 나 - 가 - 다 - 마
⑤ 라 - 나 - 가 - 마 - 다

◎ 정답 및 해설

15	보험기간 중에 해약 시 지급하는 금액을 의미한다.
16	[보험업무 프로세스의 단계] 관심유도 → 고객정보수집 → 고객재무설계 → 청약서 작성 및 입력 → 계약심사 → 보험증권 발행·교부

정답 15 ① 16 ②

17

보험 업무에 관한 사항이다. 옳지 않은 것은?

① 청약서 작성 시 피보험자의 정보사항을 보험모집인이 대신 기재하고 서명함으로써 역선택을 방지할 수 있다.
② 보험증권은 유가증권이 아니므로 분실 시 재발급이 가능하다.
③ 보험계약은 증권이 교부된 날로부터 15일 이내에 한해 청약철회가 가능하다.
④ 보험료를 납입하지 않아 계약이 해지될 경우 해지일로부터 3년 이내에 해당 보험계약의 부활을 청구할 수 있다.
⑤ 보험자가 보험약관고지의무 해태 시에는 보험계약자는 청약을 취소할 수 있다.

18

보험회사의 보험금 지급의무에 관한 설명 중 가장 적절한 것은?

① 사고조사가 필요시는 접수 후 10일 이내에 보험금을 지급하여야 하고, 절차가 필요치 않은 경우 3일 이내에 지급하여야 한다.
② 사고조사가 필요시는 접수 후 15일 이내에 보험금을 지급하여야 하고, 절차가 필요치 않은 경우 7일 이내에 지급하여야 한다.
③ 사고조사가 필요시는 접수 후 1개월 이내에 보험금을 지급하여야 하고, 절차가 필요치 않은 경우 7일 이내에 지급하여야 한다.
④ 조사여부에 관계없이 3일 이내에 지급하여야 한다.
⑤ 조사여부에 관계없이 10일 이내에 지급하여야 한다.

◎ 정답 및 해설

| 17 | 청약서 작성 시 피보험자의 정보사항을 보험모집인이 대신 기재하는 것은 불가능하다. |
| 18 | 보험회사는 청구서류를 접수한 날을 기준으로 사고조사가 필요시는 접수 후 10일 이내에 보험금을 지급하여야 하고, 절차가 필요치 않은 경우 3일 이내에 지급하여야 한다. |

정답 17 ① 18 ①

19

보험의 대상이 되는 위험으로 옳지 않은 것은?

① 위험의 동질성
② 손실의 우발성
③ 손실의 대재해성
④ 손실의 측정가능성
⑤ 손실발생확률의 계산가능성

20

다음 생명보험의 분류에 대한 설명으로 틀린 것은?

① 보험사고에 따라 사망 시에 보험금이 지급되는 사망보험, 생존 시에만 보험금이 지급되는 생존보험, 사망보험과 생존보험의 혼합개념을 가진 생사혼합보험으로 나뉜다.
② 계약자 배당금 유무에 따라 배당금이 있는 유배당보험과 배당금이 없는 무배당보험으로 분류한다.
③ 피보험자의 수가 1인인 단생보험과 2인 이상인 연생보험으로 분류 가능하다.
④ 보험계약 대상에 따라서 대상이 개인인 개인보험과 일정한 조건을 구비한 피보험자 집단을 하나의 보험계약으로 하여 가입하는 단체보험이 있다.
⑤ 피보험자의 건강상태에 따라 건강이 양호한 정상적인 건강체인 표준체보험, 피보험자의 건강상태, 직업위험 등에 의하여 사망발생 위험도가 건강체보다 큰 사람을 대상으로 하는 우량체 보험으로 분류된다.

◆ 정답 및 해설

| 19 | 보험의 대상이 되는 위험은 손실의 대재해성이 없어야 한다. |
| 20 | 피보험자의 건강상태에 따라 건강이 양호한 건강체인 우량체 보험이다. |

정답 19 ③ 20 ⑤

21

다음 중 생명보험을 보험대상자(피보험자)의 수에 따라 분류한 것은?

① 단생보험 – 연생보험
② 우량체보험 – 표준체보험
③ 정액보험 – 변액보험
④ 사망보험 – 생존보험
⑤ 개인보험 – 단체보험

22

저축성보험에 대한 설명으로 옳지 않은 것은?

① 보장성보험에 비해 상대적으로 보상내용이 많다.
② 급부내용에 따라 만기환급형과 중도지급형으로 나눈다.
③ 금리체계에 따라 금리 확정형, 금리 연동형, 실적 배당형으로 나눈다.
④ 부리이율은 높게, 예정사업비는 낮게 책정하여 수익률을 제고한다.
⑤ 최근에 금리연동형 상품과 실적배당형 상품이 많이 판매된다.

정답 및 해설

21	[생명보험 분류] • 보험사고에 따라 : 사망보험, 생존보험, 생사혼합보험(양로보험) • 보험계약 대상에 따라 : 개인보험, 단체보험 • 피보험자의 건강상태에 따라 : 우량체보험, 표준체보험, 표준미달체보험 • 보험금 정액 유무 : 정액보험, 변액보험
22	보장성보험에 비해 상대적으로 보상내용이 적다.

정답 21 ① 22 ①

23

생명보험에 대한 설명으로 옳지 않은 것은?

① 변액보험은 최저보증이율이 없으며, 원금손실도 가능하다.
② 저축성보험은 가입 후 10년이 경과하면 보험차익에 비과세된다.
③ 연금저축보험은 중도해지 시 납입원금에는 비과세, 이자금액에는 과세된다.
④ 종신연급형 보험은 연금개시 후에는 중도해지가 불가능하다.
⑤ 변액저축보험은 만기 시 일시금으로 수령하거나 연금으로 전환할 수 있다.

24

투자기능에 보험료 납입의 유연성과 보험금의 운용실적에 따른 증감 등 특성을 결합시킨 보험상품은?

① 유니버셜보험
② 장기간병보험
③ 변액보험
④ 변액유니버셜보험
⑤ 소득보상보험

정답 및 해설

23 연금저축보험은 중도해지 시 납입원금과 이자금액 전체에 대해 기타소득세(16.5%)가 부가된다.

24 변액유니버셜보험에 대한 설명이다.
[신종보험 구분]
① 유니버셜보험 : 납입이 자유롭고 적립액의 일부를 인출할 수 있다. 종신보장을 제공하며 적립액을 회사의 공시이율로 적립한다.
② 변액보험 : 고객이 납부한 보험료를 모아 펀드를 구성한 후 주식·채권 등에 투자하여 발생한 이익을 배분하여 주는 투자실적 배당형 보험상품
③ 변액유니버셜보험 : 변액보험의 투자기능에다 유니버셜보험의 보험료 납입의 유연성과 보험금의 자유로운 증감 등의 특징을 결합시킨 보험상품
④ C.I보험 : 중대한 질병, 중대한 수술 시 사망보험금의 50%, 80% 등 선지급하는 보험상품으로 고객 니즈에 맞는 맞춤설계 가능

정답 23 ③ 24 ④

25

저축성 보험에 대한 설명으로 가장 거리가 먼 것은?

① 일반적으로 10년~15년의 보험기간을 두고 있다.
② 금리연동형과 실적배당형 상품이 주로 개발되고 있다.
③ 상대적으로 보장내용을 최소화하고 있다.
④ 부리이율은 높게 책정하고 있다.
⑤ 보험차익에 대해 비과세라는 혜택은 없다.

◆ 정답 및 해설

| 25 | 저축성 보험은 보험차익 비과세가 활용 포인트이다. |

정답 25 ⑤

26 ★★

다음에서 설명하는 손해보험의 원칙으로 적절한 것은?

> 보험계약이 도박화되는 것을 방지하기 위하여 손해보험의 실제 손해액의 범위 내에서만 보상한다.

① 이득금지의 원칙
② 비례보상의 원칙
③ 수지상등의 원칙
④ 손실방어의 원칙
⑤ 대수의 법칙

정답 및 해설

26 [손해보험의 기준 원리]
- 이득금지의 원칙 : 실손비례보상이 적용
- 자동복원제도 : 보험금이 가입 시 최대지급 보험금의 80% 이하이면 가입 시 가입금액으로 원상회복되는 제도
- 약관대출제도 : 장기손해보험의 경우 해지환급금 범위 내 대출 가능
- 보험자 대위청구제도

[손해보험의 분류]

분류기준에 따른 구분	손해보험의 종류
보상내용	자동차, 화재, 특종, 해상, 적하, 장기손해, 개인연금손해, 퇴직연금보험
법률	의무보험, 임의보험
보험목적	인보험, 재물보험, 책임보험
마케팅관점	가계보험, 기업보험
보험금액의 결정방법	정액보험, 실손보상보험
인수보험회사의 성격	원보험, 재보험
보험기간	일반보험, 장기보험

정답 26 ①

27 ☆☆

손해보험에 대한 특징을 설명한 것으로 옳지 않은 것은?

① 손해보험의 경우 보험회사가 보험자 대위권을 갖는다.
② 장기손해보험은 1년을 초과하는 보험기간을 가지고 있는 보험을 말한다.
③ 손해보험은 직접적인 손해액만을 보상하는 것을 원칙으로 한다.
④ 장기손해보험의 경우 자동복원제도를 두고 있다.
⑤ 장기손해보험에서는 약관대출제도를 운영하고 있다.

28 ☆

방카슈랑스 판매상품이 아닌 것은?

① 주택화재보험
② 개인저축성보험
③ 비영업용 자동차보험
④ 제3보험 중 만기환급금이 있는 보장성보험
⑤ 제3보험 중 만기환급금이 없는 순수보장성보험

● 정답 및 해설

27	장기손해보험은 3년 이상의 보험기간을 가지고 있는 보험을 말한다.
28	제3보험 중 만기환급금이 없는 순수보장성보험은 방카슈랑스 판매상품이 아니다.

정답 27 ② 28 ⑤

29

생명보험 상품에서 예정기초율과 보험료와의 상관관계에 대한 내용이다. 빈칸에 들어갈 옳은 것은?

- 예정사망률이 낮아지면 사망보험료는 (㉮)지게 된다.
- 예정이율이 낮아지면 보험료는 (㉯)지게 된다.
- 예정사업비율이 낮아지면 보험료는 (㉰)지게 된다.

	㉮	㉯	㉰
①	낮아	낮아	낮아
②	높아	낮아	낮아
③	낮아	높아	낮아
④	낮아	높아	높아
⑤	높아	높아	높아

정답 및 해설

29
- 예정위험율 : 예정사망률을 예로 들 수 있으며, 한 개인이 사망하거나 질병에 걸리는 등의 보험사고가 발생할 확률을 대수의 법칙에 의해 예측한 위험율
- 예정이율 : 납입된 보험료를 보험금으로 지급되기 전까지 적립, 운용하여 기대되는 수익률을 미리 예상하여 보험료를 깎아주는 할인율
- 예정사업비율 : 신계약의 모집, 보험료의 수금, 계약의 관리 등에 드는 사업비를 예측한 비율

정답 29 ③

Chapter 05 | 자가학습진단표

자신의 학습성취도를 스스로 진단하세요.

	진단 내용	Yes	No
01	은행이 보험자회사를 설립하는 형태의 장·단점을 알고 있습니까?		
02	은행이 보험자회사를 인수·합병하는 형태의 장·단점을 알고 있습니까?		
03	조인트 벤처(Joint Venture) 형태의 장·단점을 알고 있습니까?		
04	보험의 기본적 특성과 사회적 기능에 대해 이해하고 있습니까?		
05	보험관계 당사자(계약자, 보험자, 수익자, 피보험자)에 대하여 설명할 수 있습니까?		
06	보험의 기본원리(대수의 법칙, 수지상등의 원칙, 급부 반대급부의 원칙)를 숙지하고 있습니까?		
07	보험 책임개시일과 청약철회 가능일에 대하여 설명할 수 있습니까?		
08	보험금 청구권 소멸시효에 대하여 설명하고 보험금 지급 기준에 대하여 설명할 수 있습니까?		
09	보험계약에 대해 설명할 수 있습니까?		
10	보험업무의 프로세스를 이해하고 있습니까?		
11	보험계약의 실효와 부활에 대하여 설명할 수 있습니까?		
12	생명보험을 분류할 수 있습니까?		
13	생명보험의 보험료 결정기준인 예정위험률, 예정이율, 예정사업비율을 설명할 수 있습니까?		
14	자연보험료와 평준보험료의 차이점을 설명할 수 있습니까?		
15	연금보험 불입기간 등에 대하여 상품 특징을 설명할 수 있습니까?		
16	종신보험의 특징을 이해하고 있습니까?		
17	일반손해보험과 장기손해보험을 분류하여 설명할 수 있습니까?		
18	손해보험의 경우 이익취득금지의 원칙과 자동복원제도에 대하여 설명할 수 있습니까?		

Yes 개수별 진단결과

- 10개 이하 : 합격예상도는 40% ➔ 기본서로 관련 내용을 다시 한번 꼼꼼하게 학습하세요.
- 11~14개 : 합격예상도는 60% ➔ 핵심 정리를 통해 주요 내용을 다시 한번 체크하세요.
- 15개 이상 : 합격예상도는 80% ➔ 문제를 통해 100% 합격에 도전하세요.

부록

실전모의고사

은행텔러

부록 | 실전모의고사

시험 직전, 실전처럼 풀어보고 학습을 마무리하세요.

제1과목 텔러기본지식

001 일반은행업무에 대한 설명으로 틀린 것은?

① 신용창조기능을 수행한다.
② 신탁업, 신용카드업을 겸영한다.
③ 은행법은 건전한 경영을 유도하기 위해 은행의 대출업무에 여러 제한을 둔다.
④ 은행은 자금을 유가증권에 운용하는 것을 금지하고 있다.
⑤ 어음할인은 고유업무이다.

002 우리나라의 금융시장을 단기금융시장과 자본시장으로 분류할 때, 자본시장에 해당하는 것으로 맞는 것은?

① 단기사채
② 양도성예금증서
③ 환매조건부채권
④ 자산유동화증권
⑤ 기업어음

003 우리나라의 금융감독제도에 대한 설명으로 옳지 않은 것은?
① 금융위원회와 금융감독원이 모든 금융기관의 감독을 하는 통합형 금융감독체제이다.
② 은행감독규정에서는 자산 건전성을 정상, 요주의, 고정, 회수의문, 추정손실의 5단계로 분류한다.
③ 은행은 은행법에 따라 설립되고, 최저자본금이 1천억원 이상이다.
④ 금융감독원은 무자본 특수법인이다.
⑤ 은행은 BIS가 8% 이상이어야 하고, 기업에게 자금을 대출해주면 자기자본비율(BIS)이 증가한다.

004 약관의 해석원칙 중 틀린 것은?
① 객관적해석의 원칙
② 개별적해석의 원칙
③ 작성자불이익의 원칙
④ 개별약정우선의 원칙
⑤ 통일적해석의 원칙

005 현금으로 창구 입금 시 예금계약의 성립시기로 옳은 것은?
① 입금의뢰인이 신청했을 때
② 은행원이 금액을 확인했을 때
③ 입금장부에 기장을 마쳤을 때
④ 예금주가 확인했을 때
⑤ 입금 처리 후 통장을 교부했을 때

006 증권류를 입금하는 경우 법률관계 및 실무처리방법에 대한 다음 설명 중 옳은 것은?

① 약속어음은 금융기관이 지급제시기간 내에 지급, 제시할 수 있는지 확인할 의무는 없다.
② 약속어음에 백지부분이 있는 경우 금융기관이 그 백지부분을 보충하지 않음으로써 입금인에게 손해가 생기면 금융기관은 이로 인한 손해배상책임을 진다.
③ 일반횡선수표가 입금된 경우에는 그 입금인이 수납 금융기관의 계속적인 거래처인지를 확인한다.
④ 특정횡선수표가 입금된 경우에는 그 입금인이 수납 금융기관의 계속거래처인지를 확인한다.
⑤ 부도사실을 입금인에게 오랫동안 통지하지 않아 입금인에게 손해가 생겼더라도 금융기관은 손해배상책임을 지지 않는다.

007 고객이 은행 창구를 통하여 입금을 하려 한다. 이때 고객이 타점권을 소지하고 내방하였다. 수납 시 은행이 확인할 필요가 있는 사항으로 옳지 않은 것은?

① 어음요건의 충족 여부
② 어음발행인의 신용 상태
③ 선일자 수표인지 여부
④ 어음의 지급제시기간 내 제시가능 여부
⑤ 일반/특정 횡선수표인지 여부

008 예금주의 사망과 관련한 내용으로 거리가 먼 것은?
① 예금주가 사망할 경우 혈족상속의 순위는 혈연상의 근친에 따라 그 순위가 정해지며 혈족에는 법정혈족이 포함된다.
② 혈족상속인의 상속순위는 피상속인의 직계비속이 제1순위이다.
③ 배우자는 피상속인의 형제자매와 동순위로 상속권자가 된다.
④ 공동상속인은 각자의 상속분에 응하여 피상속인의 권리의무를 승계하여 분할을 할 때까지는 상속재산을 공유로 한다.
⑤ 공동상속인 중 미성년자가 있는 경우 특별대리인은 미성년자를 대리하여 협의분할 함으로써 상속재산을 분할할 수 있다.

009 은행이 고객에게 예금지급 시 면책되기 위한 요건으로 틀린 것은?
① 채권의 준점유자에 대한 변제일 것
② 인감, 서명이 일치할 것
③ 비밀번호가 일치할 것
④ 은행이 선의, 무과실일 것
⑤ 편의지급에 해당할 것

010 다음 중 은행으로 예금의 가압류명령이 송달된 경우의 실무처리절차에 대한 설명으로 옳지 않은 것은?
① 가압류명령의 송달연월일 및 접수시간을 명확히 기록한다.
② 피압류채권에 해당하는 예금의 유무를 조사한다.
③ 가압류된 예금에 대하여 즉시 예금원장 등에 압류사실을 기재하여 지급금지조치를 취한다.
④ 해당 예금과 관련하여 예금주에 대한 대출채권이 있는 경우 상계권 행사여부를 검토한다.
⑤ 가압류채권자의 권리보호를 위해 예금주에게 가압류사실을 통지하여서는 안 된다.

011 상계통지에 대한 다음 설명 중 옳지 않은 것은?

① 상계통지는 반드시 서면으로 해야 효력이 생기는 것은 아니다.
② 상계통지는 상계실행 전에 하여야 한다.
③ 상계통지가 반송된 경우에도 상계통지의 효력이 있다.
④ 상계통지는 반드시 예금주에게 하여야 한다.
⑤ 상계통지 시에는 상계내역을 분명히 해두는 것이 분쟁방지를 위해 긴요하다.

012 갑이 채무자 을 명의의 예금에 대하여 법원에 가압류 신청을 하였다. 효력이 발생하는 시점은?

① 가압류 명령을 법원에 신청한 때
② 법원이 가압류 명령을 발한 때
③ 가압류 명령이 은행에 송달된 때
④ 가압류 명령이 을에게 송달된 때
⑤ 가압류 명령이 법원으로부터 확정된 때

013 사고신고담보금을 어음발행인에게 지급하는 경우는?

① 어음소지인이 확정된 이행권고결정문 또는 확정된 지급명령문을 제출한 경우
② 당해 어음이 지급제시기간 내에 제시되지 않은 경우
③ 어음발행인이 어음소지인에 대한 어음금지급에 동의하고 이를 증명하는 서면을 제출하는 경우
④ 어음금지급청구소송 또는 어음채무부존재확인소송에서 패소하고 지급은행이 인정하는 증서를 제출하는 경우
⑤ 법원으로부터 제권판결을 받은 자가 지급을 청구하는 경우

014 고객감동 창구접점 서비스(Moment of Truth : 진실의 순간)에 대한 설명 중 적절하지 않은 것은 무엇인가?
① 직원이 고객의 이름을 기억하고 불러주는 순간
② 다른 고객에게 친절하게 응대하는 모습을 보는 순간
③ 고객이 두고 간 물건을 찾아주는 순간
④ 동행한 고객에게 관심을 표현하는 모습을 보는 순간
⑤ 업무처리를 빨리하려고 노력하는 직원을 보는 순간

015 피드백 시 유의할 점에 관한 다음 내용 중 틀린 것은?
① 행동의 동기를 추리해라.
② 상대가 변화되기를 강요하지 말고 단순히 정보를 제공해 주는 데 그쳐라.
③ 상대가 노력하면 바꿀 수 있는 행동에 한해서 하라.
④ 위협적이 아니고 신뢰감이 형성된 상태에서 하라.
⑤ 행동이 일어난 직후에 바로 하라.

016 고객과의 효과적인 커뮤니케이션과 관련된 설명으로 옳지 않은 것은?
① 고객이 공평하고 건설적이라고 느끼는 비평은 성공적인 고객상담에 도움이 된다.
② 비평이 효과적이기 위해서는 정중하고 진지한 태도가 필요하다.
③ 효과적으로 요청하는 요령, 효과적으로 거절하는 요령이 필요하다.
④ 칭찬이 오히려 고객에게 좋지 않은 느낌을 줄 수도 있기 때문에 기술이 필요하다.
⑤ 칭찬은 자주 할수록 효과적이다.

017 비평을 위한 커뮤니케이션 방법으로 옳지 않은 것은?

① 진지한 태도로 어쩌다 한번씩 비평한다.
② 부정적인 어휘는 피하고 정중한 태도로 비평한다.
③ 구체적으로 비평을 하면 마음이 상하므로 조금은 막연하게 비평한다.
④ 야단하거나 질책하지 말고, 문제의 해결을 위해 비평한다.
⑤ 불쑥 여러 사람 앞에서 꺼내지 말고 개인적으로 비평하는 것이 좋다.

018 다음 중 올바른 고객 접근활동으로 옳지 않은 것은?

① '인사말'을 첨가하여 말한다.
② 고객의 이름을 기억하여 추후 내점 시 활용한다.
③ 고객에게 자신의 이름을 알리도록 노력한다.
④ 고객의 정보를 DB화 하도록 노력한다.
⑤ 고객에게 지나치게 많은 정보를 요구한다.

019 상담종결(클로징 단계)의 구매약속에 이르는 4가지 방법에 대한 설명으로 옳지 않은 것은?

① 구매약속을 제안한다.
② 고객의 니즈를 파악한다.
③ 충실하게 고객정보를 탐색한다.
④ 이점을 요약하여 정리한다.
⑤ 주요관심사를 다루었는지 확인한다.

020 금융회사 내부통제기준에 관한 설명이다. 거리가 먼 것은?

① 금융회사 내부통제기준의 운영은 자율적으로 결정하고 있고 현재 법으로 명시하고 있지는 않다.
② 내부통제의 목적은 성과목적, 정보목적, 준법목적을 담고 있다.
③ 이사회는 내부통제시스템의 최종적인 책임을 지고 지휘 통제한다.
④ 보상체계, 인사, 연수정책 등을 마련하는 환경적 요인도 중요하다.
⑤ 내부통제 과정은 지속적으로 수정·보완되어야 한다.

021 금융소비자보호법의 주요 특징에 관한 다음 내용 중 틀린 것은?

① 개별법에 산재되어 있는 금융소비자보호 관련제도를 모두 포괄하여 규정하였다.
② 기능별 규제체계를 기관별 규제체계로 전환하였다.
③ 개별금융법상 판매행위규제를 총망라하여 규제공백이나 규제차익의 발생을 방지하였다.
④ 일반금융소비자는 보호를 강화하였고, 전문금융소비자는 금융소비자 보호규제를 적용치 않는다.
⑤ 분쟁조정의 실효성 강화를 위해 소송중지제도, 조정이탈금지제도를 도입하였다.

022 개인정보의 수집·이용이 가능한 경우로 옳게 연결된 것은?

> 가. 정보주체의 동의를 받은 경우
> 나. 수사기관의 수사 목적상 필요할 경우
> 다. 명백히 정보주체 또는 3자의 급박한 생명, 신체, 재산의 이익을 위해 필요하다고 인정될 경우
> 라. 개인정보처리자의 정당한 이익달성을 위해 필요한 경우로서 명백하게 정보주체의 권리보다 우선시되는 경우
> 마. 법률에 특별한 규정이 있거나 법령상 의무를 준수하기 위하여 불가피한 경우

① 가, 나, 다, 라, 마
② 가, 나, 다, 라
③ 가, 다, 라, 마
④ 나, 다, 라, 마
⑤ 가, 나, 라, 마

023 '금융상품 판매원칙'에 관한 다음 내용 중 틀린 것은?
① 적합성, 적정성원칙을 포함한 모든 금융거래에 대해 판매규제원칙 위반 시 징벌적 과징금부과가 가능하다.
② 적합성, 적정성원칙 위반행위에 대해서도 과태료부과가 가능하다.
③ 소비자가 자발적으로 구매하려는 금융상품이 재산상황, 투자경험 등에 비추어 부적절한 경우 이를 고지, 확인하는 것은 적정성원칙이다.
④ 적합성원칙은 예금성상품의 경우 원금손실가능성이 있는 상품에 한정한다.
⑤ 금융상품 계약체결을 권유하거나 소비자가 설명을 요청하는 경우 상품의 중요사항을 설명해야 한다.

024 약관제도 규제에 관한 설명이다. 거리가 먼 것은?
① 금융회사는 고객의 약관의 내용을 쉽게 알 수 있도록 한글로 작성하도록 의무하고 있다.
② 금융회사는 약관에 포함된 모든 내용을 구체적이고 상세하게 설명해주어야 한다.
③ 약관의 설명의무는 고객이 인지할 수 있는 상태이면 족하다.
④ 금융회사가 약관의 명시·설명의무를 위반하여 계약을 체결한 때에는 당해 약관을 계약의 내용으로 주장할 수 없다.
⑤ 은행이 금융거래와 관련된 약관을 제정하거나 변경하고자 하는 경우 원칙적으로 제정, 변경 후 10일 이내에 금융위원회에 보고하여야 한다.

025 다음에 해당하는 전자금융사기관련 용어는?

"합법적으로 소유하고 있던 사용자의 도메인을 탈취하거나 도메인 네임 시스템(DNS) 이름을 속여 사용자들이 진짜 사이트로 오인하도록 유도하여 개인 정보를 훔치는 새로운 수법"

① 피싱　　　　　　　　② 파밍
③ 스미싱　　　　　　　④ 네팅
⑤ 차징

026 구속성 영업행위 규제에 관한 설명이다. 거리가 먼 것은?
① 불공정 영업행위에 해당할 수 있다.
② 꺾기 간주대상은 예·적금 외에 보험, 펀드도 포함된다.
③ 구속성 영업행위 규정 적용대상은 대출실행 후 1개월 이내 불입 월 단위 환산금액이 대출금액의 1%를 초과하는 경우를 꺾기로 간주하고 있다.
④ 여신실행 전에 판매된 예금 등으로서 동 계약금 등의 금액 범위 내에서 예금 등을 담보로 하는 대출을 취급하는 경우는 본 규정을 적용하고 있지 않는다.
⑤ 대출고객에게 신용카드를 권유하는 경우 본 규정을 적용하고 있지 않다.

027 금융실명제와 관련한 설명이다. 옳은 것은?
① 금융회사로부터 업무수탁자는 실명확인을 할 수 있다.
② 법인의 경우 법인등기부등본으로 실명확인을 하여야 한다.
③ 실명확인이 생략되는 거래는 비밀보장 대상에서 제외된다.
④ 경찰서장 명의의 서면으로 정보제공 요구 시 금융회사는 정보제공이 가능하다.
⑤ 100만원 이하 송금, 외국통화 매매거래는 실명확인 생략이 가능하다.

제2과목 창구실무 Ⅰ

028 다음 중 예금약관의 적용순서로 옳은 것은?

① 개별약정 → 예금거래 기본약관 → 예금상품별 약관 → 예금거래유형별 약관
② 개별약정 → 예금상품별 약관 → 예금거래 기본약관 → 예금거래유형별 약관
③ 개별약정 → 예금상품별 약관 → 예금거래유형별 약관 → 예금거래 기본약관
④ 개별약정 → 예금거래유형별 약관 → 예금거래 기본약관 → 예금상품별 약관
⑤ 예금상품별 약관 → 예금거래 기본약관 → 예금거래유형별 약관 → 개별약정

029 ABC은행과 거래하는 고객이 다급하게 전화를 걸어와 본인이 오전에 ABC은행에서 발행한 자기앞수표를 분실하였는데 어떻게 해야 하는지 물어왔다. ABC은행에 근무하는 은행원의 응대 중 적절하지 않은 것은?

① 전화로 사고신고를 접수한 것과 별도로 다음 영업일까지 서면으로 사고신고서를 제출해야함을 안내했다.
② 사고수표 등록 후 사고신고서에 그 내용을 인지하여 등록지연으로 지급되는 경우가 없도록 조치했다.
③ 고객에게 권리행사에 필요한 법적절차를 밟도록 안내했다.
④ 사고신고를 완료했기 때문에 사고수표에 대해서는 최종소지인에게 절대 지급될 수 없으니 안심하시라고 안내했다.
⑤ 고객으로부터 사고신고수수료를 받아 입금했다.

030 「특정금융거래보고법」에 따른 고객확인의무를 실행할 대상금융거래에 대한 설명으로 거리가 먼 것은?
① 계좌의 신규개설 시에는 고객확인여부를 실행해야 한다.
② 계좌에 의하지 않고 1,000만원(미화 1만불 상당) 이상의 일회성 금융거래는 고객확인의무를 실행해야 한다.
③ 금융거래의 실제 당사자 여부가 의심되는 등 자금세탁행위나 공중협박자금조달행위를 할 우려가 있는 경우는 고객확인의무를 실행해야 한다.
④ 필수 검증사항을 제외한 신원확인 정보에 대해서도 반드시 검증을 해야 한다.
⑤ 고객 및 실소유자 정보 이외에 금융거래 목적 및 자금 세탁 위험도를 고려해야 한다.

031 다음 중 예금거래신청서 접수 시 옳지 않은 것은?
① 예금주가 작성한 신규거래신청서를 받아 미비사항 여부를 확인한다.
② 비밀번호는 예금주가 정한 고유번호를 PIN - pad로 입력한다.
③ 비밀번호는 남이 쉽게 알 수 있는 연속숫자 및 동일한 숫자 사용을 제한한다.
④ 대리인에 의한 통장의 신규개설 시, 서명거래를 할 수 있다.
⑤ 무기명식 예금은 거래서명 또는 인감을 받지 않는다.

032 다음 중 비거주자에 대한 설명으로 옳지 않은 것은?

① 국민인 비거주자는 외국환거래규정에 의한 양도성예금증서와 세법상 거래제한 예금을 제외한 모든 예금에 가입할 수 있다.
② 외국인 거주자는 원칙적으로 예금거래에 제한이 없다.
③ 외국인인 비거주자는 보통예금, 저축예금 등 수시입출식 상품에 한하여 가입할 수 있다.
④ 예금 가입 시 실명확인증표로 주민등록증·운전면허증을 제시하는 경우에는 본인이 비거주자임을 주장하지 않는 한 거주자로 판단하고 취급한다.
⑤ 비거주자의 판정시기는 상품 가입 시, 가입 후 매 3년마다, 만기 및 해지 시이다.

033 예금잔액증명서 발급에 대한 설명으로 옳지 않은 것은?

① 거래인감이나 서명을 대조·확인하여야 하지만 본인 확인 시에는 거래인감을 생략할 수 있다.
② 여러 통으로 발급받을 수 있다.
③ 당일자로 잔액 증명서를 발행한 경우 발행당일 잔액 및 예금관련 표시내용 변경을 가져다주는 추가거래는 할 수 없다.
④ 표지어음은 발급이 불가능하다.
⑤ 단말기로 발급하는 것은 금액을 숫자 표시 없이 문자로 해야 한다.

034 사고신고업무에 관한 다음 내용 중 맞는 것을 모두 고르시오.

> ㄱ. 사고신고의 철회는 계좌개설점 또는 사고신고한 타영업점에서 처리 가능하다.
> ㄴ. 사고신고와 동시에 해지요청 시 통장 재발행을 생략할 수 있다.
> ㄷ. 무기명예금은 유가증권 분실의 경우와 같이 제권판결문 정본을 받고 발행한다.
> ㄹ. 증서의 재발행은 원칙적으로 할 수 없다.

① ㄱ, ㄴ, ㄷ, ㄹ　　　② ㄴ, ㄷ, ㄹ
③ ㄱ, ㄷ, ㄹ　　　　　④ ㄱ, ㄷ
⑤ ㄷ, ㄹ

035 다음 설명 중 거리가 먼 것은?

① 예금주의 사망사실 인지 전 통장, 증서 및 거래인감, 서명이 있는 지급청구서에 의한 지급은 면책약관과 채권의 준점유자에 대한 선의의 변제로 면책사유가 된다.
② 예금채권은 일반적으로 지명채권의 양도방법에 따라 양도할 수 있는 것이 원칙이다.
③ 예금채권에 대한 압류의 효력은 예금주에게 은행이 압류명령을 통보한 때 발생한다.
④ 예금압류의 효력은 압류채권자가 압류 금액을 제한하지 않는 한 압류시점의 예금잔액 전부에 대하여 압류효력이 미친다.
⑤ 예금에 대한 압류 시 압류 후의 예금이자에 대해서도 그 효력이 미친다.

036 예금 질권설정에 관한 설명이다. 적절하지 않은 것은?

① 질권의 효력은 예금의 원금에 미치며 질권 설정 후 이행기가 도래하는 이자채권에는 미치지 않는다.
② 당행이 질권자인 경우 질권설정계약서와 예금증서를 받고 본인 여부를 확인한다.
③ 예금채권을 질권의 목적으로 할 때에는 은행의 승낙을 받지 않으면 질권자는 질권설정 사실에 대하여 은행 또는 제3자에게 대항할 수 없다.
④ 질권설정된 예금의 원리금은 질권자의 질권해제통지서를 받고, 기 교부한 질권설정승낙서를 회수하지 않으면 예금주에게 지급할 수 없다.
⑤ 질권자와 예금주의 분쟁이 우려될 때에 지급 보류 시 지연책임을 지게 될 우려가 있을 경우 공탁하는 것이 안전하다.

037 타점권 수납 시 유의사항으로 옳지 않은 것은?
① 특정횡선수표에 피지정은행이 타행으로 지정되어 있어도 수납 가능하다.
② 지시금지라고 표기된 어음이 있을 때 배서 양도가 되지 않은 경우에는 수납할 수 있다.
③ 국고수표의 제시기간은 발행일로부터 1년 이내이다.
④ 우편환증서의 제시기간은 발행일로부터 6개월이다.
⑤ 선일자수표는 수납이 가능하다.

038 강북은행 김과장의 예금해지 업무처리와 관련한 상담사례로 옳지 않은 것은?
① 사고신고 질권설정 기타 지급제한이 있는 계좌의 경우에는 계좌개설점에서만 해지처리가 가능하다고 안내하였다.
② 인감 및 통장분실의 경우에는 사고신고 접수 후 통장 재발행 절차 없이 예금주의 서명 기명날인으로 해지처리가 가능하다고 안내하였다.
③ 가계당좌예금의 경우에는 계좌개설점에서만 해지처리가 가능하다고 안내하였다.
④ 무기명정기예금은 별도 실명확인을 하지 않고 해지가 가능하다고 안내하였다.
⑤ 예금주의 해지요청 시에 예금통장과 찾으실 때 전표를 받고 거래인감 또는 서명의 일치 여부 및 본인여부를 확인하였다.

039 비과세종합저축에 관한 다음 내용 중 틀린 것은?
① 국가유공자 및 유족이 가입대상이다.
② 전 금융기관 기준 5,000만원 한도 내 비과세 된다.
③ 만기 후 이자는 과세된다.
④ 중도해지하는 경우에도 비과세 된다.
⑤ 계약기간은 제한 없다.

040 다음은 정기적금과 자유적금을 비교한 것이다. 잘못된 것은?

	구분	정기적금	자유적금
①	저축금 지연	지연일수 산정	지연일수 없음
②	만기 앞당김 지급	지급제도 있음	지급제도 없음
③	만기이연제도	없음	있음
④	만기경과 후 입금	제한적 입금가능	만기경과 후 입금불가
⑤	계좌분할	가능	없음

041 고액현금거래보고(CTR)의 기준금액은 얼마인가?
① 5백만원　　　　② 1천만원
③ 2천만원　　　　④ 3천만원
⑤ 5천만원

042 예금, 적금 또는 부금 이자소득의 귀속시기로 옳지 않은 것은?
① 실제로 이자를 지급받는 날
② 특약이 있는 경우 원본에 전입된 날
③ 해약일
④ 상속되거나 증여되는 경우 상속신고일 또는 증여신고일
⑤ 계약기간 연장일

043 다음 중 수표, 어음 지급 시 은행이 확인해야 할 사항으로 볼 수 없는 것은?

① 법정요건을 갖추었는지 여부
② 수표의 위조, 변조 여부
③ 신고된 인감, 서명과 일치 여부
④ 제시인의 신용불량 여부
⑤ 사고신고나 지급위탁취소 여부

044 거치식예금에 대한 설명으로 옳지 않은 것은?

① 거래대상에는 제한이 없다.
② 일정기간 동안 환급받지 않을 것을 약정하고 금전을 은행에 예입하는 것을 말한다.
③ 지급기일을 일단위로 정하였을 때에는 예입일부터 기산하여 일수 해당일을 지급기일로 한다.
④ 지급기일을 연단위로 정하였을 때에는 그 기간 최종 월의 예입 해당일을 지급일로 한다.
⑤ 만기일에 이자를 일시 지급하지만 매월지급식도 가능하다.

045 다음 중 기업자유예금에 관한 설명으로 옳지 않은 것은?

① 지급 시에는 후입선출방식을 택한다.
② 일반적으로 연간 4회 정도 결산을 한다.
③ 개인사업자도 가입 가능하다.
④ 기업의 여유자금을 흡수하기 위한 입출금이 자유로운 예금이다.
⑤ 가입 대상은 사업자등록번호를 부여 받은 자 또는 고유번호를 부여 받은 단체이다.

046 다음 중 환매조건부채권매도(RP)에 관한 설명으로 옳지 않은 것은?

① 매도채권은 은행이 보관/관리하고 매도 상대방에게는 환매수 가격 및 이율을 기재한 통장을 교부한다.
② 지급준비금을 예치하지 않는다.
③ 예금자보호대상이 아니다.
④ 중도 환매수는 불가능하다.
⑤ 거래대상에는 제한이 없다.

047 다음 중 표지어음의 특징이 아닌 것은?

① 매출대상에 제한이 없다.
② 최저 발행기간은 30일 이상이다.
③ 무기명 할인식으로 발행한다.
④ 발행인은 은행이다.
⑤ 만기 후 이자는 지급하지 않는다.

048 예금의 지급기일 산정방법에 대한 설명으로 옳은 것은?

① 월 또는 연단위로 정한 경우에는 그 월의 말일로 한다.
② 일단위로 정한 경우에는 예입일로부터 기산하여 일수 해당일의 다음날로 한다.
③ 월단위로 정하였지만 최종월에 해당일이 없는 경우에는 그 다음 월의 첫날로 한다.
④ 최단만기제한이 있는 정기예금의 지급기일이 토요일이나 공휴일인 경우에는 3개월 뒤 첫 영업일을 지급기일로 한다.
⑤ 세금우대 상품의 경우 1년제로 신규한 예금의 만기일이 휴무일이어서 그 전영업일에 해지를 할 경우 세금우대 혜택은 적용하지 않는다.

049 이자소득에 대한 원천징수 업무와 관련한 설명이다. 적절치 않은 것은?
① 원천징수의무자는 소득세 등을 원천징수하여 국고에 납부하여야 할 의무자로 은행이 해당한다.
② 이자소득의 원천징수 시기는 실제로 이자를 지급하는 때이다.
③ 정기예금의 이자를 실제로 지급하지 아니하고 납입할 부금에 대체하는 정기예금 연결 정기적금에 가입한 경우는 대체 입금되는 때 원천징수한다.
④ 이자소득세는 14%이다.
⑤ 조세협약에서 국내사업장이 없는 상대국의 거주자 또는 법인에게 이자·배당 소득을 지급하는 경우 과세상 적용하는 일정 세율을 제한세율이라고 한다.

050 강남은행은 홍길동씨에게 부동산을 담보로 대출을 취급하려고 한다. 부동산을 담보 취득할 때는 필요한 기본원칙을 지켜야 한다. 다음 중 부동산담보의 취득원칙을 설명한 것으로 옳지 않은 것은?
① 나대지상 건물을 신축하면 이를 추가공동담보로 취득하여야 한다.
② 대지와 그 대지상의 건물은 공동담보로 취득함을 원칙으로 한다.
③ 담보물에 부속된 물건 및 권리는 당연히 담보의 효력이 미치므로 특별한 조치는 필요없다.
④ 나대지의 경우에는 그 대지에 지상권을 함께 설정하여야 한다.
⑤ 부동산담보는 소정의 근저당권 설정계약서에 의해서 설정계약을 체결하여야 한다.

051 다음 중 약관해석 원칙에 해당하지 않는 것은?
① 개별약정 우선의 원칙
② 주관적 해석의 원칙
③ 작성자 불리의 원칙
④ 축소해석의 원칙
⑤ 신의성실의 원칙

052 다음 중 여신의 상환방법에 대한 설명으로 옳지 않은 것은?

① 일시상환 : 여신약정기일에 일시에 상환하는 방법
② 원금균등분할상환 : 여신의 거치기간동안 원금을 균등분할상환하는 방법
③ 원리금균등분할상환 : 여신기간동안 원리금을 매월 상환하는 방법
④ 불균등분할상환 : 상환금액 또는 상환기간이 불균등하게 상환되는 방법
⑤ 혼합방식상환 : 일정금액은 균등분할상환하고 잔액은 만기일에 일시 상환하는 방법

053 다음의 내용은 여신의 원칙 중 무엇에 해당하는가?

- 예수금, 기타 거래의 유치가능성은 어떠한가?
- 외환거래 등에 따른 수수료 수입은 어떠한가?

① 안정성 원칙　　　　　　② 수익성 원칙
③ 공공성의 원칙　　　　　④ 평등의 원칙
⑤ 성장성의 원칙

054 여신거래 상대방에 대한 설명으로 옳지 않은 것은?

① 차주, 보증인, 담보제공자는 채무관계인이라고 한다.
② 친권자의 회사를 위해 친권자가 미성년자를 대신하여 미성년자의 부동산에 담보를 설정하는 행위는 이해상반행위에 해당한다.
③ 미성년자의 경우에는 특수한 사정이 있을 때 법정대리인의 대리에 의하거나 동의를 받아 거래할 수 있다.
④ 이중국적자의 경우에도 여신거래를 할 수 있다.
⑤ 거주자인 외국인은 대출 시 특별한 제한이 없다.

055 여신금리운용에 관한 설명으로 옳지 않은 것은?

① 변동금리란 대출약정 기간 내에 기준금리가 변경될 경우 당해 대출금리가 변경되는 금리이다.
② 한도거래 대출의 한도 초과된 금액에 대하여는 연체이자를 받지 않는다.
③ 여신 취급 시 적용한 해의 기준금리가 변경되면 재산정하여 변경 적용한다.
④ 이자의 일수 계산은 여신 당일로부터 기일 또는 상환일 전일로 계산한다.
⑤ 기준금리와 연체대출금리는 영업점 안내문으로 게시한다.

056 다음 부동산 등기부등본에 대한 설명 중 옳지 않은 것은?

① 갑구와 을구 간에서 등기의 우선순위는 등기의 접수번호에 의하여 결정된다.
② 표제부에는 토지와 건물의 내용, 즉 소재지, 용도, 면적 등이 변경된 순서대로 기재한다.
③ 갑구에는 소유권 이외의 권리인 저당권, 지상권 같은 제한물권사항을 기재한다.
④ 한 개의 부동산마다 한 개의 등기부가 있다.
⑤ 부동산에 관한 권리는 등기하지 아니하면 효력이 생기지 않는다.

057 여신회수절차에 대한 설명으로 옳지 않은 것은?

① 일시상환은 약정기일에 모두 상환 받는 방식이다.
② 주채무자가 기한의 이익을 상실한 경우 정해진 기한 내에 보증인에게 서면으로 통보해야 한다.
③ 여신이 끝나는 날이 공휴일인 경우 바로 전 영업일로 한다.
④ 여신회수 시 순서는 비용, 지연배상금, 이자, 원본 순서이다.
⑤ 여신회수대전이 타점권인 경우에는 가수금으로 받아 교환결제한 후 여신변제 또는 이자를 수입한다.

058 강북은행은 오모씨에게 신용여신을 취급하였는데 그 후 부실화되었다. 다행인 것은 담보취득한 것은 아니지만 송모씨 명의로 예금이 있다는 점이다. 물론 이 예금으로 송모씨에 대한 여신이 모두 회수되는 것은 아니다. 강북은행은 송모씨 명의의 대출금과 예금을 상계하려고 한다. 다음 중 상계에 의한 회수 시 준수사항을 설명한 것으로 옳지 않은 것은?

① 채무자의 채무전액을 없애기에 부족한 때에는 채무자가 지정한 순서대로 충당하는 것을 원칙으로 한다.
② 상계실행을 하기에 앞서 채무자의 예금에 대해 일시적인 지급정지를 할 수 있다.
③ 보증인의 예금 등에 지급정지를 한 경우 지급정지사실을 통지하여야 하는 것은 아니다.
④ 상계실행은 상계통지일로부터 3영업일 이내에 하여야 한다.
⑤ 상계실행은 상계통지를 한 후에 하여야 한다.

059 다음은 우리나라 외환관리제도의 어떤 특징에 관한 설명인가?

> 외국환의 지급/영수 행위가 외국환은행을 통하여 이루어지도록 하고 있다.

① 부분적인 네거티브 시스템 방식
② 국제주의
③ 은행주의
④ 속지주의
⑤ 속인주의

060 당발송금과 관련된 설명 중 옳지 않은 것은?
① 당발송금은 해외의 송금은행이 국내 외국환은행을 지급은행으로 지정하여 보내오는 외화송금을 말한다.
② 송금수표는 긴급을 요하지 않는 송금 또는 소액 송금 시 주로 이용한다.
③ 전신송금환(T/T)은 거액송금이나 신속지급을 요하는 송금에 많이 이용한다.
④ 전신송금환(T/T)은 지급지시서를 전신으로 보내는 송금이다.
⑤ 국내 송금인, 국내 외국환은행, 해외 은행, 해외 수취인 순으로 진행된다.

061 외화수표 추심 및 매입 업무에 대한 설명으로 거리가 먼 것은?
① 추심 후 지급은 지급은행 앞으로 추심한 수표가 결제되어 입금된 사실을 확인 후 고객에게 수표대금을 지급하는 것이다.
② 추심 전 매입의 경우 전신환매입율을 적용한다.
③ 여행자수표의 경우 유효기일이 1년이므로 1년 이내로 지급은행에 제시해야 지급보장이 된다.
④ 수표상에 유효기일이 명시된 경우에는 유효기일 내에 지급은행에 제시되어야 한다.
⑤ 수표상에 특정 통화표시가 없는 경우에는 지급지의 통화로 처리하는 것이 원칙이다.

062 외국통화의 매매에 대한 설명 중 옳지 않은 것은?
① 국민인거주자는 일반여행경비 환전의 경우 1만불 초과 시에는 본인이 출국 시 신고해야 한다.
② 외국통화매입의 경우 외국환매입신청서 기재내용 확인 및 실명확인을 해야 한다.
③ 국민인거주자는 소지목의 환전 시 금액에 제한이 없다.
④ 매도대금 징수 시 원화로 징수를 요청하면 현찰매입율을 적용한다.
⑤ 외국인비거주자는 매각실적 범위 내에서 외화를 매각하는 경우 최근 입국일의 실적 범위 내에서만 가능하다.

063 여행자수표 판매와 매입업무에 대한 다음 설명 중 옳지 않은 것은?
① 외화현찰을 매매하는 경우 보다 저렴한 환율이 적용된다.
② 여행자수표 교부 시 고객에게 여행자수표 counter sign란에 미리 서명하지 않도록 안내한다.
③ 외화대체로 여행자수표를 판매하는 경우 여행자수표 판매수수료를 징수한다.
④ 여행자수표 판매 시에는 여행자수표 전신환매도율이 적용된다.
⑤ 여행자수표 판매에 적용되는 외국환거래법령은 외국통화 매도와 동일하다.

064 외화수표와 관련된 설명으로 옳은 것은?
① 미재무성수표는 미국 정부가 지급인하는 수표로 부도위험이 거의 없다.
② 개인수표의 유효기간은 발행일로부터 6개월이다.
③ 은행수표는 부도가 발생하는 경우가 빈번하므로 주의해야 한다.
④ 여행자수표는 유효기간이 없고 금액이 정해지지 않는다.
⑤ Money Order는 신용도가 높은 발행자가 발행하므로 안심하고 사용할 수 있다.

065 거래외국환은행 지정 항목이 아닌 것은?
① 해외 유학생의 경비 송금
② 해외 체재비 송금
③ 거주자의 지급증빙서류 미제출 송금
④ 외국인 근로자의 국내소득 송금
⑤ 수입대금 지급

066 다음 중 외국환 업무에 관한 설명으로 옳지 않은 것은?
① 내국환 업무 중 현재 은행 내에서 전금, 역환업무를 많이 활용하고 있다.
② 모든 환거래는 본지점계정을 이용하고 있다.
③ 당발환이란 수동적인 거래로 거래 상대방이 우선적으로 환처리 후 발생하는 거래이다.
④ 환거래 당사자는 의뢰인 - 당발은행 - 타발은행 - 수취인의 4자 관계로 구성되어 있다.
⑤ 취결번호는 당발점에서 보내는 취결순서에 따라 타발점 구분없이 연도별 일련번호가 부여된다.

067 어음교환의 장점에 대한 설명 중 틀린 것은?
① 교환소는 참가은행들 간 자치 법규인 '어음교환 업무규약'에 의거 일정한 부도어음을 발생시킨 그 어음소지인에 대하여 거래정지처분을 하여 제재한다.
② 어음소지인은 어음금액의 지급을 청구하기 위하여 지급인에게 어음을 제시하여야 하지만 은행을 통한 어음교환소에서의 교환제시도 지급을 위한 제시효력이 있다.
③ 어음을 소지하고 있는 고객은 지급장소에 가지 않고 은행을 통하여 추심할 수 있어 개별 추심에 따른 시간과 노력을 절약할 수 있다.
④ 참가은행 간 교환된 어음의 지급할 금액과 받을 금액과의 차액만 결제함으로써 은행의 지급자금을 대폭적으로 줄일 수 있다.
⑤ 적법한 시기에 수표를 제시하였으나 지급이 없었던 뜻을 증명하고 일자를 부기한 어음교환소의 선언은 압류 및 추심명령의 효과가 있다.

068 다음 중 타행환 업무처리에 대한 설명으로 옳지 않은 것은?

① 타행환업무에는 송금업무와 자기앞수표조회 업무가 있다.
② 입금 처리 시 고객용 전표는 반드시 고객이 직접 기재하도록 한다.
③ 당일 발생거래 중 고객의 취소요청이 부득이한 경우에는 별도의 확인절차 없이 즉시 취소 처리해야 한다.
④ 타행환 자금반환 요청으로 은행간 분쟁이 발생한 경우 자금청구은행에 책임이 귀속된다.
⑤ 타행환 송금의 1회 송금한도는 5억원으로 제한되어 있다.

069 역환만 올바르게 분류한 것은?

> 가. 업무상 자금이체
> 나. 자금현송과 자금현송금 중 부족금
> 다. 교환자금, 부도제재금
> 라. 직원 상호 간 자금의 이전
> 마. 본부가 인정하는 경비와 용도품대
> 바. 기타 고객이 요청하는 자금이체

① 가, 나, 마
② 가, 다, 마
③ 나, 다, 마
④ 나, 라, 마
⑤ 나, 마, 바

제3과목 | 창구실무 II

070 다음 중 수납 시 주의사항 및 처리 절차로 가장 잘못된 것은?

① 수납금과 입금표를 접수하고 불비사항 여부를 확인한다.
② 당좌나 어음은 익일 현금화할 수 있도록 정리하여 입금한다.
③ 자점권이나 타점권의 이면에는 입금계좌번호를 기록한다.
④ 수납현금은 수시로 모출납 담당자에게 인도한다.
⑤ 타점권은 오른쪽 상단에 특정횡선을 날인한다.

071 다음 중 전표의 종류와 가장 거리가 먼 것은?

① 당좌수표
② 양도성예금증서
③ 자기앞수표
④ 온라인통장
⑤ 공용전표

072 계산업무와 관련된 설명으로 옳지 않은 것은?

① 계정을 설정하는 계좌장소를 계정계좌 또는 계좌라고 한다.
② 양도성예금증서, 외국환매입신청서, 입금표 등은 대용전표에 해당한다.
③ 대체거래란 현금거래와 대비되는 용어로 현금거래가 발생하지 않은 상태에서 입금과 지급행위가 발생하는 거래를 말한다.
④ 전표의 금액을 기재할 때에는 한글 또는 한문으로 기재해야 한다.
⑤ 가수금은 계정과목이 확정되지 않았거나, 계정과목은 확정되었더라도 금액이 확정되지 않았을 때 처리하는 지급 계정이다.

073 A은행에 근무하는 텔러 '나텔러'가 출납업무를 처리하던 중 현금 과·부족 현상이 발견되었다. 다음 중 업무처리 방법으로 옳은 것은?

① 당일 원인 파악이 되지 않는 현금이 남았을 때, 가수금 출납과잉 항목으로 처리한다.
② 창구에서 출납 과잉금 발생 시 기존의 출납 부족금에서 상계 처리한다.
③ 가수금 처리 후 1개월이 경과된 후에도 원인 규명이 되지 않을 때는 이익금으로 처리한다.
④ 가수금으로 이미 이익금으로 처리된 후 차후 원인 규명이 되더라도 반환하지 않는다.
⑤ 현금 부족금이 발생한 경우 가지급금 처리 후 1개월이 경과된 후에도 원인규명이 되지 않으면 손실금 처리한다.

074 전표를 작성하는 원칙에 대한 설명으로 옳지 않은 것은?

① 전표는 계정과목별로 작성하여야 한다.
② 은행 내부거래 시에는 전표에 아라비아 숫자로 기재할 수 있다.
③ 적요란은 간단하게 전표 발생 계정을 기재하는 곳이다.
④ 전표의 금액은 정정할 수 없고 성명은 정정할 수 있다.
⑤ 잘못 적힌 금액은 전액을 정정해야 한다.

075 다음 중 장표지로 이용승인에 대한 설명으로 옳지 않은 것은?

① 장표지로 이용신청기관은 지로이용신청서를 작성 후 금융결제원의 확인을 받아 거래 금융기관에 제출하여야 한다.
② 표준 OCR 이용기관은 금융기관 및 금융결제원과 3자 계약을 체결하고 동 계약에 따라 업무를 수행한다.
③ 신청기관은 금융결제원의 장표테스트에 합격한 후 지로장표를 이용하여야 한다.
④ 최초 승인일로부터 6개월간 이용실적이 없는 경우 이용승인이 취소될 수 있다.
⑤ 이용신청 시 이용기관 거래 금융기관에서 지로수수료를 결정한다.

076 다음 <보기>에 들어갈 내용이 올바르게 연결된 것은?

| 보기 | 전자금융거래 주요수단으로는 전화기를 이용한 (1), 컴퓨터와 초고속통신망을 이용한 (2), 거래기업과 은행의 전산망을 부가가치통신망 또는 전용회선으로 연결하여 자금의 집중, 대량자금이체 등을 처리하는 (3), 휴대폰을 통한 무선인터넷 접속과 IC칩을 장착하여 시간과 장소에 구애를 받지 않고 금융거래가 가능한 (4) 등이다. 최근에는 TV, PDA, 스마트폰 등 다양한 디지털기기가 은행창구를 대신하는 (5) 시대가 도래되고 있다.

	(1)	(2)	(3)	(4)	(5)
①	텔레뱅킹	인터넷뱅킹	모바일뱅킹	펌뱅킹	유비쿼터스뱅킹
②	텔레뱅킹	인터넷뱅킹	펌뱅킹	모바일뱅킹	유비쿼터스뱅킹
③	인터넷뱅킹	텔레뱅킹	모바일뱅킹	유비쿼터스뱅킹	펌뱅킹
④	모바일뱅킹	유비쿼터스뱅킹	펌뱅킹	텔레뱅킹	인터넷뱅킹
⑤	텔레뱅킹	인터넷뱅킹	펌뱅킹	유비쿼터스뱅킹	모바일뱅킹

077 납부자자동이체업무에 대한 설명으로 옳지 않은 것은?
① 금융기관은 이체일 당일 영업시간 시작과 함께 신청인의 계좌에서 출금한다.
② 이체금액과 고객수수료를 출금하여 이체금액은 지로계정에 입금하고 고객수수료는 수익계정으로 처리한다.
③ 출금자료를 작성하여 금융결제원에 전송한다.
④ 금융결제원은 이체일에 금융기관에 입금지시한다.
⑤ 금융결제원은 금융기관 간 결제해야 할 금액을 산출한 후 차액결제 자료를 한국은행 및 각 금융기관으로 전송한다.

078 전자금융 업무의 특징으로 옳지 않은 것은?
① 저렴한 비용, 무한한 효용 등의 강점으로 금융거래의 주된 수단으로 등장하였다.
② 은행이 고객과 논리적으로 동일한 거리에 있게 됨으로써 이용상의 편의가 새로운 선택기준이 되었다.
③ 거래상의 근접성 등 지리적 요소가 소멸되었다.
④ 은행은 인터넷 인프라 구축 등으로 인적, 물적 비용이 증가되었다.
⑤ 대규모 금융사고 발생의 잠재적 가능성을 크게 함으로써 금융안정을 위협하는 요인으로 작용할 가능성도 있다.

079 CMS 공동망 업무에 대한 설명으로 옳지 않은 것은?
① 펌뱅킹과 동일하게 당행 계좌 간의 이체를 취급하는 결제시스템이다.
② 입금이체업무는 이용기관의 지급계좌에서 자금을 인출하여 특정 수취인에게 자금을 지급하는 것이다.
③ 출금이체업무는 다수의 납부자 예금계좌에서 출금하며 이용기관의 수납계좌에 입금하는 것이다.
④ 이용기관은 자금이체를 위하여 실시간 계좌실명조회 및 계좌등록을 할 수 있어 편리하다.
⑤ 이용기관은 수납자금의 종합관리, 운용 가능의 장점을 가지고 있다.

080 텔레뱅킹의 이용신청 및 업무처리절차에 대한 설명으로 옳지 않은 것은?
① 가입신청 후 3영업일 이내에 이체비밀번호를 등록하지 못할 경우 이용 정지됨을 안내한다.
② 지급계좌 등록 시에는 고객이 지시하여 확인한 계좌만 입력한다.
③ 법인고객이 서비스를 신청하는 경우에는 대표자의 실명확인증표와 사업자등록증 등을 받는다.
④ 미성년자가 서비스를 이용하고자 할 때에는 본인 외에 법정대리인이 대신 신청을 할 수 있다.
⑤ OTP발생기는 일회용 비밀번호 생성 보안매체로서 연속 5번 비밀번호 오류 시 은행을 방문하여 잠김 해제를 요청하여야 한다.

081 다음 중 인터넷뱅킹 서비스로 처리할 수 있는 업무가 아닌 것은?

① 대출금이자 납부 ② 신용카드 현금서비스
③ OTP카드 발급 신청 ④ 지로대금 납부
⑤ 자기앞수표 사고신고

082 다음 중 공동인증서에 대한 설명으로 옳지 않은 것은?

① 개인용 전자거래 범용인증서는 수수료가 연간 4,400원(부가세 포함)이다.
② 기업용 전자거래 범용인증서는 수수료가 연간 110,000원(부가세 포함)이다.
③ 은행, 카드, 보험용으로 용도가 한정된 개인인증서는 수수료가 무료이다.
④ 은행, 카드, 보험용으로 용도가 한정된 기업인증서는 수수료가 연간 4,400원(부가세 포함)이다.
⑤ 공동인증서 유효기간은 신규발급일로부터 3년이다.

083 다음 중 수납대상요금과 지로장표의 종류가 가장 적절하게 묶인 것은?

가. 기부금	나. 신문대금	다. 건강보험료
A. 정액OCR장표	B. 표준OCR장표	C. MICR장표

	가	나	다
①	A	B	C
②	A	C	B
③	B	C	A
④	C	A	B
⑤	C	B	A

084 다음에 해당하는 적절한 지로서비스는?

> 직장인 '나효자'씨는 급여생활자로 시골에 계신 부모님께 매월 용돈을 드리고자 하는데, 이처럼 ATM기기, 인터넷뱅킹으로 매번 이체하기에는 번거로워 매월 급여일에 맞춰 300,000원을 부모님의 계좌(다른 은행)로 이체하려고 할 때 이용하는 서비스를 말한다.

① 장표지로 ② 자동이체
③ 대량지급 ④ 인터넷지로
⑤ 납부자 자동이체

085 체크카드와 직불카드에 대한 설명으로 옳지 않은 것은?
① 체크카드에 신용한도를 부여하는 것은 개인회원에 한하여 가능하며, 신용카드 발급 기준을 적용한다.
② 체크카드 이용한도 관리 기간은 결제일에 관계없이 매월 1일부터 말일까지이다.
③ 체크카드는 은행 또는 카드사가 제휴한 은행에 입출금이 자유로운 통장을 소지한 개인 및 기업회원을 대상으로 발급이 가능하다.
④ 선불카드의 이용에 있어서 회원가입계약 등은 필요하지 않다.
⑤ 무기명 선불카드카드는 권면금액의 최고한도를 50만원으로 제한하고 있다.

086 신용카드의 기업회원에 대한 설명으로 옳지 않은 것은?
① 기업공용카드는 법인의 임직원이면 누구나 사용할 수 있다.
② 기업개별카드는 사용자의 이름이 영문으로 기재되어 있다.
③ 기업개별카드(사용자 지정카드)는 결제책임이 사용자 개인에게 있다.
④ 직불형 기업카드는 신용공여 기능이 없다.
⑤ 정부구매카드는 개인사업자는 발급받을 수 없다.

087 다음 중 신용카드의 기능 및 역할에 대한 설명으로 옳지 않은 것은?
① 신용카드 거래의 3당사자는 신용카드업자, 회원, 은행이다.
② 현금의 즉시 지불 없이 신용한도 내에서 외상 구입할 수 있는 결제수단이다.
③ 신용카드는 신분확인 기능이 있다.
④ 회원의 경우 신용카드 사용으로 세제 혜택을 누릴 수 있다.
⑤ 가맹점의 경우 신용카드 거래를 통해 외상 매출로 위험을 최소화할 수 있다.

088 다음 중 신용카드 회원에 대한 설명으로 옳은 것은?
① 가족회원의 신용카드 발급 요건은 신용카드의 발급신청일 현재 만 14세 이상인 자이다.
② 본인회원은 가족회원의 카드 이용대금에 대한 모든 책임을 부담한다.
③ 기업회원의 공용카드는 카드에 기재된 특정 임직원만 사용이 가능하다.
④ 개인형 기업카드는 기업의 임직원 누구나 사용할 수 있다.
⑤ 가족회원의 카드사용 한도는 가족회원 본인의 신용등급에 따라 별도 산정한다.

089 신용카드 발급에 대한 설명으로 옳지 않은 것은?
① 재발급 시의 유효기간은 전 카드의 유효기간과 같다.
② 가족회원 카드의 유효기간은 본인회원 유효기간과 동일하다.
③ 본인회원의 브랜드와 상이한 가족카드로 발행이 불가능하다.
④ 가족회원은 가족카드별로 한도를 지정할 수 있다.
⑤ 가족회원은 본인회원이 자동갱신될 경우 자동갱신이 가능하다.

090 신용카드 발급에 대한 설명으로 잘못된 것은?

① 기존카드의 물리적 훼손, 분실, 도난 등으로 기존카드와 동일한 카드로 다시 발급받는 경우를 재발급이라고 한다.
② 재발급의 경우에는 기존 카드번호와 동일한 카드번호가 부여된다.
③ 재발급의 경우 기존에 자동이체 등록해 놓은 건은 다시 등록해야 한다.
④ 회원에 대한 카드 발급매수가 증가하지 않는 범위 내에서 기존 카드를 다른 카드로 변경 발급하는 것을 교체발급이라고 한다.
⑤ 카드상품 종료 등 불가피한 사유로 인해 유사한 종류의 카드로 변경해서 발급하는 것을 대체발급이라고 한다.

091 다음 중 카드이용대금의 청구 및 결제 업무에 대한 설명으로 옳지 않은 것은?

① 선결제란 결제일 이전에 카드대금의 일부 또는 전체를 결제하는 것이다.
② 일정 금액 이상의 일시불 거래를 할부거래로 전환할 수 있다.
③ 이용대금명세서는 회원별로 통상 청구 단위가 1개이나, 가족회원의 경우 분리 청구도 가능하다.
④ 개인채무 회생자는 이용대금 명세서 발송 대상에서 제외한다.
⑤ 리볼빙 결제 서비스를 이용할 수 있는 대상은 개인 및 기업회원이다.

092 신탁의 기본원칙에 대하여 잘못 설명한 것은?

① 분별관리의 원칙
② 실적배당의 원칙
③ 평등비례 배당의 원칙
④ 선관 의무의 원칙
⑤ 수지상등의 원칙

093 특정금전신탁의 특징에 대한 설명으로 옳지 않은 것은?
① 이익보전은 불가하나 원본보전은 가능하다.
② 단독운용상품에 해당한다.
③ 자익신탁 외에도 타익신탁의 형태도 가능하다.
④ 기존의 신탁금과 합산, 분리운용할 수 있는 추가신탁이 가능하다.
⑤ 신탁보수는 신탁계약으로 정한다.

094 파생결합상품에 대한 설명으로 옳지 않은 것은?
① ELS 상품은 사전에 정해진 수익구조에 따라 손익이 결정된다.
② ELS 상품은 은행에서는 가입할 수 없다.
③ ELD 상품은 은행에서만 가입할 수 있다.
④ ELF 상품은 은행이나 증권사에서 가입할 수 있다.
⑤ ELD 상품은 예금자보호대상이 아니다.

095 다음에서 설명하는 파생결합상품은 무엇인가?

> 기초자산인 특정 대상물을 만기일 또는 행사기간 등 사전에 정한 미래의 시기에 미리 정한 권리행사 가격으로 살 수 있거나(Call) 팔 수 있는(Put) 권리를 갖는 증권

① ELS   ② ETF
③ ELW   ④ DLS
⑤ ELD

096 주식형펀드에 대한 설명으로 옳지 않은 것은?

① 주식형펀드에서 인덱스형은 향후 경제 전망을 비관적으로 볼 경우 적합한 유형에 해당한다.
② 배당형펀드는 상승장에서는 주가지수상승률에 미치지 못한다는 단점이 있다.
③ 주식형펀드의 경우 채권보다 위험성이 높으므로 단기투자보다는 장기투자가 적합하다고 볼 수 있다.
④ 주식형펀드의 경우, 주식이나 주식관련 파생상품에 60% 이상을 투자한다.
⑤ 투자전략에 다른 수익률의 차이가 발생하므로 가입 시 꼼꼼히 따져봐야 한다.

097 다음에서 설명하는 보험의 기본원리는 무엇인가?

- 개인의 관점에서 각자가 내는 보험료는 개인별로 지닌 위험에 상응해야 한다.
- 동일한 금액의 보험금 지급이라고 한다면 가정주부와 항공기 조종사의 보험료는 달라야 한다.
- 개별 보험계약별로 그 위험수준의 차이에 따라 보험요율을 차별화해야 한다.

① 대수의 법칙　　　　　　　　② 급부 반대급부 균등의 원칙
③ 수지상등의 원칙　　　　　　④ 이익취득금지의 원칙
⑤ 손실방지의 원칙

098 다음 중 보험의 대상이 되는 위험들끼리 바르게 묶은 것은?

가. 손실의 발생은 우연적이고 고의성이 없어야 한다.
나. 손실발생 확률은 계산이 불가능해야 한다.
다. 충분히 많은 동질적 위험이 있어야 한다.
라. 손실은 거대위험이거나 대재해여야 한다.

① 가, 나　　　　　　　　　　② 가, 다
③ 나, 라　　　　　　　　　　④ 다, 라

099 다음 중 생명보험 상품에 대한 설명으로 옳은 것은?
① 종신연금은 생명보험과 손해보험 모두 취급한다.
② 저축성보험에 가입한 후 7년이 경과되면 차익이 비과세된다.
③ 연금보험 중 종신보험 지급형은 연금개시 후에는 해약할 수 없다.
④ 세제적격 개인연금 저축은 소득공제혜택과 함께 보험차익비과세 혜택도 누릴 수 있다.
⑤ 보장성보험은 생존급부가 많을수록, 보험기간 및 납입기간이 짧을수록 보장기능이 강해진다.

100 보험 계약의 관계자들에 대한 설명으로 옳은 것은?
① 보험금 지급의 책임이 있는 자를 보험자라고 하며 보험회사가 이에 해당된다.
② 보험사고 발생 시에 보험금지급청구권을 갖는 자를 보험자라고 한다.
③ 손해보험에서는 보험금을 지급받는 자를 계약자라고 한다.
④ 생명보험에서는 그 사람의 사망, 장해, 질병, 생존 등을 조건으로 보험계약이 체결된 자를 보험자라고 한다.
⑤ 본인 명의로 보험계약을 체결하고 보험료를 납입할 의무를 가진 자를 보험자라고 한다.

부록 | 실전모의고사 정답 및 해설

| 정답 |

001	④	002	④	003	⑤	004	②	005	②	006	③	007	②	008	③	009	⑤	010	⑤
011	④	012	③	013	②	014	③	015	①	016	⑤	017	③	018	③	019	②	020	①
021	②	022	④	023	①	024	③	025	②	026	③	027	⑤	028	②	029	④	030	④
031	②	032	③	033	⑤	034	①	035	③	036	①	037	①	038	④	039	①	040	③
041	②	042	④	043	④	044	③	045	①	046	④	047	③	048	②	049	③	050	③
051	②	052	②	053	②	054	②	055	②	056	③	057	③	058	③	059	③	060	①
061	③	062	④	063	④	064	①	065	⑤	066	③	067	⑤	068	③	069	③	070	②
071	④	072	⑤	073	①	074	④	075	②	076	②	077	①	078	①	079	①	080	⑤
081	③	082	②	083	④	084	③	085	②	086	⑤	087	②	088	②	089	②	090	④
091	⑤	092	②	093	④	094	⑤	095	③	096	①	097	②	098	②	099	③	100	①

| 해설 |

제1과목 | 텔러기본지식

001 은행은 자금을 유가증권에 운용하고 있다.

002 단기자금시장 : 콜, 양도성예금증서, 환매조건부채권, 기업어음, 표지어음
자본시장 : 채권시장, 자산유동화시장, 증권시장, 주식시장

003 은행은 BIS가 8% 이상이어야 하고, 기업에게 자금을 대출해주면 자기자본비율(BIS)이 감소한다.

004 개별적해석의 원칙이 아니라 통일적해석의 원칙이다.

006 ① 약속어음은 금융기관이 지급제시기간 내에 지급, 제시할 수 있는지 확인할 의무가 있다.
② 약속어음에 백지부분이 있는 경우 금융기관이 그 백지부분을 보충하지 않음으로써 입금인에게 손해가 생기면 금융기관은 이로 인한 손해배상책임을 지지 않는다.
④ 특정횡선수표가 입금된 경우에는 그 특정된 은행이 당행인지 여부를 확인한다.
⑤ 부도사실을 입금인에게 오랫동안 통지하지 않아 입금인에게 손해가 발생한 경우는 금융기관은 손해배상책임을 진다.

007 어음발행인에 대한 신용 상태 확인은 은행 수납 입금 시 불필요하다.

008 피상속인의 직계비속 또는 직계존속과 동순위로 상속권자가 된다.

009 은행이 예금지급에 대한 면책을 위하여는 준점유자에 대한 변제, 인감 또는 서명 일치, 비밀번호 일치, 은행이 선의, 무과실일 것을 요구하고 있다.

010 예금주나 질권자에게 압류사실을 통지해야 한다.

011 상계통지는 정당한 상대방에게 하여야 하는데, 언제나 예금주에게 하여야 하는 것은 아니다.

012 가압류 명령이 은행에 송달된 때 효력이 발생한다.

013 ①, ③의 경우에는 어음소지인에게 지급한다.
④ 승소하고 지급은행이 인정하는 증서를 제출해야 한다.
⑤ 제권판결을 받은 자에게 지급한다.

014 고객이 두고 간 물건을 찾아주는 순간은 해당하지 않는다.

015 행동의 동기를 추리해 내려 하지 말고 행동 그 자체를 관찰한 그대로 말하라.

016 너무 자주하는 칭찬은 오히려 효과적이지 못하다.

017 구체적으로 비평해야 한다.

020 내부통제기준의 효율적 운영을 위하여 금융관련 법률에서 법으로 명시하고 있다.

021 기관별 규제체계를 기능별 규제체계로 전환하였다.

022 나. 수사 목적상으로 정보를 수집·이용할 수는 없다.

023 모든 금융거래에 대해 판매규제(적합성, 적정성원칙 제외)원칙 위반 시 징벌적 과징금부과가 가능하다.

024 금융회사는 약관에 포함된 중요한 내용을 구체적이고 상세하게 설명해주어야 한다.

025 파밍에 관한 내용이다.

026 구속성 영업행위 규정 적용대상은 대출실행 전후 1개월 이내 불입 월 단위 환산금액이 대출금액의 1%를 초과하는 경우를 꺾기로 간주하고 있다.

027 ① 금융회사로부터 업무수탁자는 실명확인을 할 수 없다.
② 법인의 경우 사업자등록으로 실명확인을 하여야 한다.
③ 실명확인이 생략되는 거래도 비밀보장 대상이다.
④ 경찰서장 명의의 서면으로 정보제공 요구 시 금융회사는 정보제공이 불가능하다.

제2과목 | 창구실무 Ⅰ

028 예금약관은 개별약정 → 예금상품별 약관 → 예금거래유형별 약관 → 예금거래 기본약관의 순으로 적용된다.

029 최고절차를 거치도록 해야 한다.

030 필수 검증사항을 제외한 신원확인 정보에 대해서는 고객의 위험수준을 고려하여 검증을 생략할 수 있다.

031 서명거래는 본인거래에 한하여 가능하다.

032 외국인인 비거주자는 보통예금, 저축예금, 정기예금, 표지어음, RP에 한하여 가입할 수 있다.

033 잔액증명서 발급 시 금액은 숫자에 문자를 병기하여 출력한다.

034 모두 맞는 내용이다.

035 예금채권에 대한 압류의 효력은 압류명령이 제3채무자인 은행에 송달된 때 발생한다.

036 질권의 효력은 예금의 원금과 질권설정 후 이행기가 도래하는 모든 이자채권에도 미친다.

037 특정횡선수표에 피지정은행이 당행일 경우 수납 가능하다.

038 무기명정기예금 및 양도성예금증서는 실명을 확인하여 실명으로 해지처리한다.

039 독립유공자 및 유족이 가입대상이며 국가유공자의 유족은 가입대상이 아니다.

040 정기적금 : 만기이연제도 있음, 자유적금 : 만기이연제도 없음

041 고액현금거래보고(CTR)의 기준금액은 1천만원 이상으로 한다.

042 상속되거나 증여되는 경우 상속개시일 또는 증여개시일

044 지급기일을 일단위로 정하였을 때에는 예입일부터 기산하여 일수 해당일의 다음날을 지급기일로 한다.

045 지급 시에는 선입선출방식을 택한다.

046 중도 환매수가 가능하다.

047 기명 할인식으로 발행한다. 반면에 CD는 무기명 할인식 발행에 해당한다.

048 ① 그 기간 최종 월의 예입 해당일을 지급일로 한다.
③ 그 월의 말일을 지급일로 한다.
④ 1개월 뒤 첫 영업일을 지급일로 한다.

⑤ 지문의 경우 세금우대 혜택 및 정상이율을 적용한다.

049 정기예금의 이자를 실제로 지급하지 아니하고 납입할 부금에 대체하는 정기예금 연결 정기적금에 가입한 경우는 정기예금 또는 정기적금이 해지되는 날이다.

050 담보물에 부속된 물건 및 권리일체를 첨담보로 취득하여야 한다.

052 원금균등분할상환 : 여신의 거치기간동안은 이자만 납부하고 이 기간을 지나면 원금을 균등 분할상환하는 방법

054 ② 이해상반행위는 형식적으로 판단한다. 즉, 이 지문의 경우에는 친권자를 위한 것이 아니라 친권자의 회사를 위한 것이므로 이해상반행위에 해당하지 않는 것이다.

055 한도거래 대출의 한도 초과된 금액에 대하여는 연체이자를 적용한다.

056 갑구에는 소유권에 관한 사항이 접수된 일자순으로 기입되어 있다. 을구에는 소유권 이외의 권리인 저당권, 지상권 같은 제한물권사항을 기재한다.

057 그 다음 영업일로 해야 한다.

058 통지하여야 한다.

059 우리나라 외환제도는 네거티브 방식이며, 국제주의, 속인주의, 은행주의를 따른다. 지문은 은행주의에 대한 설명이다.

060 타발송금에 관한 내용이다. 당발송금은 국내의 외국환은행이 외국에 있는 은행을 지급은행으로 지정하여 보내는 외화송금이다.

061 여행자수표는 유효기일이 무기한이다.

062 매도대금 징수 시 원화로 징수를 요청하면 현찰매도율을 적용한다.

063 여행자수표 판매 시에는 여행자수표 매도율이 적용된다.

064 ② 발행일로부터 3개월이다.
③ 은행수표는 부도 발생사례가 드물다.
④ 여행자수표의 금액은 정액화되어 일정하다.
⑤ Money Order는 발행자의 신용도가 낮은 경우가 많고, 위조와 변조에 특히 주의해야 한다.

065 수입대금 지급은 거래외국환은행 지정 항목이 아니다.

066 타발환이란 수동적인 거래로 거래 상대방이 우선적으로 환처리 후 발생하는 거래이다.

067 적법한 시기에 수표를 제시하였으나 지급이 없었던 뜻을 증명하고 일자를 부기한 어음교환소의 선언은 지급거절을 증명하는 효과가 있다.

068 당일 발생거래 중 고객의 취소요청이 부득이한 경우에는 계좌관리점에 지급여부를 확인하고 예금주의 취소동의를 받고 처리하며 입금확인증도 회수하여야 한다.

069 <역환처리 가능업무>
- 자금현송과 자금현송금 중 부족금
- 교환자금, 부도제재금
- 본부에서 인정한 경비와 용도품대
- 대금추심에 관한 전화료 등 기타 업무상 발생한 제비용
- 당행 주식에 대한 배당금
- 국고지출금
- 기타 업무상 필요에 의하여 본부의 지시나 승인을 받은 사항
- 특별한 사정이 있어 국고수표, 당좌수표, 통장예금증서, 예금증서 등을 역환처리하고자 할 때는 은행장의 승인을 받아야 한다.

제3과목 창구실무 II

070 당좌나 어음은 인감, 사고신고 유무를 확인하고 지급처리하여 현금화한 후에 입금한다.

071 입/출금 전표, 공용전표, 대용전표로 구성된다. 자기앞수표는 그 자체가 출금전표로서의 대용전표 기능을 갖고 있다. 온라인통장만으로는 전표의 기능을 수행할 수 없다.
[대용전표의 종류]
1. 당좌수표, 약속어음, 환어음, 가계수표, 자기앞수표, 송금수표, 표지어음
2. 양도성예금증서
3. 외국환매입신청서 등

072
- 가지급금 : 거래가 발생하였으나 계정과목 또는 금액이 미확정이어서 정당 계정처리가 어려울 때 일시 회계처리하는 지급 계정
- 가수금 : 거래가 발생하였으나 계정과목 또는 금액이 미확정이어서 정당 계정처리가 어려울 때 일시 회계처리하는 입금 계정

073 현금 과부족 시 업무 처리
- 현금 과잉 시 : 가수금 출납과잉금으로 처리하고 3개월이 경과하여도 원인 불명 시 이익금 처리한다. 이익금 처리 후 원인 파악이 되고 고객이 요청하면 손실금 처리하여 고객에게 지급한다.
- 현금 부족 시 : 당일 가지급금 처리 후 1개월이 경과하여도 원인 불명 시 취급자가 변상 처리한다.

074 전표의 금액 및 성명은 정정할 수 없다.

075 장표지로 이용신청기관은 지로이용신청서를 작성 후 거래금융기관의 확인을 받아 금융결제원에 제출하여야 한다.

076 • 텔레뱅킹 : 고객이 은행에 직접 나오지 않고 전화를 이용하여 각종 조회, 계좌이체, 사고신고, 자동이체 신청, 주택청약, 지로 및 공과금 납부, 신규 계좌개설과 상담 등의 은행 업무를 처리하는 전자금융서비스
• 인터넷뱅킹 : 고객이 은행에 나오지 않고 인터넷을 통해 조회, 자금이체, 분실신고, 상담, 금융정보, 파일송수신 등 각종 금융서비스를 받을 수 있는 전자금융서비스
• 펌뱅킹 : 자금의 이동이 빈번하고 그 횟수가 많은 기업이 보다 효과적으로 자금을 이전시키기 위한 기업전용 자금이체서비스
• 모바일뱅킹 : 무선인터넷 접속이 가능한 휴대폰, PDA 등을 이용하여 시간과 장소에 구애받지 않고 언제 어디서나 인터넷뱅킹 시스템에 접속하여 각종 잔액조회, 거래내역조회는 물론 당타행간 계좌이체, 현금서비스이체 등의 뱅킹 거래를 이용할 수 있는 전자금융서비스
• 유비쿼터스뱅킹 : 컴퓨터를 이용한 인터넷뱅킹, 텔레뱅킹, 모바일뱅킹 및 TV를 이용한 T-뱅킹 등 다양한 디지털 기기를 활용하여 고객이 직접 은행을 방문하지 않아도 언제 어디서나 공과금납부, 자금이체, 잔고확인 등의 업무를 볼 수 있는 전자금융서비스

077 금융기관은 이체일 1영업일 전 영업시간 종료 후 신청인의 계좌에서 출금한다.

078 은행은 인터넷 인프라 구축 등으로 인적, 물적 비용이 절감된다.

079 펌뱅킹이 당행 계좌 간의 이체를 편리하게 하는 서비스라면, CMS 공동망 업무는 은행 간 결제 중계기관인 금융결제원 CMS공동망을 이용하여 당행을 거래하는 이용기업이 당행뿐 아니라 타행계좌에도 출금 및 입금을 할 수 있는 서비스이다.

080 OTP발생기는 연속 10번 비밀번호 오류 시 은행을 방문하여 잠김 해제를 요청하여야 한다.

081 OTP카드 발급 신청은 신분증을 지참하고 영업점을 방문하여야 한다.

082 공동인증서 유효기간은 신규발급일로부터 1년이다.

083 기부금과 같이 납부자가 납부금액을 변경할 수 있는 경우 주로 MICR장표로 이용하고 있고, 신문대금은 납부할 금액이 정액인 경우 정액OCR장표, 건강보험료는 대형 이용기관으로 표준OCR장표로 이용하고 있다.

084 납부자 자동이체를 이용하면 된다. 다만 이 경우 1영업일 전에 인출되는 점을 유의하도록 고객에게 주지해야 한다.

085 체크카드에는 원칙적으로 신용카드 기능을 부여할 수 없으며, 예외적으로 소액(30만원)으로 한도부여가 가능하다. 따라서 신용카드 발급기준을 적용하지 않는다.

086 기업개별카드(사용자 지정카드)는 결제책임이 기업에게 있다.

087 신용카드 거래의 3당사자는 신용카드업자, 회원, 가맹점이다.

088 ① 가족회원의 신용카드 발급 요건은 신용카드의 발급신청일 현재 만 18세 이상인 자이다.
③ 기업회원의 공용카드는 기업의 임직원 누구나 사용할 수 있다.
④ 개인형 기업카드는 카드에 기재된 특정 임직원만 사용이 가능하다.
⑤ 가족회원의 카드사용 한도는 본인회원의 신용등급에 따라 산정하여 발급된다.

089 본인회원의 브랜드와 상이한 가족카드로 발행이 가능하다.

090 재발급의 경우에는 기존 카드번호와 다른 새로운 카드번호로 발급된다.

091 리볼빙 결제 서비스를 이용할 수 있는 대상은 개인회원에 한한다.

092 수지상등의 원칙은 보험가입자로부터 받은 보험료 총액은 보험사고로 지급하는 보험금 총액과 같다는 원칙으로 보험의 기본원칙 중 하나이다.

093 특정금전신탁은 원본보전, 이익보전 모두 불가하다.

094

구분	ELS	ELF	ELD
발행	증권사	투자신탁회사/자산운용사	은행
판매	증권사	증권사/은행	은행
만기수익	수익확정	실적배당	수익확정
예금자보호	비보호	비보호	보호

095 ELW(워런트증권, Equity Linked Warrant) 상품에 대한 설명으로 콜 워런트와 풋 워런트로 나눌 수 있다.

096 인덱스형은 기본적으로 소극적 투자전략으로, 시장수익률 정도를 목표로 하며, 향후 경제에 대해 낙관적으로 보고 시장 전체에 투자할 경우 적합한 유형이다.

097 보험의 기본원리 : ① 대수의 법칙, ② 수지상등의 원칙, ③ 급부 반대급부 균등의 원칙 중 급부 반대급부 균등의 원칙에 대한 설명이다.

098 보험의 대상이 되는 위험
- 충분히 많은 동질적 위험이 있어야 한다.
- 손실의 발생은 우연적이고 고의성이 없어야 한다.
- 손실은 확정적이고 측정 가능해야 한다.
- 손실은 거대위험 즉 대재해가 아니어야 한다.
- 손실 발생 확률은 계산이 가능해야 한다.
- 보험료는 경제적으로 적합해야 한다.

099 ① 종신연금은 생명보험에서 취급한다.
② 저축성보험에 가입한 후 10년이 경과되면 차익이 비과세된다.
④ 세제적격 개인연금 저축은 세액공제 혜택이 있다.
⑤ 보장성보험은 생존급부가 많을수록, 보험기간 및 납입기간이 짧을수록 저축기능이 강해진다.

100 ② 보험사고 발생 시에 보험금지급청구권을 갖는 자를 수익자라고 한다.
③ 손해보험에서는 보험금을 지급받는 자를 피보험자라고 한다.
④ 생명보험에서는 그 사람의 사망, 장해, 질병, 생존 등을 조건으로 보험계약이 체결된 자를 피보험자라고 한다.
⑤ 본인 명의로 보험계약을 체결하고 보험료를 납입할 의무를 가진 자를 계약자라고 한다.

은행텔러 최종정리문제집	
발 행 일	2024년 7월 1일 개정판 1쇄
인 쇄 일	2024년 7월 5일 개정판 2쇄
저 자	와우패스 교수진
발 행 인	임재환
발 행 처	와우패스
등 록	제12 - 563호(2008.1.28.)
주 소	서울시 구로구 디지털로34길 27 대륭포스트타워 3차 601호
전 화	1600 - 0072 (학습 및 교재 문의) / 02 - 2023 - 8788 (현매거래 문의)
팩 스	02 - 6020 - 8590 (위탁 및 현매거래)
I S B N	978-89-6613-838-8(13320)

※ 정가는 뒤표지에 있습니다.
※ 낙장이나 파본은 교환해 드립니다.
※ 문의 : www.wowpass.com